西学东渐研究

第 二 辑

中山大学西学东渐文献馆 主编

商务印书馆
2009年·北京

图书在版编目(CIP)数据

西学东渐研究.第2辑/中山大学西学东渐文化馆主编.
—北京:商务印书馆,2009
ISBN 978 - 7 - 100 - 06576 - 4

Ⅰ.西… Ⅱ.中… Ⅲ.①哲学理论—西方国家—文集
②西方国家—哲学理论—影响—现代化—中国—文集
Ⅳ.B0 - 53　D61 - 53

中国版本图书馆 CIP 数据核字(2009)第 022395 号

所有权利保留。
未经许可,不得以任何方式使用。

XĪXUÉ DŌNGJIÀN YÁNJIŪ
西 学 东 渐 研 究
第 二 辑
中山大学西学东渐文献馆　主编

商 务 印 书 馆 出 版
(北京王府井大街36号　邮政编码100710)
商 务 印 书 馆 发 行
北京民族印务有限责任公司
ISBN 978 - 7 - 100 - 06576 - 4

2009 年 12 月第 1 版　　　开本 787×960　1/16
2009 年 12 月北京第 1 次印刷　　印张 18
定价:30.00 元

西学东渐研究

主　编
中山大学西学东渐文献馆

学术委员会
（以姓氏拼音为序）

蔡　禾	程焕文	程美宝	陈春声	陈少明
杜维明	关子尹	洪汉鼎	黄见德	刘昭瑞
刘笑敢	梅谦立	倪梁康	沈清松	林　岗
梁庆寅	李明辉	李　萍	王　宾	吴义雄
余纪元	张贤勇	张西平	张志扬	赵仪文

编 者 的 话

在中国社会漫长的发展过程中,有两次文化交流的活动广泛而深入地影响了它的历史进程。一次是发生在公元1世纪到公元8世纪间的中印文化交流,另一次是16世纪末以来的中西文化交流。在这两次文化交流中,哲学都是交流的核心部分,表现在前一次是印度佛教思想的输入,在后一次则是西方科学与哲学的东渐。这两次的西学东渐进展至今,前者已或多或少地成为历史,后者却仍在持续的进行之中。

这后一个文化交融与知识流动过程的影响是如此深远,以至于我们可以说,中国的近现代思想史,基本上是由西学东渐的历史所构成的。这个时期的重要思想事件,无一不与西方思想的进入相关联。尤其是西方哲学理论的东渐,包括马克思主义在中国的传播,对近代中国的历史发展起到了至关重要的作用,成为中华历史迈向现代化过程中的重要文化现象。对这个过程的文献收集和分析研究,是一件极为重要的工作,其意义已经超出了纯粹的学术领域。

在广东省政协的支持下,中山大学在2006年12月1日成立了国内首个"西学东渐文献馆"。这个机构的产生有其直接的契机:中山大学所在的广东省,在近代中西文化交流史上具有极其重要的地位。1582年,利玛窦便是从这里进入中国,并最早在中国传播西学,从而掀开了近代中西文化交流的序幕。1840年鸦片战争后,这里也是最早对外开放的地方。容闳率领幼童赴美留学,也是从这里出发的。康有为、梁启超对西学的选择,从制度层面推进到思想层面,同样是从这里开始的。孙中山领导的几次共和革命,也主要是依托广东地区进行的。尤其是在中国第二次的主动对外开放过程中，广东更是处在新时期改革开放的前沿，扮演了排头兵的角色。

因此，在广东建立"西学东渐文献馆"，不仅可以对近代以来广东积累的西方思想文化资源及其与中国文化交融的初步成果进行充分利用和深入发掘，而且也可以西学东渐过程的系统理论研究为总体方向，统合和规整现有的中山大学各个学科的研究力量。通过对西学东渐方面文献资料的系统收集，力图在若干年内首先构建一个西方哲学理论东渐的专门研究乃至西学东渐的一般研究的文献中心，而后经过长期的发展，努力形成中山大学人文社会科学的一个特色理论研究方向，构造人文社会科学研究的一个聚合点。哲学、宗教学、历史学、教育学、人类学、医学乃至各门自然科学，都可以在这个总体的研究趋向下做出各自的努力。相信这个研究方向会对国内外学术界在此领域的研究有所促进，并可以在若干年内，联合国内外的相关研究力量，最终构建出一个西学东渐的研究中心。

怀着这些基本意向，中山大学西学东渐文献馆在中华全国外国哲学史学会、中国现代外国哲学学会的支持与协助下，与汕头大学新国学研究中心合作举办了"西方哲学东渐与中国社会现代化"的国际学术研讨会。此次会议于2006年12月1—6日先后在广州与汕头举行。为了取得对过去四百年西方哲学东渐的正确认识，提高未来我国西方哲学研究的学术水平，推进新世纪中外哲学更大规模的交流与更高层次的会通，这次研讨会主要围绕后者，即16世纪末以来"西方哲学东渐与中国社会现代化"交流心得、开展讨论。为此，出席会议的国内外代表，围绕上述主题提交了一批论文，并在会上就与此有关的论题进行了热烈的交流与深入的讨论。

这里集结发表的论文，便是这次研讨会报告的一部分。它们无论是从总体上还是局部上都进一步深化了对四百年来西方哲学理论东渐的认识。

通过文献的收集、整理、编撰、发表，通过各种讨论、研究活动的组织,通过相关研究成果的出版,中山大学西学东渐文献馆希望能够为国内外相关领域的研究者和研究活动提供一个研究、交流、合作的场所。

中山大学西学东渐文献馆

2008 年 1 月 18 日

目　录

康德黑格尔哲学东渐记——兼谈贺麟对介绍

　　康德黑格尔哲学的回顾 ……… 贺　麟　洪汉鼎(1)

此行何处？——迷途问津

　　"西学东渐"再检讨之三 ……………… 张志扬(44)

讲求方法：来自西方哲学的启示 ………… 陈少明(60)

宗教概念和其当代的命运：在中西之间

　　宗教概念的形成 ………………〔法〕梅谦立(69)

中国现代文化视野中的逻辑东渐 ………… 曾昭式(83)

20世纪汉语"史诗问题"探论 …………… 林　岗(102)

晚清国学大潮中的博物学知识——论《国粹

　　学报》的博物图画 ………………… 程美宝(126)

"智性直观"概念的基本含义及其在东西方

　　思想中的不同命运 ………………… 倪梁康(153)

论张颐的黑格尔伦理学说研究 …………… 黄见德(191)

寻找入世的真理——以章太炎、太虚与欧阳

　　竟无的观点为例 …………………… 李兰芬(207)

谢卫楼与晚清西学输入 …………………… 吴义雄(218)

"dialectic"译名讨论——以贺麟、张东荪

　　为中心 ……………………………… 马永康(250)

许地山与《达衷集》……………………… 张贤勇(262)

康德黑格尔哲学东渐记
——兼谈贺麟对介绍康德黑格尔哲学的回顾

贺 麟　洪汉鼎

（中山大学西学东渐文献馆客座研究员）

1979年夏，三联书店《中国哲学》主编包遵信先生请贺麟先生写一篇关于西学东渐的文章，我当时任贺麟先生助手，这项任务自然而然地落在我身上。我花了近三个多月的时间撰写这篇论文，其中很多时间是在文津街老国家图书馆查找资料中度过的。由于涉及对老一辈哲学家的评价，文章是以贺师的口气写的，并以贺师自己对介绍康德黑格尔哲学的回顾为结束。文章写成后我送交贺师审阅，贺师作了不少改动。对于文中我写的有些评价，贺师是不同意的，并加以改写。贺师提议此论文名称为"东渐记"，因本世纪初美籍中国学者容闳（1828—1912年）曾写过《西学东渐记》。文章最后是以贺师名义发表在1980年《中国哲学》第2辑上，只是在文章最后，贺师以附记形式作了如下说明："本文是根据我的回忆和知道的材料，由洪汉鼎同志整理而成，他在搜集翻阅资料和整理过程中给了我不少帮助，应致谢意。至于文中的观点和评论错误当不会少，请读者多加批评指教。"

——洪汉鼎记，2008年秋

西洋科学技术和文化哲学传播到中国来，为时实在太晚！这是和中国封建王朝闭关自守、锁国愚民政策分不开的。直至鸦片战争后，鉴于帝国主义贪得无厌的侵略和中国封建社会的腐败无能，一些先进人物才感到需要向西方资本主义先进国家学习科学技术和新文化,发愤图强,追求真理,借以挽救国家民族的危亡。邵作舟曾经描述当时人们求习西方的情形说:"道光、咸丰以来,中国再败于泰西,使节四出,交聘于外。士大夫之好时务者,观其号令约束之明,百工杂艺之巧,水陆武备之精,贸易转输之盛,反顾赧然,自以为贫且弱也。于是西学大兴,人人争言其书。习其法,欲用以变俗。"(《纲记》《邵氏危言》卷上)这里所谓"士大夫之好时务者"大多数是从当时地主阶级分化出来的先进知识分子,他们提倡西学,目的在于"变俗",即变更中国传统的封建主义旧经济旧文化,发展资本主义的新经济新文化。他们首先注意的是西方的船坚炮利、科学技术,颇有实用的目的;以后渐次注意到西方的社会政治学说和哲学文化,试图用西方的先进思想来融会发扬自己传统的哲学思想和民族精神。在哲学方面,他们是先从外表、边缘、实用方面着手,先介绍培根、洛克、赫胥黎、穆勒,然后才慢慢注意到康德、黑格尔这些古典哲学家。因此,西学传入中国本来已是太晚,而哲学,特别是康德黑格尔哲学,就更晚了。至于认真客观地历史地钻研、译述、批判介绍康德黑格尔哲学的方法和体系更是近期的事了。

康德黑格尔哲学在中国的传播一般可分为三个时期。前期即从变法运动到"五四"运动时期,这是一个启蒙介绍时期,特点是宣扬维新,改良政治,反对传统风俗习惯,而且有的人应用佛学和中国哲学来讲西方哲学,也不免有些牵强附会,一般说只是一种文化批评和观察印象。传播者有康有为、严复、章太炎、梁启超、马君武、王国维、蔡元培等人。中期即从"五四"运动到全国解放时期,这是一个融会传播和草创时期。到这一时期我国开始有了根据原著进行研究,并进而批评融会和有其哲学上的派系和师承,不过仍是片面主观,不够深入。介绍的侧重点也往往随各人的游历或留学的时地、阅读、接触范围和各人对国内政治问题的态度而不同,多少反映了半封建半殖民地旧社会知识分子的软弱性。这时期的代表人物相当多,主要有张颐、瞿世英、张东荪、张君劢、张铭鼎、朱光潜、周谷城、郑昕、洪谦、周辅成、郭本道、朱谦之、贺麟等人。后期即中华人民共和国成立之后到现在,这是开始试图运用辩证唯物主义观点来系统研究康德黑格尔哲学时期,由于有马克思主义的观点、立场和方法作指导,研究成就显著,也培养了一大批后起之秀,加之翻译工作认真系统,为今后深入研究康德哲学、黑格尔哲学提供了广阔的前景。

下面我们仅就前两个时期作一历史的回顾。

一 前期(戊戌变法至五四运动)

1. 康有为与康德哲学

康有为(1859—1927年),又名祖诒;字广厦,广东南海人,是我国近代史上向西方寻找真理的代表人物之一。早年酷爱周礼,深受儒学熏陶。20岁(1879年)后,开始接触西方资产阶级新思想,曾游历过香港,读过《瀛环志略》《西国近事汇编》等介绍西学的书籍。1889年于长兴里筑万木草堂讲学,弟子有梁启超、谭嗣同、林旭、陈千秋等人,在治国的同时,兼"涉猎译本西藉"(梁启超语),1895年发动有名的"公车上书",并自筹钱办了个《万国公报》、组织学术团体"强学会",刊译外国书报、宣传新学。变法失败后,逃亡日本,以后的思想就逐渐走向保守,成了尊孔复古守旧派的代表人物。

康有为在逃亡国外之时,曾游欧美,著《欧洲十一国游记》,特别九至柏林,对德国的民情风俗有感性的印象。他自述说:"吾游德国久且多,九至柏林,四极其联邦,贯穿其数十都邑"(《补德国游记》)。当别人问他:"子历览万国殆尽矣,何国为善也?"他回答说:"如言治国乎,则德国第一。"他一气举了十个德国第一的内容:"武备第一,文学第一,医术第一,电学第一,工艺第一,商务第一,宫室第一,道路第一,邑野第一,乃至音乐第一。"(同上书)可见,对德国的文化科学技术他是很赞赏的。

康有为是中国第一个介绍康德星云说的人。他有一部著作叫《诸天讲》,这本书据他自己讲,写于1886年,1926年讲授于杭州天游学院。这是一部讲述天体形成发展的很有科学价值的著作,康有为引证了大量西方科学材料,从古希腊的泰利士一直讲到爱因斯坦,虽然其中有些观点是根本错误的,但从中却能看出当时康有为曾初步涉猎到西方科学史,试图用西方科学成就来解释自然。从它所述的内容来看,康有为首先介绍了康德的星云说:

"德之韩图(即康德),法之立拉士(即拉普拉斯)发星云之说,谓各天体创成以前,是朦胧之瓦斯体,浮游于宇宙之间,其分子互相引集,是谓星云,实则瓦斯之一大块。"(《诸天讲》卷二)

康有为又进一步根据康德的星云假说,结合中国哲学的形气学说,主张太阳有成毁,地球有生灭,"星有老少之别"(《诸天讲·日篇》)的朴素的唯物主义宇宙发展观点,从而主张上帝之存在"无证验可求也"。他说:"康德言之上帝之存在,存在判断也,存在判断起于后天,起于经验,而吾人于经验之中,无固不可知有,亦不敢说故在,存在之说无证验可求也。"(《诸天讲·上帝篇》)这在当时自然科学不发达,封建迷信神创说统治下的中国却是一个很大的贡献,使我们最早地接触到了西方科学的宇宙史观。

但是康有为在介绍康德的星云说的同时,也援引了康德的不可知论,他说:"然天下之物至不可测,吾人至渺小,吾人之知识至有限,岂能以肉身之所见闻而尽天下之事理乎?"(《诸天讲·上帝篇》)这样和康德一样,康有为在星云说里排除了上帝,而在不可知论里又请进了上帝。正因为上帝之存在与否,他不可得而知,所以他说:"试问奈端(即牛顿)、拉伯拉室(拉普拉斯)、达尔文等能推有形之物质矣,其能预推无形之事物乎,庄子曰人之生也有涯,其知也无涯。以奈端、拉伯拉室、达尔文之知至少而欲尽知天乎,而可绝无上帝乎,多见其不知量也。"(《诸天讲》卷十一)从而他得出"上帝之必有"这个有神论的结论。康有为的思想,正如他的政治生涯一样,一直是处于矛盾不求自拔的境地,他曾经说,"吾学三十岁已成,以后不复有进,亦不必求进"(见梁启超《清代学术思想》),正是这种"不必求进"的思想使他终于为急剧发展的时代车轮所淘汰。最后成为尊孔复古的顽固守旧派人物。

2. 严复与康德黑格尔哲学

严复(1852—1921年),字几道,福建侯官人。是19世纪末我国当时向西方寻找真理的代表人物之一。1876年被清政府派往英国留学,回国后任海军学堂教习。1897年在天津创办《国闻报》,成为当时宣传资产阶级新文化的一个重要阵地。为了配合当时的维新运动,他系统地介绍了西方资产阶级的社会政治学说、进化论和西方资产阶级哲学。戊戌变法后,他和康有为一样,成了封建复古派的代表人物。

介绍西洋思想最早、影响最大,要算严几道了,虽说在严氏之前,明末徐光启、李之藻译天文算学水利之书,为介绍之始,嗣后上海制造局,京师之同文馆以及教会之译述,然所译之内容,皆偏于科技数,与哲学无关,直至严氏,为之一变,蔡元培先生说得好:"五十年来介绍西洋哲学的,要推侯官严复为第一。"(《五十年来中国之哲学》)1896—1908年间,严复先后翻译了赫胥黎的《天演论》、亚当·斯密的《原富》、约翰·穆勒的《群己权界说》和《名学》、斯宾塞的《群学肄言》、甄克斯的《社会通铨》、孟德斯鸠的《法意》、耶芳斯的《名学浅说》。严复译书的态度可算认真严肃,他尝曰:"一名之立,旬月踟蹰"。他自己提出的要求是"信、达、雅",他每译一书,必有一番用意,并附加纠正或证明的案语,其文典雅,吴挚甫称其可与先秦诸子比美,其译书可以作为我国最早意译的代表。

严复留学英国,他的思想也非常看重经验论和归纳法,他说:"本学之所以称逻辑者,以如贝根(即培根)言,是学为一切法之法,一切学之学,明其为体之尊、为因之广"(《穆勒名学》部甲按语),严复翻译穆勒的《名学》,就是想把培根、洛克以来的英国经验科学方法论介绍到中国来,他说培根、穆勒"皆不可轻非"(同上书篇五),大力提倡培根的"实测内籀(即归纳)之学",来反对陆王的先验论。可是他在介绍穆勒的名学时,同时引进了康德的不可知论。"西国物理日辟、教祸日销,深识之士,弁物穷微,明揭天道必不可知之说,以戒世人之笃于信古,勇于自信者。远如希腊之波尔仑尼,近如洛克、休蒙(即休谟)、汗德(即康德)诸家,反复推明。"(《天演论》卷下论六佛释)在《天演论》下卷"佛释"、"真幻"、"佛法"诸篇里,严复大量发挥了康德不可知论的观点,他说:"人之知识,止于意验相符,如是所为,已足生事,更骛高远,真无当也。"(《天演论》卷下论九真幻按语)"谈理见极时,乃必至不可思议之一境。既不可谓谬,而理又难知。此则真佛书所谓不可思议。"(《天演论》卷下论十佛法案语)后又在《穆勒名学》里加以补充:"窃尝谓万物本体虽不可知,而可知者止于感觉","理至见极,必然不可思议。"(《穆勒名学》部甲中篇五)在他看来,认识止于感觉,所以只能认识事物的现象,而事物的本质乃是"不可思议"、"不可以名理论证"(《天论语》按语)。最有趣的是严复和康德一样,通过不可知论,把造物主、灵魂不灭,生死轮回,涅槃佛性放入不可知的彼岸世界,我们只能"姑存其说""存而不论"(《天演论》卷下按语)"佛所称涅槃,即其不可思议之一,他如理学中不可思议之理、亦多有之,如天地之始,造化真宰,万物本体是已",这在当时反对封建宗教迷信是有一定进步作用的。但他把康德的不可知和佛学的不可思议等同起来,只满足于实证主义重经验归纳的感性知识,而拒绝从哲学方面来深入研究宇宙根本问题,却是受到他的学识和时代的局限。

严复介绍黑格尔哲学,集中表现在1906(丙午)年他写的一篇名叫《述黑格尔唯心论》的文章中,该文发表在1916年《寰球学生报》季刊上,据他自述,黑氏哲学"其论至深广",该文试图要"发黑氏之蕴"。这篇论文本来是想解释和发挥黑格尔《精神哲学》里的主观心(主观精神)、客观心(客观精神)和无对待心(绝对精神),可惜直到最后,他只谈了前两种心,"尚有无对待心者,则未暇及也"。

这篇文章是我国最早介绍和研究黑格尔哲学思想的论文,在历史上是有价值的。在文章最后按语里,严复简述了德国哲学发展过程以及黑格尔哲学的根本性质,他说:"欧洲之言心性,至迪迦尔(即笛卡尔)而一变,至康德而再变。自是以降,若拂特(即费希特)、若谢林、若黑格尔、若寿朋好儿(即叔本华),皆推大康德之所发明者也。然亦人有增进;足以补前哲之所未逮者,而黑寿二子,所得尤多,故能各有所立,而德意志之哲学,遂与古之希腊,后先竞爽矣。"严复当时能这样把德国古典哲学来龙去脉综述介绍,并认为德国古典哲学与希腊哲学"后先竞爽",高度评价德国哲学实属可贵。他对于黑格尔哲学的介绍和评价是"黑格尔本于此说(即康德学说),故唯心之论兴焉。古之言化也,以在内者为神明,以在外者为形气,二者不相谋而相绝者也。而黑氏则以谓一切唯心,持主客二观异耳,此会康德迪迦尔二家之说以为说者也,由是而推古今历史之现象,起伏变灭,皆客观心理想之所为,然而其中有秩序焉,则化之进而业趋于无对待之心境,此鄙人所译为'皇极'(即 Absolute,该词《天演论》里又译为'太极')是已",这里既阐明了黑格尔哲学的师承关系及其独创的贡献,又指出黑格尔哲学关于主客观辩证的有逻辑规律的发展,而达到无对的"皇极"或绝对理念的思想。在文中,严复特别强调,黑格尔否定性的辩证发展思想,他说:"道常新,故国常新,至诚无息,相与趋于皇极而已矣。虽然皇极无对待,无偏倚者也,无对待,无偏倚,故不可指一境以为存,举始终,统全量,庶几而见之。是故国家进化,于何而极,虽圣者莫能言也。……故曰,无不亡之国,无不败之家。"他也赞赏了黑格尔"公道之报复"的思想,他说:"故诛罚之行依于法典,非弼教也,非改良也,乃公道之报复。报复,事之终也、鹄也。"黑格尔此处所谓"公道之报复"系指希腊神话中的"复仇之女神"(nemesis)。既指"历史的正义"、"历史的公道",亦指"理性的机巧"、"历史的辩证法",含有自作自受、自己受惩罚、自己否定自己的命运和天道的意思。严复当时能抓住并发挥黑格尔哲学这些宝贵的思想,诚为不易,其在中国最早传播黑格尔哲学的功劳不能不载入史册。

3. 章炳麟与康德黑格尔哲学

章炳麟(1867—1936年),字太炎,浙江余杭人。少受学于俞樾,后不服其孔孟之教,遂写《谢本师》,与师道决裂。1899到1906年间,章太炎三次东渡日本,结交孙中山,担任同盟会机关报《民报》主编,广泛宣传西方资产阶级哲学和政治学说,曾为邹容《革命军》作序,发表《驳康有为论革命书》,在当时起了很大革命鼓动作用。晚年思想倾向保守,鲁迅先生曾说:"太炎先生虽先前也以革命家现身,后来却退居于宁静的学者,用自己所手造的和别人所帮造的墙,和时代隔绝了。"(《关于太炎先生二三事》)

章太炎于1906年在《民报》上发表了"无神论"一篇文章,这篇文章以大无畏的革命精神向西方基督教发起猛烈进攻,文中极高地赞扬了斯宾诺莎的泛神论,他说:"近世斯比诺莎所立泛神之说,以为万物皆有本质,本质即神。其发见于外者,一为思想,一为面积,凡有思想者,无不具有面积,凡有面积者,无不具有思想,是故世界流转,非神之使为流转,实神之自体流转"此一学说"若其不立一神,而以神为寓于万物,发蒙叫旦,如鸡后鸣,瞻顾东方,渐有精色矣。"短短几句话,把斯宾诺莎的哲学真髓概述出来,可见章氏学识之深。继后,他从"物者五官所感觉,我者自由所证知"(《无神论》)这一经验论立场批判了康德以不可知论作为上帝存在的论据,他说:"夫有神之说,其无根据如此,而精如康德犹曰:'神之有无,超越认识范围之外,故不得执神为有,亦不得拨神为无。'可谓千虑一失矣。"(此上引自《无神论》)"千虑一失"这一句可以算得中国对康德哲学的不可知论和存而不论的学说头一次的批判,以往不论康有为,还是严复、梁启超均是随同康德的不可知论,强调上帝"姑且存疑"之说,不置肯定或否定,而章太炎一反过去,认此说是千虑一失,实有别开生面之历史进步意义。

章太炎和康有为一样,也介绍过康德的星云说,他在《五无论》里写道:"世界初成,溟漠一气,液质固形,皆如烟聚,佛谓之金藏云,康德谓之星云,今人谓之瓦斯气,儒者则以大素目之,尔后渐渐凝成体若孰乳,久之坚硬则地球,于是定位次,是乃有众生滋长"(《章氏丛书》别录三《五无论》)虽然他自己并没有接受这个学说,但能把这个学说介绍到中国来,自是有一定意义的。

章太炎比较集中介绍康德哲学的是在他的一篇名叫"建立宗教论"的文章,这篇文章发表在1906年《民报》上,这篇文章是章太炎从早期唯物论经验论(以《訄书》为代表)转向主观唯心主义唯识论、从无神论转向宗教论的著作,在这篇著作里他宣称"舍阿赖耶识而外,更无他物",一切事物和知识都是"由阿赖耶识原型观念而生",因此他接受了康德的十二范畴说和时空说,批判了康德的"物自体",认为那种"以我为空,或以十二范畴为空,或以空间时间为空,独于五尘则不敢毅然谓之为空,故以为必有本体名曰物如的学说",乃是"不知五尘法尘同时是相分,此诸相分同是依识而起"。从而从佛学唯心论观点批评了康德。他说:"又如康德既拨空间时间为绝无,其于神之有无、亦不欲遽定为有,存其说于纯粹理性批判矣,逮作实践理性批判,则谓自由界与天然界范围各异,以修德之期成圣而要求来生之存在,则时间不可直拨为无,以善业之期福果、而要求主宰之存在,则神明亦可信其为有,夫使此天然界者因一成而不易,则要求亦何所用,如其无得而要幸于可得者,非愚则诬也。康德固不若是之愚,亦不若是之诬,而又未能自完其说。"(《别录》三《建立宗教论》)章太炎在这里是从印度佛学立场误解了康德的时空说,实际上康德并未说时空是绝无,而是说它们是先验的感性形式,人们凭这些感性形式才能纳事物于时空中加以认识。章太炎这里的批判,只是从佛学唯识论,来批评他所不甚清楚的康德学说。

关于黑格尔,章太炎在他早期还是唯物论经验论者时,曾也作了批判,他说:"最下有唯理论师以无体之名为实,独据偏什所执性,以为固然……犹依空以置器,而空不实有。海羯尔(即黑格尔)以有无成为为物本、笛卡尔以数名为实体,此皆无体之名。"(《国故论衡·辨性下》)在他看来,黑格尔哲学"犹依空以置器",而这种空并不实有,他从经验论立场批判了唯理论的虚幻。但他对黑格尔是缺乏了解的,他的批评也是不中要害的,我们找不到他对黑格尔哲学有更多的介绍和批判。

4. 梁启超与康德哲学

梁启超(1873—1929年),字卓如,号任公,广东新会人。年轻时,在广州万木草堂听康有为讲学,深受陆王心学的影响,甲午战后,跟随康有为参加戊戌变法运动。失败后逃亡日本,创办《新民丛报》,涉及的范围相当广,中外历史、文学、哲学、人物传记等,传播了一些新知识和启蒙思想,在当时影响颇大,可惜在政治上仍没有脱离康有为的改良主义立场。其思想博且杂,变动无常,曾自述他自己是"不惮以今日之我与昔日之我战"(《政治学大家伯伦知理之学说》)。彼尝有诗题其女云:"吾学病爱博,是用浅且芜,尤病在无恒,有获旋失诸,百凡可效我,此二无我如。"(《清代学术概论》)梁启超在日本还写了一首诗自述其博而无成:"我生太不幸,弱冠窃时名,诸学涉其樊,至竟无一成。"(《梁任公诗稿手迹》)晚年深感遗憾:"启超若能永远绝意政治,且裁敛其学问欲、专精于一二点,则于将来之思想界当更有所贡献。"(《清代学术概论》)知识分子像他这样大胆自我反省的人确实不多。

他在日本期间,从1901—1903年写了不少介绍西学的文章,宣传西方资产阶级的哲学、社会政治学说和经济学说。他曾发表了一部《西儒学案》,分别介绍培根、霍布斯、笛卡尔、斯宾诺莎、卢梭、孟德斯鸠、边沁,以及康德等哲学家的生平及其思想。这在当时可以说是一个创举,其意义有如给中国人提供一部西方近代哲学简史。当然,由于初次尝试,难免"稗贩、破碎、笼统、肤浅、错误诸弊"(《清代学术概论》)。他自己也承认:"启超务广而荒,每一学稍涉其樊,便加论列,故其所述者,多模糊影响笼统之谈,甚者纯然错误。"(《清代学术概论》)他也曾写了一篇"菲斯的人生天职论述评",第一次在我国评述了费希德的哲学和政治思想。他强调费希德注重自我,是以杨朱之为我为出发点,而以墨翟的兼爱为归宿点。其论虽未必准确,也有一定道理。

梁启超是康德哲学在中国最早的传播者和鼓吹者。他把康德哲学与中国佛学、王阳明心学糅合一起,"相互印证"、"共相发明"。记得时人尝说:"他用他不十分懂得的佛学去解释他更不甚懂得的康德。"他介绍康德的文章有"近世第一大哲康德之学说"和"新民说·论私德"等文章。

"近世第一大哲康德之学说"是1903年发表在《新民丛报》第25、26、28、46—48诸期上的。这是我国第一篇系统介绍康德生活及其思想的文章。在文中,他宣称康德哲学"以良知说本性,以义务说伦理,然后砥柱狂澜、使万众知所趋向"。这两句话尚还扼要。他尊崇康德为"百世之师","暗黑时代之救世主"。"康德者,非德国人,而世界之人也;非十八世纪之人,而百世之人也。"

他首先把康德哲学和佛学糅合一起,宣称"康氏哲学大近佛学"。他认为康德以研究认识的能力、性质及其界限为首要课题的批判哲学(梁启超称之"检点学派")是与"佛教唯识之义相印证者也。佛氏穷一切理,必先以本识为根柢,即是此意"。康德讲人的智慧"为自然立法",他认为这就是佛教所说的"一切唯识所现"。他说,康德讲"一切之物皆随眼镜之色以为转移","乃佛典所恒言也。《楞严经》云:'譬彼病目,见空中华,空实无华,由目病故,是故云有。'即其义也。"由于他把康德的认识论和佛教唯识宗的教义加以附会比拟,虽目的在于强调同是唯心论,结果却使人思想模糊,既不知康德,也不明了佛学的真面目。他介绍康德哲学道:"是故当知我之接物,由我五官及我智慧两相结构,而生知觉,非我随物,乃物随我也。"继后,他又根据康德的现象和本质不可逾越的鸿沟,强调"若夫事物之本相,其实如是与不如是,是终不可得知"(上述皆引自《近世第一大哲康德之学说》)。

梁启超利用佛学传播康德思想的同时,又以王阳明的主观唯心论的心学加以渗透。在他看来,康德哲学和王阳明之学说"桴鼓相应,若合符节"(《新民说·论私德》)。他说:"阳明之良知,即康德之真我,其学说之基础全同"都是"以良知为命令,以服从良知为道德的责任也。"(《近世第一大哲康德之学说》)因而他认为"东海西海有圣人,此心同,此理同"(《新民说·论私德》)。在他看来,康德的伦理道德学说"实兼佛教之真如说、王阳明之良知说,而会通之者也"是"单纯千古之识,而其有功于人道者亦莫此为巨也"(《近世第一大哲康德之学说》)。他说康德曰,人之生命盖有两种,一是五官肉体之下等生命,"与空间时间相倚",属于现象,受必然法则支配"而不能自肆";一是本质的高等生命,即"真我","此真我者常超然立于时间空间之外,为自由活泼之一物,而非他之所能牵缚"。因此,本质之生命不像肉体之生命受制于自然界必然规律,"人各皆凭借此超越空时之自由权,以自造其道德的性质",此即为意志自由。善恶"皆由我所自择",肉体即服从其命令,道德的责任就是绝对服从良知。梁启超认为康德这一道德学说,"以自由为一切学术人道之本,以此言自由,而知其与所谓不自由者并行不悖,实华严园教之上乘也。呜呼圣矣!""康德所以能挽功利主义之狂澜,卓然为万世师者,以此而已"。根据康德这一理论,梁启超进而主张:"自由必与服从为缘。国民不服从主权,必将丧失夫主权所赋予我之自由。人而不服从良心,则是我所固有之绝对无上之命令不能行于我,此正我丧我之自由也。故真尊重自由者不可不尊重良心之自由。若小人无忌惮之自由,良心为人欲所制,真我为躯壳之我所制,则是天囚也。"(以上皆引自《近世第一大哲康德之学说》)可见,梁启超介绍康德正如他所自述,是与"政治活动所牵率"(《清代学术概论》)。亦正因此,他曾受到王国维苛刻批评:"此等杂志(指《新民丛报》)本不知学问为何物,而但有政治上之目的,虽时有学术上之议论,不但剽窃灭裂而已。如《新民丛报》中之汗德哲学,其纰缪十且八九也。"(《静庵文集》《近年来的学术界》)但不管怎样,梁启超能在当时极力想把西洋哲学传播到中国来,特别是把康德哲学着重介绍过来,这不可不为他的一大贡献。

5. 王国维与康德哲学

王国维(1877—1927年),字静安,晚号观堂,浙江海宁人。青年时期有志于新学,认为"今日之亟在援引世界最进步之学问"(《近年来的学术界》),特别在日本积极求习西洋哲学,他曾自述他在日本学习康德哲学的经过是:

"次年始读汗德(即康德)之《纯理批评》,至先天分析论几全不可解。更辍不读,而读叔本华之《意志及表象之世界》一书。叔氏之书,思精而笔锐,是岁前后读二过。……尤以其《意志及表象之世界》中,汗德哲学之批评一篇为通汗德哲学关键。至二十九岁更返而读汗德之书,则非复前日之窒碍矣。嗣于汗德之纯理批评外,兼及其伦理及美学。至今年从事第四次之研究,则窒碍更少。而觉其窒碍之处,大抵其说之不可持处而已。"(《自序》)

可见其钻研康德哲学之艰难。可是至此之后,他并没有发表任何介绍康德哲学的文章。后来他又从哲学转入文学,他曾经自述这段哲学移于文学的经过:

"余疲于哲学有日矣。哲学上之说,大都可爱者不可信,可信者不可爱。余知真理,而余又甚爱谬误伟大之形而上学,尊严之伦理学与纯粹之美学。此吾人所酷嗜也。然求其可信者,则言在知识上之实证论,伦理学上之快乐论,与美学上之经验论。知其可信而不能爱,觉其可爱而不能信,此近二三年最大之烦闷,而近日之嗜好,所以渐由哲学而移于文学。"(《自序二》)

晚年他又从文学转而治史学。王国维在美文学方面具有相当的造诣,其《人间词话》、《红楼梦评论》更是脍炙人口。他在学术上要求相当严谨,观点一立不可再变,即使献身而心甘情愿,陈寅恪说王国维自己最后也是为了他所尊重的学术文化投水而死。

1903年,王国维写了一首《康德象赞》:"观外于空,观内于时;诸果粲然,厥因之随。凡此数者,知物之式;有在能知,不存在物。"他认为康德哲学的精华在于时空因果这些范畴,皆是知物之式,我们凭借这些式而认识事物,但我们能认识的只是事物之现象,而物自体却是不能认识的。王国维理解康德哲学正如他所自述的,是通过叔本华哲学为中介的,在他看来,叔本华哲学虽然出自康德,然而是"青出于蓝而胜于蓝",远超过康德哲学的,他说:

"汗德(即康德)之学说仅破坏的,而非建设的,彼憬然于形而上学之不可能,而欲以知识论易形而上学,故其说仅可谓之哲学之批评,未可谓之真正之哲学也。叔氏始由汗德之知识论出而建设形而上学,复与美学、伦理学以完全之系统。然则视叔氏为汗德之后继者,宁视汗德为叔氏之前驱者为妥也。"(《静庵文集》《叔本华之哲学及其教育学说》)这种提高叔本华贬低康德的说法表明王国维对康德哲学的认识是不够的,正因为这样,最后他走上了叔本华的悲观主义道路。

王国维认为,叔本华哲学与康德哲学最大的区别,就在于叔氏强调直观(直觉)能体验物自体,因而超出了康德的不可知论。王国维最后的美学思想完全是接受叔本华的直观说的,他强调"静中观我"为艺术的最高境界。康德对于王国维来说只是一个阶梯而已,这并不全由于他缺乏哲学的根器,而是由于中国当时的思想界尚未成熟到可以接受康德的学说。但王国维在研究叔本华、尼采哲学方面却是深的,也是最早的,特别是应用叔本华的悲观主义在解释《红楼梦》在当时影响颇大,正如蔡元培先生所说:"五十年来介绍西洋哲学的第二人则推王国维。"(《五十年来中国之哲学》)

6. 蔡元培与康德哲学

蔡元培(1868—1940年),字鹤卿,号子民,浙江绍兴人,早年参加同盟会,发表《释满仇》,后来到德国学哲学,回国后曾担任教育总长和北京大学校长。他支持新文化运动,提倡科学和民主。他是我国近代的思想家、教育家和革命民主主义者,是一位在我国教育战线上颇有影响的人物。蔡元培主张大学应当兼容并包、博揽人才。他说:"大学者,'囊括大典、网罗众家'之学府也。'礼记''中庸'曰:'万物并育而不相害,道并行而不相悖',足以形容之,如人身然官体有左右也,呼吸之有出入也,骨肉之有刚柔也,若相反而实相成。"(《北京大学月刊发刊词》)北京大学自由民主的校风颇受此说之影响。

1923年,蔡元培写了一篇"五十年来中国之哲学"文章,说最近五十年,虽然渐渐输入欧洲的哲学,但是还没有独创的哲学。所以严格地讲起来,"五十年来中国之哲学'一语',实在不成立"。此话倒真是反映当时实际情况。

蔡元培曾经介绍过康德的哲学和美学思想。在1919年写的《哲学与科学》一文中,他介绍说:"康德作《纯粹理性批判》,别人之认识为先天后天两类:先天者,出于固有,后天者,本于经验;前者为感觉,而后者为分析法;前者构成玄学(即哲学),而后者构成科学。于是哲学与科学,始有画然之界限。"(《蔡元培选集》)在他看来,康德的现象界和本体界的区分在于"前者相对,而后者绝对。前者范围于因果律,而后者超轶乎因果律。前者与空间时间有不可离之关系,而后者无空间时间之可言,前者可以经验,而后者全恃直观"(《对于教育方针之意见》,《蔡元培选集》第11页)。因而以直观直觉为其方法的应属于哲学,而以经验分析为其方法的则应属于科学,哲学和科学应当界限分明,不能混同,这种观点在当时反对儒学,提倡科学摆脱宋明理学的束缚才能发展,是有一定进步意义的。

他还介绍康德哲学说:"康德的哲学,是批评论。他著《纯粹理性批评》,评定人类知识的性质。又著《实践理性批评》,评定人类意志的性质。前的说现象界的必然性,后的说本体界的自由性。这两种性质怎么能调和呢,依康德见解,人类的感性是有普遍的自由性,有结合纯粹理性与实践理性的作用。由快不快的感情起美不美的判断,所以他又著《判断力批评》一书。"(《美学的进化》)蔡元培先生认为康德的美学是其哲学的精华、能综合纯粹理性批判和实践理性批判的要点,达到最高的统一精神境界。他曾提出"以美育代宗教"说,认为人受美感的熏陶,就能"提起一种超越利害的兴趣;融合一种划分人我的偏见,保持一种永久平和的心境。"(《文化运动不要忘了美育》)他曾经综合和融会康德的三大批判,提出了艺术、科学和道德三者的内在联系及其作用的几句名言,是值得我们传诵深思的:"艺术所以表现本体界之现象,而提醒其觉性。科学所以扫除现象界之魔障,而引致于光明。道德之超乎功利者,伴乎情感,恃有美术之作用。道德之关于功利者,伴乎理智,恃有科学之作用。"蔡先生提倡艺术而反对宗教,与当时提倡科学而反对玄学的趋势,都是代表"五四"运动前后特有的风气,这都反映了蔡元培先生的资产阶级民主主义和人道主义的思想。

7. 马君武与黑格尔思想

马君武(1882—1939年),名和,字贵公,广西桂林人。初留学日本,参加同盟会。后去德国,习冶金。晚年任广西大学校长,爱好文学,曾用歌行体翻译拜伦、席勒等人作品。

马君武在1903年于《新民丛报》第27期发表了一篇名为"唯心派巨子黑智儿学说",这与严复论黑格尔的文章同是我国最早介绍黑格尔哲学的论文。文章共分五节,第一节是黑智儿之生活,第二节是黑智儿之学风,第三节是黑智儿之绝对唯心论,第四节是黑智儿之论理学,第五节是黑智儿之历史哲学。

这篇文章与同年《新民丛报》上发表的梁启超的"近世第一大哲康德之学说"比较起来,虽然都是我国1903年介绍这两大哲学家的专论文章,然而学术旨意迥然不同。梁启超那篇文章正如我们上面分析的与其说是客观介绍康德,毋宁说是和他所了解的佛学唯识论混在一起,康德在他那里完全被佛学、王阳明良知说所曲解,可以说不是德国的康德而是中国化的康德。而马君武先生这篇文章,我认为基本上是根据有关黑格尔的外文材料,作了比较客观的学术介绍,虽然文中对黑格尔的理解有很多是不正确不全面的,但绝不是梁启超式的"心解"。因此,这篇文章在我国介绍黑格尔哲学的历史上是有学术价值的。马君武在文中对黑格尔的评价是很高的:"至黑格尔出,而哲学之面目一变,扫除旧说之误,而以规制证明之,以论理法救正谢林之失、脱谢林之范围,而自标新义,以宇宙之实象证真理。鸣呼！黑格尔之大名,雷轰于哲学界,放大异彩,固自有其真价值在焉,非偶然也。"在他看来,黑格尔哲学使"世人之心目为之一新"的根本观点在于"黑氏以为主观与客观无差别,故心思与事物亦无差别。究而论之,心之与物一而已,内界外界皆真实,皆非真实,而自相等。""黑格尔之哲学大原理,即谓主观与客观相同,而无所别异是也"。在第四节里,他举了很多例子和常识来证明黑格尔的所谓"相反者相同",这一命题,如同《老子》书中阐述的观点一样,其实他并未真正弄清黑格尔和谢林的区别。文中没有一处谈到辩证法,可见马先生的了解的确是粗浅的。这也难怪他,因为他是在中国介绍黑格尔的最早的人。

上面基本上就是我国从变法运动到"五四"运动这一时期介绍康德和黑格尔哲学的情况。从上述可以得知,这时期的介绍工作是相当粗浅的,基本上可以说是杂乱的无选择的稗贩阶段,除了梁启超的"近世第一大哲康德之学说"(1903年)、马君武的"唯心派巨子黑智儿"(1903年)、严复的"述黑格尔唯心论"(1906年写,1916年发表)三篇专论文章外,其他都是在一些文章中引到的,并非专门介绍他们的学说,而且由于刚接触西洋哲学,中国传统的观念、科学知识的水平以及语言上的困难,特别是有政治上的牵连,这些介绍是相当不成熟的,甚至有些是错误的,王国维曾遗憾地说"西洋之思想之不能骤输入我中国,亦自然之势"也是有一定道理的。但不管怎样,总是介绍过来了,我们也可以说,如果没有这一时期的介绍,我们也不会进入第二时期,它是第二时期的准备和基础,如同种子的萌芽阶段一样,以后我们就会看到在这个最初贫弱的种子上愈来愈结成丰厚的果实。

二 中期(五四运动至中华人民共和国成立)

五四运动后,中国的革命已从旧民主主义革命进入到新民主主义革命时期了,西洋哲学的介绍和传播工作也随之进入了一个新的阶段。这时,我们研究西洋哲学基本上已超出杂乱的无选择的稗贩阶段,进而能作比较有系统的原原本本的介绍了,并且已能由了解西洋哲学进而批评、融会和自创哲学系统,介绍西洋哲学的人数也随之增加,这是前一时期进一步发展的结果。

  这时期有几个重要的哲学事件需要在这里先说一下。自从1923年,张颐先生回国主持北京大学哲学系,讲授康德和黑格尔的哲学时,西方古典哲学才开始真正进入了中国近代大学的哲学系。自从1927年,张东荪、瞿菊农、黄子通等创刊《哲学评论》后,中国才开始有专门性质的哲学刊物;自从1935年4月中国哲学会成立,举行第一届年会起,中国哲学界才开始有组织地从事哲学理论和中西哲学史的研究;自从1941年,中国哲学会西洋名著编译委员会成立后,我们对于西洋哲学,才有严格认真、有系统、有计划的译述和介绍。

  下面我们对康德哲学和黑格尔哲学的传播情况分别作一介绍。

1. 康德哲学的传播概况

  首先需提一下德国哲学家杜里舒(H. Driesch)继杜威、罗素之后,在1922年到中国来讲学。杜里舒是唯心主义生机论者(Vitalist),他到中国后,在张东荪和张君劢的支持下,大量贩卖柏格森以来的庸俗进化论和生机论学说。1923年,他在北京曾经作了一次"康德以前之认识论及康德之学术"为题的讲演,当时口译者是张君劢,他在这次讲演中,共讲了四个部分:一,康德以前之哲学;二,康德哲学;三,康德后继之哲学;四,现代哲学潮流。演讲稿曾发表在《文哲学报》第三卷第四期上。他这次讲演对康德在中国传播是有一定影响的,1924年,也就是他讲演后一年,《学艺》杂志六卷五期出了康德专刊,收录15篇论述康德的文章,如张铭鼎的"康德学说的渊源与影响"、范寿康的"康德知识哲学概说"、罗鸿诏的"康德伦理说略评"等。1925年,《民铎》杂志又借康德诞生200周年纪念出版了"康德号"(《民铎》六卷四期),大力鼓吹"康德哲学是康德以前的哲学的归着点,康德以后的哲学的出发点"(见《民铎》康德号出版启事)。在这期《康德号》里,有胡嘉的"康德传",吴致觉的"康德哲学的批评",杨人楩的"康德理性批评梗概",张铭鼎的"康德批判哲学的形式说",以及"康德年谱""康德之著述及关于康德研究之参考书"共15篇译著文章。这两期康德专刊是当时中国宣传鼓吹康德哲学的高潮,看来声势浩大,气氛很浓。但究其内容,大多数仍很平乏,都是根据一般哲学史作一些粗浅的介绍,很少有对康德原著作深湛的研究,只能说引起了一些人对康德哲学的注意和兴趣。

张铭鼎恐怕要算这一时期最初搞康德哲学的人物了。张铭鼎先生在1924年于《学艺》杂志六卷五期上发表了一篇"康德学说的渊源与影响",继后第二年又在《民铎》的《康德号》上发表了"康德批判哲学之形式说",对康德哲学作了一个比较系统的介绍,他认为康德三大批判的中心思想,"就是康氏所拳拳致意的理性主义。他要根据理性主义,将从前一切学说加以评价,以便从科学道德艺术三大文化领域中,得建设出一个确实的基础而完成其批判的精神",这种强调康德的理性主义,是代表了中国五四时期要求科学和民主的精神,这可以说是当时讲述康德的时代趋势。张先生也是我国最早从事康德和黑格尔原著翻译的人,他翻译了《黑格尔之历史哲学》(1933年)和康德的《实践理性批判》(上海商务印书馆,1936年)两书。遗憾的是,他以后就销声匿迹了,再未见他有什么哲学著作出版。

1928年,《哲学评论》二卷二期上刊登了瞿菊农的一篇文章《康德的纯粹理性批导》。瞿菊农又名瞿世英,曾留学于美国哈佛大学教育,受教于美国新黑格尔主义者霍金(Hocking)教授,翻译了霍金的《哲学大纲》和顾西曼的《西方哲学史》,在我国二三十年代介绍康德和黑格尔哲学的工作中,瞿菊农是起了一定的组织宣传作用,他曾经主持《哲学评论》,经常用聚餐方式组织写稿进行哲学讨论。在他那篇论康德的文章里,他提出康德批导哲学的要点有四:"(一)康德确认心灵的活动,在知识行历上,能知是自动的,不是被动的;(二)心灵的活动,在知识行历上,是有他的固有的形式或原则(时空与范畴);(三)经验是知识的材料,经心灵的综合始成为知识;(四)我们所知的是现象,不是本体。"他认为《纯粹理性批导》就是替这些话做"注脚"。在当时能这样简明扼要地把康德哲学的中心问题提出来,非对康德哲学下一段苦工夫是办不到的。可惜的是瞿先生的爱好太杂,使他不能够倾注某一个哲学家作深邃的研究,因而他只能作一般的介绍和组织的工作。当然,这种工作也是不可缺少的。

真正在这方面较有深邃的研究、并能融会自创体系的,要算是张东荪了。张本是上海《时事新报》的主笔,半路出家搞哲学。他最早是柏格森的信徒,翻译了柏格森的《创化论》和《物质与记忆》,后来又译了柏拉图的《五大对话录》,他自己的著作有:《道德哲学》《新哲学论丛》和《多元的认识论》。他自称是折中派、杂家,举凡实用主义、新实在论、批评的实在论、层创论、新唯心论等他都有所介绍,当时有人讥讽他的著作是"并非新创,任何断片都取自外国,举凡古代近代欧美的大哲学家,他都本其涉猎之广,抄起来了,所以他的哲学恰恰是外国哲学家的纂集"(见郭湛波《近五十年中国思想史》,北平人文书店,1936年,第184页)。但他主要的观点仍是康德的认识论,在其《多元的认识论》(1934年)一书中,他自述道:"我的认识多元论大体上可说是循康德的这条轨道"(《多元的认识论》第45页)。他认为知识之所以可能,是由于感相及其背后的条理、格式、设准、概念等所构成。他介绍康德主要是介绍康德的认识论和伦理学,他认为康德"本体界之有发现于现象者在知识方面为先验的格式;在行为方面为自律的意志(即实践理性)。然而先验的格式必有所对,换言之,即必有待于后天的材料,故其发现为有制限;而自律的意志则无所待而自足,故其发现乃较能发挥自如也……是前者止为'必然'而无不然;后者虽应然而尚能不然"(《道德哲学》,中华书局1933年版,第318页),他认为这样就能把握康德哲学的两大批判即《纯粹理性批判》和《实践理性批判》的精华,这在当时是起了一定的影响的。

周辅成先生在1932年写的一篇《康德的审美哲学》(《大陆杂志》

一卷六期）和吕徵先生的《康德之美学思想》(《民锋》六卷四期)，是两篇讲述康德美学思想的文章。周辅成先生是研究西方伦理学的，吕徵先生是专搞西方美学的，他们共同都感到有必要把康德的美学思想介绍到中国来，周先生曾"很惋惜中国尚不曾有介绍康德的美学的文字"，自告奋勇写了这一篇文章。周先生的介绍相当详细，全文共分两大部分，一是判断力与悟性和理性的关系，二是审美的判断之批导。这是我国对康德美学思想最早较有研究水平的文章。

当时介绍康德自然哲学的文章有郑贞文的"康德之天体论"（1924年《学艺》六卷五期)、周昌寿的"康德的运动论"（同上)、张水淇的《康德与自然科学》（同上）。这些作者本身都是自然科学家，他们都是从自然科学方面来讲康德，而从哲学方面来讲康德的可能要算洪谦的"康德的先天论与现代科学"（1947年《学原》一卷六期）一文。

洪谦先生是维也纳学派在中国著名的代表，他曾亲炙于石里克（M. Schlick）氏最久，几以宣扬和介绍维也纳学派逻辑实证主义为其主要职责。他的一本著作是《维也纳学派哲学》（商务印书馆，1945年）。《康德的先天论与现代科学》这篇文章是洪谦先生从维也纳观点出发来批判康德的时空、因果和物自体的学说。他最后得出结论说："康德的先天论与现代科学，无论从理论原则上和思想方法上而言，都是根本不相容的。所以现代科学在发展上的意义，在理论方面可以说是恰好证明经验论的哲学观念在科学上的作用，以及对于一切非经验直观的玄学的理论原则的排弃。所以现代科学的精神与意义，自然与古典科学的根本不同了。这一点不仅是康德的先天论在现代科学失去了它的过去的地位之原因，同时也是一切其他非科学的玄学的哲学学派与康德的批评哲学具有同样的命运的原因了。……我们认为维也纳学派之代表现代科学精神的哲学，康德或新康德派的先天论则不能的理由，也在于此了。"这里把康德的先验知识论和逻辑实证论对比得相当清楚。

我国第一个对康德哲学作了比较专门研究并有专著的要算郑昕先生了。郑昕撰有《康德学述》（商务印书馆，1946年）一书，这可能是当时中国唯一的一本专论康德哲学著作。他是从新康德主义观点来理解康德的。他于发挥康德哲学独到的地方,约有三点:第一,着重康德的先天自我之为一切知识可能的逻辑条件或逻辑主体。第二,他指出康德的"物如"或物自体,不是绝对独立的外物,亦不是抽出了一切性质关系所残余的离心独立的渣滓或基质,他明白解释康德的物如为"理念"。理念是关于事物知识之主观的统一,有别于柏拉图的理念。第三,他坚持"心外无理"的原则以发挥康德"可能经验的条件,同时即是可能经验的对象的条件"的根本观点,认为经验中的一切事物或实在,皆受逻辑主体之法则的厘定。

郑先生在康德哲学研究里,着重的是把康德哲学的物自体首先理解为理念,他说"康德之以物如为理念,实为他在哲学上的丰功伟绩,是哲学上的'哥白尼式的革命'",继而,他又把理念解释为"吾心之所赋予者","理不在外,心外无理",心灵与理性的统一。他说:"所谓悟性或先验主体,不外是自同一之我。有自同一之我,方有对象之认识。有自同一之我,方有同一之物。有自同一之物,方有自同一之对象,拿自同一之我,去'逼出'自同一之对象;空间、时间、范畴,均是'逼'的方法、形式。也正借着'逼'的作为:认识、推理等,才悟到自同一的我。其始:我与物均是蒙混的。其终我清明,物也清明。有我之清明,才识出物之清明,由物之清明,才察出我之清明。——是之谓'大彻大悟',也许近乎'物我同一','物我两忘——而化'之境了。"他用"逼出"二字来形容主观推出客观,更形象地说明了由主观推演出客观、由范畴推出对象的逻辑必然性。这本书还附带批评了当时流行的宣扬"抽象共相"的《新理学》,说它"满坑满谷,死无对证,与人无神,与理又何神"。郑先生从1956年起担任北京大学哲学系主任,做了一定的工作。为了响应党当时提出的"百家争鸣"的号召,他曾发表了"开放唯心论",引起了哲学界的注意和讨论。

最后我们还要提一下杨昌济先生,大家知道他是杨开慧的父亲,毛主席的岳父,他在五四以前曾根据德国康德主义者泡尔生的《伦理学体系》一书写了一本《伦理学原理》,这是阐发康德伦理思想的书,在当时影响颇大,我们知道,毛主席青年时期受康德的影响就是从这本书而来的,毛主席曾经在这本书里作了许多的评注。

这时期康德原著的翻译有:胡仁源译的《纯粹理性批判》(上海商务万有文库,1935年)、张铭鼎译的《实践理性批判》(上海商务印书馆,1936年)和唐钺译的《道德形而上学探本》(商务印书馆,1939年)。这里顺便提一下蓝公武先生自1933年就开始翻译康德的《纯粹理性之批判》一书,1935年全部译完。可是当时并未出版。直至1957年才由商务印书馆出版。蓝先生一面翻译,一面研究,在翻译过程中也给当时北大哲学系齐良骥等几位同学讲述过康德哲学。

上述就是解放前我国介绍康德哲学的概况。我们可以看到,康德哲学虽然在戊戌变法运动时期就传入中国了,但它的高潮是在1924—1925年间。这情况大概是和五四运动开创的民主和科学精神相联系的,因为康德的知识论是和科学有关的,要讲科学的认识论就要涉及康德的知识论。另外康德讲意志自由,讲实践理论,这就必然同民主自由相关联,因此,这时期传播和介绍康德哲学是学术理论界的中心内容。其次我们也可以看到,这时期介绍康德都是从新康德主义观点出发,往往把康德哲学和新康德派哲学混为一谈,强调了康德主观唯心的一面,这是和半封建半殖民地旧中国知识分子政治上软弱、文化上缺乏基础相联系的。因此,传播康德哲学虽然在20年代盛行,但成效不大,以致最后谈康德的仅有学术界为数极少的几个人,研究的深度也是浅近的。这里我们可以引用杨东莼先生在1929年于《民铎》杂志十卷四号里发表的《思想界之方向转变》一文的话:"自张之洞辈的'中学为体西学为用',而严复的'迻译时代',而民国八九年的胡适辈的'实用主义',其间思想之进展之各阶段,都明示随社会的转变而转变之一系列的痕迹。没有社会的转变,便没有思想的转变。任凭康德哲学怎样伟大,任凭罗素哲学怎样精深,然而移植到中国来,却博不到回声,都得不到反响,这并非由于中国人对于思想不关怀,不接受,而是伟大的康德哲学、精深的罗素哲学在中国之社会的存在中没有这些哲学之存在的根据。"在我国真正要对康德哲学作深邃的研究只有到解放后以马列主义观点为指导才能完成。历史告诫我们，我们只有坚持历史唯物主义，根据逻辑与历史相一致的原则，从理论和实践相结合的观点出发，才能为研究康德到黑格尔的德国古典哲学开辟广阔的前景。

2. 黑格尔哲学传播概况

与康德哲学比较起来，黑格尔哲学在我国传播的时间却缓慢得多，在20年代几乎很少有人知道黑格尔，张颐先生曾回忆当时的情况时说："回忆民国十三年春，余自欧洲归抵沪上时，所遇友朋皆侈谈康德，不及黑格尔，竟言认识论，蔑视形上学"（《读克洛那、张君劢、翟菊农、贺麟诸先生黑格尔逝世百年纪念论文》）。因此瞿菊农先生在1921年写了一篇"黑格尔"发表在《时事新报》上，在当时"只知有康不知有黑"的环境里真可说是"一花独放"，也正因为是一花独放，也就遭到冷落，整个20年代杂志上几乎没有一篇讲述黑格尔的文章来韵和。瞿先生在这篇文章里，把黑格尔哲学的基本要义概括如下："存在即是转化，即是发展。存在中的矛盾为发展的动力。存在与自我扩大、自我集中构成历程中的不变的程序、数量、度量；本质与现象、本体性、因果与互易行为；主观性、客观性与绝对性皆为存在的次序。"可惜这些范畴，瞿先生自己也讲不清楚，可见当时介绍黑格尔哲学实在不易。在瞿先生的创导下，1931年举办了一个纪念黑格尔逝世100周年纪念论文集刊，后发表在《哲学评论》五卷一期"黑格尔号"上，其中收录了张君劢、瞿菊农、贺麟、朱光潜、姚宝贤等人论述黑格尔文章数篇，这是中国最早集中介绍黑格尔的期刊，虽然介绍还是粗浅的，然而有影响，至少在中国引起了人们注意黑格尔。因为黑格尔哲学不像康德知识论伦理学那样容易引人注意，他的晦涩的逻辑和笨拙的语言最初多从日本译文转译过来，读起来有困难，所以很少有人问津，现在做这一番集中介绍工作，可以造一些声势，鼓励大家进一步钻研。所以我认为，《哲学评论》杂志这一期在我国传播黑格尔历史上是有贡献的。

张颐(1887—1970年)先生是这一时期最早研究黑格尔哲学首屈一指的人物。他是四川永宁人,字真如,1912年出国留学十载,他先在美国密歇根大学选习哲学,对康德和黑格尔哲学最感兴趣,1919年撰写了"黑格尔的伦理学"博士论文一书,在美国获得博士学位。后来到英国牛津大学学习,受教于开尔德(E. Caird)、约阿钦(Joachim)和斯密士(J. A. Smith)诸教授,1921年赴德国亲临黑格尔故乡求学黑格尔哲学,会晤了德国有名的黑格尔专家拉松博士。1924年回国后曾任北京大学哲学系主任,讲授西方哲学史、康德哲学和黑格尔哲学。他的那本《黑格尔的伦理学》是用英文写成的,原书名是 The Development, significance and some limitations of Hegel's ethieal Teaching(黑格尔伦理学说的发展、意义及其限制),在他回国后,即1925年由商务印书馆刊行,次年再版一次。斯密斯教授曾为之作序,斯氏在序中说:"特别有趣的是张教授讨论了黑格尔关于家庭及家庭和国家的观点。在这里,他以他的批评超过了黑格尔,消除了一般西方思想和制度所根据的偏见。他在这方面的思想是中庸之道,应当予以注意。"1926年美国芝加哥的《国际伦理杂志》(The International Journal of Ethics)发表有英国墨铿惹(J. S. Mckenzie)教授的书评。1927年德国习尔熙(E. Hirsch)教授也发表了书评,1928年德国著名黑格尔专家拉松博士在柏林的《康德研究》(Kant-Studien)三十三卷里也对此书发表了书评,认为该书对于黑格尔,较许多德国人作者尤为公允。可见这本书在国外是有一定影响的。可惜的是张颐先生回国后,除了讲课外,很少再有这方面的论著发表,致使国人很少了解他的哲学见解。1931年,张颐先生曾就黑格尔哲学名词译法同张君劢发生了一次较大的争执,两人在《大公报》、《北平晨报》上展开了辩论,辩论的内容虽然并不是什么大问题,然而由于辩论,也吸引了一些人对黑格尔哲学的注视。张颐先生对黑格尔哲学独创的看法可以从他对黑格尔《逻辑学》中范畴关系的解释看出,他说:"据余所见,各范畴(指 Hegel 范畴)有简单与繁多,抽象与充实之等差,而无时间先后之区别,故其最高范畴,在推演上虽最后出现,而在实际上则最为根本。黑氏有言曰:'最初者乃最末,最末者乃最初',此之谓也"。可惜的是张颐先生直到他去世,再未出版一本论述黑格尔的著作。生前除了那本英文写成的《黑格尔的伦理学》外,还有一部就是未出版的《六十自述》手稿。此稿现存我处。

朱谦之(1901—1971年)也是一位在解放前介绍黑格尔哲学的人物。1933年出版了他的《黑格尔主义与孔德主义》一书,该书除有他自己写的"黑格尔的百年祭"、"黑格尔主义与孔德主义"、"黑格尔的辩证法"等文章外,还翻译了日人介绍黑格尔生活思想的七八篇文章。在《黑格尔的百年祭》中,朱谦之先生自述他"对于黑格尔哲学是持批判的态度",既不同于辩证唯物论的立场,又不同于德国左右派黑格尔立场,他说"我是有自己哲学的立场,即'生命辩证法'的立场。……在历史哲学上将黑格尔与孔德结合,在生活哲学上将黑格尔与柏格森结合。所以在这一点,我应该公开承认我不是一个Hegelian(黑格尔主义)旗下的人,我只是一个抱自己主张的'Half - Hegelist(半黑格尔主义者)'"。在朱先生看来,黑格尔是形而上学的代表,孔德是实证科学的代表,前者是辩证法,后者是归纳法,他主张黑格尔主义是"破坏的智慧",孔德主义是"建设的智慧"。根据朱先生的分析,辩证法在历史上经历了五个阶段,即古代希腊辩证法、神学辩证法、唯心论辩证法、唯物论辩证法和生命辩证法。在他看来,以哈特曼、柏格森、狄尔泰为代表的生命辩证法是辩证法的最高阶段。朱先生实在是根本不了解马克思的唯物辩证法,他所谈的马克思的唯物论实际上只是机械唯物论和庸俗唯物论,朱先生之所以这样讲只能表明他所代表的只是当时在中国很流行的柏格森一派的直觉主义、生机主义的反理性主义看法罢了。解放后在北京,我曾同朱先生有过接触,承他赠送我一油印小册子《五十自述》,并出示他在抗日战争末期、蒋帮垮台的前夕,在物质环境、政治迫害都很艰苦险恶期间所奋发写成的《庄子哲学》和《黑格尔哲学》,前一本书,朱先生用以表示自己"与天地精神往来,与造物者游"这种超世的、隐遁的、沉默的、他所谓"消极革命",后一本书里,他认为黑格尔哲学是积极的、稳健的革命哲学。他说黑格尔1831年的最后著作《英国宪政改革论》是为普鲁士政府所畏惧,黑格尔是"启蒙运动及法国革命精神之较深刻较有力的宣示者"(《五十自述》)。《庄子哲学》和《黑格尔哲学》每一稿本各约30万字,朱先生自称他的"发表欲"是最强的,不知怎么这两本书至今未见出版。

郭本道在1934年出版了他的一本《黑格尔》(世界书局版),此书是值得注意的。我们可以说,在中国全面系统阐述黑格尔整个哲学全书内容的,本书是最早、较好的一本。在该书序言中,郭先生写道:"在近代思潮中,黑格尔的哲学实占一重要地位,无论信仰他的或反对他的,皆不能否认其价值。因近代经济政治的趋势,我国思想界,亦渐渐的对于黑格尔的哲学有了兴趣,然在出版界中,对于黑格尔的哲学尚无系统之介绍。本书的目的在将黑格尔哲学的整个系统及其逻辑推演的历程详细述明。"(该书序言)全书可分四编。第一编概论,讲黑格尔哲学的渊源及黑格尔传;第二编论黑格尔的逻辑学,基本上按照《小逻辑》范畴体系系统讲解;第三编论自然哲学;第四编论黑格尔的精神哲学。全书10万余字。这本书在解释黑格尔方面是有独到通俗的价值,有些解释直到现在还可以引为参考。这里我录一段作者解释黑格尔如何解决康德、费希特和谢林的问题的,就可见其一斑:"以黑格尔看来,绝对者并不是超出乎自我与非自我,他乃是自我与非自我打成一片的。绝对者并不是静止不变的一个实体,他也不是心与物之共同原则。心与物也并不是他的两方面。心与物乃是绝对者自己展示自己历程中的一种阶段。这种历程乃是绝对者的自身。谢林以为一切现象,都是从绝对者而来的,所以他的绝对者是在一切现象以外的一个东西,黑格尔以为绝对者是一切进化历程的本身,他并不仅是产生心产生物的一个源头。心与物乃是他活动进展的一种表现。简言之,绝对者是一种进化的历程,这种向前演进是有目的的,是循一定的律例的,但这种目的,这种律例并不是绝对者以外的东西,他仍是绝对者自身。"(该书第41—42页)他把黑格尔的绝对理念不是看作在心物之外存在的东西,而是看作心物展示历程本身,这可以说抓到了黑格尔哲学的根本精神。另外他也讲道:"最抽象的概念,为黑格尔逻辑学之出发点。最具体的概念,则为黑格尔逻辑学之最终点。因最抽象者为出发点,其所推演出之以下的概念,必为较具体者,愈向前,推演出之范畴,则亦必愈具体,至其推演之极端,则必为最具体之概念,黑格尔名之曰'意典'(即绝对理念)……谓此绝对者为'有',乃最抽象最不完全之解说,谓此绝对者为'意典',乃最具体最完备之解说。"(该书第67页)他这种对黑格尔抽象到具体的解释是相当正确的。最后他对黑格尔整个哲学系统作了如下阐述:"哲学的出发乃是自逻辑学中的意典起,到了绝对精神界中的哲学为止。意典本身是空的、抽象的,当其将自己放在外界时,则成为自然界,当其由自然界返回本身时,则成为绝对精神。绝对精神乃是意典对自然界做了一次旅行,又回到老家来,精神界演到哲学这个范围之中,乃是自己返回老家了……黑格尔的整个哲学系统乃是理性自己的推演,乃是绝对者自己对于自己的展示。"(该书第260—261页)这些看法都有可取之处。最突出的是郭先生讲到黑格尔晚年之所以推崇普鲁士政府"盖以其山河之破碎,国家之灭亡,痛心疾首,故倡是说以造成一强而有力之政府,非故意逢迎其政府。观其以后所著之法理学一书,因其不肯牺牲自己之意见,以致触怒皇室,可为证明"(该书第7页)。这样一种讲法是有一定道理的,很值得我们今天注意。我认为这本书在我国传播黑格尔哲学的历史上是值得记一笔账的。郭先生同年还在《行健月刊》四卷五期上发表了一篇名为《对于黑格尔辩证法的几点意见》的文章。他认为:"不了解黑格尔的辩证法,即不了解黑格尔的整个哲学系统。欲了解黑格尔哲学精华之所在,必须研究黑格尔的辩证法。"他首先从纯粹哲学立场,近代政治潮流趋势,近代经济学立场三方面分析研究黑格尔辩证法之必要,继而谈到黑格尔辩证法的渊源、意义及其特点等问题,选题恰当,立意平稳,抓住黑格尔哲学的本质和要害,这也是一篇很有学术价值的论文。

周谷城先生在这阶段也写了两篇论述黑格尔的文章,一篇是

1933年发表的《黑格尔逻辑引论》(《新中华》杂志一卷十八期),一篇是1934年发表的《黑格尔逻辑中之"质量"论》(《时代公论》三卷八期)。前一篇文章主要是根据瓦拉士译的《小逻辑》,阐发黑格尔逻辑实体在发展过程中必经的三个阶段。后一篇文章主要论述黑格尔《小逻辑》第一编存在论的质、量、度环节,这两篇文章对于理解黑格尔《小逻辑》是有一定帮助的。周先生在1934年翻译出版了黑格尔的《逻辑大纲》(正理报社,1934年),这是我国翻译黑格尔《逻辑学》最早的一本。

朱光潜先生在1933年于《哲学评论》上发表了一篇《黑格尔哲学的基本原理》的文章。这篇文章主要是阐述"黑格尔怎样比柏拉图和康德走进一步"这个问题。他的答复是"他(指黑格尔)采取柏拉图的'客观的共相'之说和康德的'非感官的共相'之说,把他们的'物质'或'事物本身'打消,然后把心物证成同一的,把宇宙证为'非感官的'共相之产品,把诸'非感官的'共相证为之一气贯串的,从而是绝对的唯心主义,绝对的一元主义"。朱先生是专研美学的,他的《谈美》一书是雅俗共赏的名著,他主要致力于介绍发挥康德与黑格尔的美学思想。1948年出版了他的《克罗齐哲学评述》(正中书局)一书,在他看来,欧洲近代哲学的主要成就是康德、黑格尔以来的那一线相承的唯心派哲学,而克罗齐是这一派的集大成者,所以他要介绍克罗齐的哲学,他自述:"我因为要研究克罗齐的美学,于是被牵引到他的全部哲学,又因为要研究他的全部哲学,于是不得不对康德以来的唯心主义作一个总检讨。"(见该书序言)这本书可喜的地方是朱先生自己对待唯心论的态度,他说:"作者自己一向醉心于唯心派哲学,经过这一番检讨,发现唯心主义打破心物二元论的英雄的企图是一个惨败,而康德以来许多哲学家都在一个迷径里使力绕圈子,心里深深感觉到惋惜与怅惘,犹如发见一位多年的好友终于不可靠一样。"这里揭示了朱光潜先生内心世界的矛盾,一方面眷恋唯心论,对康德黑格尔唯心论有深厚的感情;另一方面又感到唯心论并未彻底解决心物问题,除非走到"万法唯我一心"的死胡同里是摆脱不了自相矛盾的。但在最后他还是认为:"克罗齐的哲学系统,虽有许多漏洞,而他对于美学、伦理学和历史学的见解仍极可宝贵。"

还有几个人需要在这里提一下,这就是谢幼伟、施友忠、唐君毅几位。谢幼伟在美国哈佛大学和康奈尔大学学习哲学多年,抗战后到解放前曾担任浙江大学哲学系主任和教授。最初由研究英美的新实在论出发,而转移到英美的新黑格尔学派,特别服膺布拉得雷(Bradley)与鲁一士之说,他译述了鲁一士《忠的哲学》和布拉得雷《伦理学研究》,并撰有《现代哲学名著述评》一书(正中书局,1947年)。熊十力先生称谢幼伟这书"思睿而识卓、学博而量宏。……脚踏实地,虚怀以读中西哲学之书,不为苟同,不妄立异。其评论各书、皆有精鉴"(见熊序)。谢幼伟书中导论三篇谈中国哲学的特征及现代西洋哲学的背景,确实表现他读书很多,议论平正,尤其是他打破中国月亮不如外国月亮圆的半殖民主义的成见,他认为"中国哲学已在进步途中","一方面因能发扬中国哲学之传统精神,一方面亦能纠正中国哲学之传统缺陷",他评述了熊十力的《新唯识论》,贺麟的《近代唯心论简释》及章士钊《逻辑指要》诸书,有介绍有批评,以致引起这三本书的作者都各自写信给他,赞扬他客观论述,回答他所提出的批评,使得他这本书增添了新材料,对东方哲学家他还评述了印度泰戈尔《人的宗教》一书。此外,对于西方哲学家他批判了杜威、布赖斯、爱耶尔、怀特海、克罗齐、亚历山大等人的哲学思想。在当时应该说是较有哲学水平的一本著作,广泛阅读中外哲学家的著作,而能加以虚心客观的评述。

施友忠先生刊行了一册《形而上学序论》,又名《说心》(金陵大学,1943年)。他这本书黑格尔气味相当浓厚,当时就有人说他这册《形而上学序论》实际上是黑格尔哲学序论,他是从新黑格尔主义布拉得雷和鲍桑凯观点来阐发的,什么"心是本体,经验是现象","就吾人认识范围以内言,心不离境,境不离心,心依境而造境,境随心而限心",都是宣扬新黑格尔主义的一些论调。

唐君毅先生写了一部《人生之路》,这是他根据黑格尔的《精神现象学》的方法来写的一部唯心论著作。但对我们理解黑格尔哲学有一定帮助,例如他说"所谓绝对真理即存于相对真理之和谐贯通间。相对真理之融化,相对真理之彼此互为根据即绝对真理之内容"。

在讲述黑格尔哲学在中国的传播概况时,也不能忽视另一面,即在我国学术界介绍黑格尔哲学的同时,也出现了一股反马克思主义的反动政治潮流,这是我国新民主主义时期无产阶级和资产阶级之间政治斗争在学术界的反映。由于马克思的唯物辩证法是继承、批判和改造黑格尔辩证法而发展的,所以研究黑格尔辩证法也往往涉及到马克思主义唯物辩证法,这样,一些反马克思主义的反动文人就借研究黑格尔辩证法来攻击马克思主义的唯物辩证法。最早反对辩证法的是胡适。胡适曾经说过:"从前陈独秀先生曾说实验主义和辩证法的唯物史观是近代两个最重要的思想方法,他希望这两种方法能合作一条联合战线。这个希望是错误的。辩证法出于黑格尔的哲学,是生物进化论成立以前的玄学方法,实验主义是生物进化论出世以后的科学方法,这两种方法所以根本不相容,只是因为中间隔了一层达尔文主义。"(《胡适文选》第 3 页)在以实验主义为标榜的胡适看来,辩证法只是非科学的玄学方法。这是同他反对共产党的政治态度分不开的。

继胡适之后的,可能才算张东荪、张君劢了。1934 年,张东荪、张君劢组织了一批反马克思主义的反动文人编汇了一册名为《唯物辩证法论战》的书,书中对唯物辩证法和马克思主义极尽诬蔑攻击之能事。张东荪亲自为该书题了柯亨(M. Cohen)的"如有人要我在共产主义与法西斯主义二者中选择其一,我就会觉得这无异于选择枪毙与绞刑"这段话,明确表明他的反动意图。他在该书中明确说:"本篇目的不在于要批评黑格尔所以说至此为止,但以上所说的黑格尔的错误却于以后都遗传给马克思了。换言之,凡黑格尔的毛病马克思无一不具,而黑格尔的比较上说得通的地方,马克思却一概删除。所以马克思的辩证法其不通乃甚于黑格尔。不过有些确是沿袭黑格尔而来的,因此我们批评马克思,更不能不批评黑格尔。"可见这部著作根本不是学术性的讨论,而是向马克思主义和唯物辩证法的进攻。还有一个叫张佛泉的家伙,也写了不少借黑格尔辩证法攻击马克思唯物辩证法的文章,他在1932年写了一篇"黑格尔之对演法与马克思之对演法"的文章,副标题就是"黑格尔能讲对演法,马克思不能讲对演法",他认为马克思对于对演法本身并无兴趣,而是别有政治意图。他这篇文章正如当时人们所说的"气盛、理弱、语激越、意卑鄙",当时就有不少人群起而攻之(见《大公报》载《现代思潮》,1932年第33期)。

这个时期黑格尔原著的翻译情况是,1932年,王灵皋译了《黑格尔历史哲学纲要》(上海神州国光社),1933年张铭鼎译了《黑格尔之历史哲学》(上海民智书局),1936年王造时、谢诒徵译了《历史哲学》(上海商务印书馆)。

上述就是这一时期在我国介绍传播黑格尔哲学的概况,由此可以看到,黑格尔哲学的传播是后于马克思主义的传播。过去研究黑格尔哲学的人由于很少接触到马克思主义,对马克思主义和毛泽东思想缺乏理解,因此只能从新黑格尔主义来理解黑格尔哲学。

解放后,由于斯大林曾经说过:"德国古典唯心主义哲学是对法国革命的贵族反动"。另外苏联专家克列在人民大学讲授西方哲学史时,公开宣称"黑格尔是马克思主义的最凶恶的敌人"。这些错误的言论对我们哲学界正确理解黑格尔哲学是起了不小的阻碍作用的。在这种错误观点的笼罩下,又在大量有关德国古典唯心论哲学著作的苏联书籍和论文在我国广泛流行下,使我们不能正确评价马克思主义三大来源之一的德国古典哲学。现在我们要解放思想,打破框框,反对哲学史方面的宁左毋右的思想,才可以真正抓住黑格尔哲学的合理内核,迈步前进。

3. 我介绍康德黑格尔哲学的回顾

我从小深受儒学熏陶,我特别感兴趣的是宋明理学,我认为治哲学应以义理之学为本、词章经济之学为用,哲学应当与文化陶养、生活体验相结合。1919年秋,五四运动之后我进了清华学校(1925年以后的清华大学的前身),我先后听过梁启超几门中国哲学史的课程,对学术研究浓厚的感情和兴趣引起我极大的共鸣。在我快毕业的时候,我选了吴宓的"翻译"课,在他的鼓舞下,我翻译了一些英文诗和散文并对照原文阅读几种严复所译的著作,于1925年冬在《东方杂志》上发表了"论严复的翻译"一文。从这时起,我就想步吴宓先生介绍西方古典文学的后尘,以介绍和传播西方古典哲学为自己终身的"志业"。1926年我出国留学。在美国留学时代,我最感兴趣的是英国的新黑格尔主义者格林(T. H. Green,1836—1882年)和美国的新黑格尔主义者鲁一士(J. Royce, 1855—1916年),特别是鲁一士《近代哲学之精神》和《近代理想主义演讲》这两本书对我启发甚大。我在当时就着手翻译其中的几篇论述黑格尔精神现象学的文章,以求把黑格尔哲学的精神早日传播到中国来。我之所以钻研黑格尔哲学,与其说是个人的兴趣,还毋宁说是基于时代的认识,我当时曾说过:"我之所以译述黑格尔,其实,时代的兴趣居多。我们所处的时代与黑格尔的时代——都是政治方面,正当强邻压境,国内四分五裂,人心涣散颓丧的时代;学术方面,正当开明运动之后;文艺方面,正当浪漫文艺运动之后——因此很有些相同,黑格尔的学说于解答时代问题,实有足资我们借鉴的地方。而黑格尔之有内容、有生命、有历史感的逻辑——分析矛盾,调解矛盾,征服冲突的逻辑,及其重民族历史文化,重自求超越有限的精神生活的思想,实足振聋起顽、唤醒对于民族精神的自觉与鼓舞,对于民族性与民族文化的发展,使吾人既不舍己骛外,亦不故步自封,但知依一定之理则,以自求超拔,自求发展,而臻于理想之域。"(见拙著《黑格尔学述》后序)也正是在这种时代精神鼓舞下,我在"九一八事变"后在《大公报》陆续发表了关于"德国三大哲人歌德、黑格尔、费希特处国难时之态度"一文,后来又由北京大学出版社出版。

为了进一步学习黑格尔哲学,1930年我从美国到德国,这时我才感到要把握黑格尔哲学,非先要研究斯宾诺莎和康德不可,斯宾诺莎和康德是通向黑格尔的两条路子,我在国外写了一篇论述斯宾诺莎身心说的文章,曾得到斯宾诺莎全集拉丁文及德文版编辑犹太人格布哈特的赞赏,他约我在福兰克府附近他的"金溪村舍"作客并向我讲学,陪我游览。他还介绍我参加了国际斯宾诺莎学会。但因为那时希特勒反犹太人运动已经开始,格布哈特先生不久就被迫害致死,以致斯宾诺莎学会及其出年刊等活动,至今还没有恢复工作的消息。从这时起,我就着手翻译了斯宾诺莎的《伦理学》。1931年回国后在北京大学任教,并在清华哲学系兼课,讲授西方现代哲学、西方哲学史和黑格尔哲学等课程。

我的第一篇论述黑格尔的文章是"朱熹与黑格尔太极说之比较观",在1930年《大公报》文学副刊第149期上发表。我是想从对勘比较朱熹的太极和黑格尔的绝对理念的异同,来阐发两家的学说。这篇文章表现了我的一个研究方向或特点,就是要走中西哲学比较参证、融会贯通的道路,在文中我强调了"太极"(Absolute 亦译绝对)是古今中外客观唯心论哲学家最基本的范畴,有的哲学家强调太极是心,有的则强调太极是理,而我认为朱熹、黑格尔却是强调"心与理一",而且他们认为,要达到心与理一的最高境界,非要经过千辛万苦、长途跋涉、辩证发展的过程才能完成。我认为,从周敦颐到朱熹,从康德到黑格尔是中外绝对唯心论发展的两个典型阶段。

我有一个基本想法,就是要想把西方哲学真正地传播到中国来,郑重订正译名是首务之急,我早年所写的那篇"论严复的翻译"的文章,认为对于译名的不苟,应当探取严复的"一名之立,旬月踟蹰"的态度,我曾经主张"译名第一要有文字学基础;第二要有哲学史的基础;第三,不得已时方可自铸新名以译西名,但须极审慎,且须详细说明其理由,诠释其意义;第四,对于日本名词,须取慎重态度,不可随便采纳"(见拙著《黑格尔学述》译序)。为了实践这一看法,我对康德和黑格尔的哲学名词中文翻译曾下了一番工夫。在1936年我写了"康德名词的解释和学说的重点"一文,发表在《东方杂志》上,例如,其中对康德"a priori"(先天的,在先的)一词的解释,我是这样说的:

"'在先'亦有逻辑的在先与时间的在先之别,哲学中的先验逻辑或先天学大都是指逻辑的在先而言。又凡理论上在先之物,为构成经验之先决条件(属范畴)。因此'在先'或'先天'实具有普遍性、必然性、内发性三个特点。康德的先天哲学就是要指出吾人的经验和知识之所以形成的先天的或先验的逻辑的基础。"正因为这样,我认为"a priori Knowledge 与 Transcendental Knowledge 的区别,不是先天知识与先验知识的区别,而是先天知识与先天学知识的区别,犹如社会知识与社会学知识的区别"。因为在康德那里凡有必然性、普遍性、内发性而非纯得自经验的外铄之知识,均可称为先天知识,而先天学的知识就是研究数学何以可能,自然科学何以可能或先天综合判断何以可能所得的知识,因此它也具有必然性、普遍性、内发性,所以严格讲来 a prior 与 Transcendental 二字的区别实为"先天的"与"先天学的"区别,犹如"社会的"与"社会学的"区别一样。又如 Transcendental ego 先验自我就是指逻辑的自我或逻辑的主体,而非经验中的实际我。据我当时的理解,先天与先天学或先验学知识虽有区别,但在逻辑上并不矛盾。

当时也的确出现一批质量较高的译著,例如陈康译的《巴曼尼德斯篇》,注释就占原文的9倍,是一部很有研究水平的译著。其次如谢幼伟译的《忠的哲学》、樊星南译的《近代哲学的精神》都是比较好的译本。我译的斯宾诺莎的《致知篇》也是本着翻译和研究相结合的原则,前面有一长序"斯宾诺莎的生平及其学说大旨",后面有附录,题为:"斯宾诺莎的逻辑思想。"

我讲述康德的文章,除"康德名词的解释和学说的重点"外,还有"时空与超时空"(见《近代唯心论简释》)、"逻辑方法的性质——斯宾诺莎的逻辑思想"(见《致知篇》),在前一篇文章里,我强调了康德的时空观乃是"康德的先天直观学之不朽的伟大发现"。我说:"用康德自己的话来说:时空是心中的先天型式,是先于一切经验而为规定一切经验对象的纯直观,是使人类一切感官知识可能的主观条件"。当时我就认为康德所谓时空之主观性约有三层意思:"第一,时空的主观性即等于时空的理想性,认为时空非离意识而独立存在的实物或物自身。第二,时空的主观性是指时空是属于主体方面的认识功能或理性原则,而非属于客观对象方面的性质或关系。第三,所谓时空的主观性的学说正是要时空在经验方面之所以是必然普遍而有效准的原则奠立基础,而不是认时空为个人主观的无常的意见或幻想。"后一篇文章,我强调了康德的"依原则而认知"的认识方法,我说:"康德的道德学说,一言以蔽之曰,'本通则以行为',康德的逻辑学说,一言以蔽之曰,'依原理而求知'。行的方面,以人人应当奉行的无上律令为准则,使自己的意志,遵守自己制定的律令,而形成纯义务的道德。知的方面,依知性的纯概念或先天原则以规定感官经验,使经验遵循先天的范畴,而形成科学知识。"

康德哲学在我看来是通向黑格尔哲学的源泉。要理解黑格尔哲学,非先从康德哲学出发不可,治黑格尔哲学的,没有不先治康德哲学的,但康德哲学最后逻辑地必然要发展到黑格尔哲学上来。当然,我当时由于认识和阶级的局限,还看不见经过费尔巴哈的过渡批判发展到马克思主义哲学的必然性和革命性。

我自己翻译黑格尔的著作除鲁一士的《黑格尔学述》(商务印书馆,1936年)外,还有一本是开尔德的《黑格尔》(商务印书馆,1936年)。我译述黑格尔是从新黑格尔学派着手,我当时以为不只是避免黑格尔原著的难深晦涩,还可以介绍英美化的比较有自由民主的黑格尔思想,而避免介绍黑格尔本人老年保守专断的思想。

这一时期我在黑格尔哲学的研究和介绍方面,主要着重下列几点:

一、强调黑格尔的逻辑与历史一致的原则,也就是他思维方式的巨大历史感。我曾经在《黑格尔学述》译序中说:"黑格尔哲学就是以历史为基础的系统。他认为哲学就是世界历史所给予吾人的教训。因此他的见解和他的方法实有足资吾人借鉴之处。太史公所谓'究天人之际,通古今之变,成一家之言',几乎可以说是描写黑格尔的哲学最好最切当不过的话"(见《黑格尔学述》,第4页)。我曾引用鲁一士的说法,把黑格尔这种观点称之为"逻辑与历史或逻辑上的矛盾进展与人文进化的平行论","盖因黑格尔的事实是具有逻辑的必然性的,而他的逻辑是符合于人类文化变迁演化的事实的。"(《论道德进化》,见《近代唯心论简释》第239页)

二、我认为"黑格尔哲学最大的特点就是他那彻始彻终贯注全系统紧严精确的哲学方法——这就是他的矛盾法(dialectical method,现在译为辩证法)"(同上书,第5页)。我曾经从三方面来分析黑格尔的矛盾法:第一,黑格尔的矛盾法可以说是一种矛盾的实在观。"黑格尔以为凡是实在皆经过正反合的矛盾历程以达到合理的有机统一体"(同上书,第5页);第二,黑格尔的矛盾法又是一种矛盾的真理观。在黑格尔看来,"真理是包含有相反的两面的全体,须用反正相映的方式才能表达出来"(同上书,第6页);第三,"黑格尔的矛盾法又是一种矛盾的辩难法,其实际妙用乃在于分析意识经验人生宇宙之矛盾所在,而指出其共同之归宿点"(同上书,第7页)。我曾经对勘比照了黑格尔的辩证法和柏拉图的辩证法,指出黑格尔辩证法超过了柏拉图辩证法的地方有:"(一)柏拉图尚未确立正反合三连的辩证格式,而在黑格尔的系统里,正反合的架格几成为骨骼经脉。(二)柏拉图注重主观辩证法,而黑格尔则认为矛盾即客观地存在于事物之本身,是之谓内在矛盾或自相矛盾,而且事物自身亦在不断地自己陷于矛盾、自己解除矛盾的动的过程中。换言之,自己否定自己的原则,乃是黑格尔辩证法中的新成分。(三)柏拉图的辩证法与文化历史无何关系,而黑格尔的辩证法乃是文化历史发展之命脉。"(见《近代唯心论简释》,第146—147页)

三、我强调黑格尔历史观中"理性的机巧"这一观点,我认为黑格尔历史观就是以理性为主宰的历史观,整个历史是一理性自身实现的过程。历史公道的发展借个别情欲与个别情欲斗争,在斗争中互有得失、互有损害,而普遍的理性并未牵涉其中。世界上伟大的英雄都是世界精神的工具,当其使命完成时,英雄就被理性舍弃了。故理性的机巧也可以说是假欲济理、假恶济善、假私济公。我曾经用黑格尔这种观点来分析我国哲学家王船山(1619—1692年)的看法,认为在黑格尔以前一百多年,王船山就提出了类似这种理性机巧的辩证的历史观,我说:"船山于提示理性的机巧一观念时,都是举出秦皇汉武武则天宋太祖一类黑格尔所谓具有大欲或权力意志的英雄,以作例证……他认为历史上的重大事迹如统一开边等,皆由于'天之所启'及时已至、气已动,人只能'效之',而'非人之力也'。而且皆由于天之'假手于时君及才智之士以启其渐',换言之,伟大的英雄不过是天假借来完成历史使命和理性目的的工具。这与黑格尔对于英雄在历史上的地位的看法,简直如合符节。"(《王船山的历史哲学》,见《文化与人生》,第124页,上海商务印书馆,1947年)

我研究黑格尔哲学正如上述是从《精神现象学》入手的,1935—1936年,我曾在北大讲过《精神现象学》的课,此后10余年我是一直从事研究译述《小逻辑》,边研究、边翻译、边讲课。愈研究,我对黑格尔哲学愈感兴趣。关于黑格尔哲学的第一篇较系统文章是《黑格尔理则学简述》,1948年发表在《国立北京大学五十周年纪念论文集》里。在这篇文章里,我首先关于黑格尔哲学体系提出了自己的看法,我认为,黑格尔哲学体系如果仅以《哲学全书》为根据,分逻辑学、自然哲学和精神哲学三大部分,则忽视了《精神现象学》在黑格尔哲学体系里的独特地位,另外也不能把黑格尔所有著作概括进去,因此我认为黑格尔哲学体系,应以《精神现象学》为全系统的导言,为第一环;以《逻辑学》(包括《大逻辑》、《小逻辑》)为全系统的中坚,为第二环;以《精神哲学》(也包括《自然哲学》、《历史哲学》、《艺术哲学》、《法律哲学》等全部应用哲学)为全系统的发挥,为第三环。我当时说:"《精神现象学》的特点是活泼创新,代表黑格尔早年自由创进的精神。《逻辑学》的长处是精深谨严,代表他中期的专门艰深的纯哲学系统。《精神哲学》的长处是博大兼备,代表他晚年系统的全体大用,枝叶扶疏。"(《黑格尔理则学简述》,北京大学,1948年,第2页)

其次,在这篇著作里,我论述了黑格尔关于"异"概念发展的三阶段理论,即:(一)分歧(Verschiedenheit,亦译杂多),此即当下直接之异,是外在之异。(二)对立(gegensatz),此即内在之异,即一物与其反面不同。(三)矛盾(widerspruch),是本身的不同,是自身的不同,矛盾永远是自相矛盾。我说:"莱布尼茨提出不同律,以为一切事物皆彼此不同。天地间没有两个完全相同毫无区别的事物。以树叶为例,天下就无两片完全同一的树叶。黑格尔则以为不但事物间彼此不同,即事物本身也自己与自己不同。比较此树叶与彼树叶之不同是外在的。自己与自己的不同,则是内在的,此即万物毕同毕异的说法。"《黑格尔理则学简述》,北京大学,1948年,第18页)在我看来,黑格尔所谓矛盾就是事物自身内部的矛盾,唯有事物自身内部的矛盾,才推动事物向前发展。

在《小逻辑》讨论推论那一章里,一般人认为黑格尔讨论判断时,谈了总念式的判断,但讨论推论时,却没有谈总念式的推论。而我当时认为,黑格尔所谓总念的推论就是本体论证明,我认为本体论的证明是黑格尔的中心思想。本来是神学家所提出的问题,现在变成了唯心哲学的中心论证。我说:"本体论证明的关键是说'凡理性的就是实在的'。这思想包含思有合一、本质与存在合一、体用合一。因为体用合一,所以有一方面,就有另一方面。用对上帝信仰之真诚以证明上帝之存在。推而广之,也可说由主观之'诚',以证明客观之'物'。"(同上书,第38页)所以本体论证明的根本要义就是从观念证存在,从本质证存在,从理性证存在,一句话就是从思证有,黑格尔谈本体论证明,就是谈思有合一,思维和存在的同一,而这,我认为是黑格尔哲学的核心问题。在这里,我也对康德关于本体论证明的态度,提出了自己的看法,我认为康德在讨论二律背反时,是反对本体论证明的。他举例说,我头脑里100元观念并不等于我实际有100元钱,以反对从思证有的观点,但康德从道德信仰证明上帝存在,且从知识可能的条件,即知识对象可能的条件实即证明思有合一,这也是本体论证明的一种方式,所以我说:"康德在行理论衡中及在纯理论衡中,都证明思有合一,所以根本上,康德对于本体论证明是有贡献的。"(同上书,第37页)

关于黑格尔的理念,在这篇著作里,我提出了"理念是整个矛盾进展的表现,又是主客互相转化的过程"(同上书,第 44 页),这种看法,我认为理念是主客合一的,凡是理性的是实在的,理念又是理想和现实合一的,无限和有限合一的,"理念永远藉外物而独照自己,藉对象而发挥自己,所以理念是实现在客观事物中的总念,不是一个静止的合一体,不是一个抽象的同一,不是已经圆满的、不待努力的,但也不是一个永远达不到的'应当'。理念在过程中实现出来,理念本身亦是一个过程,主体的过程"(同上书,第 45 页)。黑格尔这些看法,当时我认为是正确合理的辩证思想,我们应当在黑格尔的著作中去挖掘这种有主观能动性的思想,把死的东西变成活的东西。

我在解放前是赞同"心为物之体,物为心之用","心即是理"的唯心观点的,所以我是从新黑格尔主义观点来讲黑格尔,而且往往参证了程朱陆王的理学心学。当时我不懂得马克思的唯物辩证法和黑格尔的唯心辩证法的根本对立,错误地把他们两人的辩证法看成是"根本认识实相同,不过其所应用的范围稍异而已。就好像同是一把刀,老师用来解剖病人的脏腑以医内症,而学生便用来割疮去瘤以治外伤,只有精粗内外之别,并无根本不同之点"。(见《黑格尔学述》)这种讲法一方面表明我对马克思主义缺乏了解,因为马克思主义哲学还包括许多人文科学如历史、艺术、文化等极其重要的内容,绝不只是医治外伤的;另一方面我对黑格尔哲学的认识也是很不足的,因为黑格尔也重视孟德斯鸠、亚当·斯密的政治经济学,有其贯穿着辩证法的自然哲学,并不全是所谓医治内症的。这说明对于哲学没有深入全面的研究就轻于下判断是容易陷于错误的。

自 1941 年起我就开始翻译黑格尔的《小逻辑》,因为杂事干扰,翻译工作进行得较慢,直到 1949 年 10 月 1 日国庆时才翻译完毕,作为对新中国诞生的献礼,1950 年由三联书店出版,这算是新的时代的产物。

解放后,在中国共产党的领导下,经过马克思列宁主义毛泽东思想的学习和思想改造运动,我对研究介绍工作进入了新的阶段,即试图用马列主义的立场、观点和方法来研究和批判黑格尔哲学的阶段。但是还是做得很不够。

三 几点结论

根据上述康德黑格尔哲学在中国的传播及其影响的历史回顾，我们可以得出下列几点结论：

1.康德、黑格尔哲学在中国的传播是相当的晚。就《小逻辑》来说，据我们所知，英国早在1865年就有斯体尔林（J. H. Stirling）的《黑格尔的秘密》一书出版，这两卷本是介绍黑格尔生活思想以及翻译并讲解《大逻辑》部分章节的巨著，在当时就引起很多人的重视，美国的文学家爱默生、英国的文学家卡莱尔都曾写信表示赞赏，马克思曾嘲笑斯体尔林胆敢自吹要揭发黑格尔的秘密，好像失之狂妄，恩格斯在费尔巴哈论中谈到英国人和斯堪的那维亚半岛有人传播黑格尔的思想时，也感到很高兴。1878年，瓦拉士（Wallace）译的《小逻辑》出版，1892年再版了一次。法国在1859至1867年就有魏拉（A. Vera）的黑格尔《小逻辑》、《自然哲学》和《精神哲学》的法译本。美国以 W. T. Harris 为首的圣路易斯学派，自1857年起创办的《玄思哲学杂志》刊载了关于黑格尔逻辑学的许多论文和黑格尔著作和主要篇章的译文。我国《小逻辑》中译本是在1950年才出版，这样讲来，我国要落后英美法等国约七八十年，苏联从1929年开始，到1958年已据格洛克纳本《黑格尔全集》20卷全部译完出齐，我国直至现在尚差得好远。这就对我们的研究工作敲了警钟，我们需奋起直追，才能赶上国外的研究和译述水平。

2.旧中国的封建统治阶级抱残守缺、夜郎自大、故步自封、自命为"天朝上国"以及旧中国的资产阶级在政治上、经济上以及在文化上的软弱和无能，这是造成康德哲学、黑格尔哲学在我国传播晚的社会原因。解放前，在对康德、黑格尔的研究上是撷拾新康德主义、新黑格尔主义的鳞爪,贩卖主观唯心论的货色,即使原著的翻译,也是少得可怜,唯有解放后,在党的领导下,以马克思主义立场观点和方法为指导,才开辟了研究康德黑格尔哲学的新的广阔的途径。因此今天回忆这段教训,对于我国四个现代化的实现,不是没有意义的。

3. 在中国,康德哲学的传播早于黑格尔哲学的传播,正如恩格斯所说:"德国哲学从康德到黑格尔的发展是连贯的、合乎逻辑的、必然的。"可以说黑格尔到哪个国家早,就对哪个国家早有帮助,哪个国家的文化就会早兴盛。一个发愤图强的人绝不会把黑格尔当成死狗。从实际历史上看,在德、法、英、美等国,都曾是这样,因为辩证法是在自然和精神中一种转弱为强,转失败为胜利的内在动力。否则"不懂得辩证法是要受惩罚的"(恩格斯语)。我自己也深有体会,当"形而上学猖獗"和思想僵化时,必然会"唯心主义横行",未有不引起某种灾难的。

4. 解放后,我们用马列主义观点来研究康德黑格尔哲学,并不是无意义的工作,更不是像"四人帮"所说的"是复辟",而是因为解放前中国资产阶级并没有给我们准备最起码的学术资料,因而整理中外文化遗产,翻译外国古今主要学术著作,研究中外学术思想家的观点,非要无产阶级自己承担不可,我们要扩大我们的研究队伍,把我们的研究工作赶上和超过外国的研究水平,才能适应四个现代化的要求。这里让我最后引一段恩格斯的话作为结束:"我们党应该证明:从康德到黑格尔,德国哲学思想的全部成果,不是毫无裨益,就是比毫无裨益更坏,再不然,这种努力的最终结果就是共产主义;德国人要不抛弃使本民族感到骄傲的那些伟大的哲学家,就得接受共产主义。"①本文题目《东渐记》系采自美籍中国学者容闳(1828—1912年)所著《西学东渐记》一书,此书记载西方科学技术和派遣留学生到西方留学传播西学的经过。有如李心传所著《道南录》记载二程之

---

① 《大陆上社会改革运动的进展》见《马克思恩格斯全集》第一卷,第591页。

道,由伊洛传播到中国南方闽浙一带。这表明伟大的哲学体系和潮流总会向世界各地传播的,这也不是随个人意志为转移的。甚至反对、批判也是传播的一种方式。

此行何处？——迷途问津

"西学东渐"再检讨之三

中山大学西学东渐文献馆客座研究员　张志扬

中世纪有一个犹太神学家迈蒙尼德写了一本书叫《迷途指津》，其中的"指"是针对犹太人和犹太教说的。

我不能"指"，只有"问"，表面是问道于西方哲学史的"迷途"，其实主要是问道于我们自身一百多年来作为"精神在押的巴比伦囚"而尾随西方思想的"迷途"。

为什么说是"迷途"呢？西方不是"启蒙"了吗？我们不是"被启蒙"了吗？说西方这盏"自由的明灯"是"迷途"，说今天的盛世是"迷途"，岂不像黑格尔说的"极端的任性与疯狂的大胆"？或许是吧。

那我们就试着问一问。

一　德里达的姿态

先谈一件触动我的事。

最近因讲"解释学分类"的需要，重读了德里达的《书写与差异》。代序的"访谈"中德里达表现出颇有些令人触目的姿态。

德里达先生去世了。下面的话我应该在德里达先生在世的时候说出来才算合乎情理。可惜，当时我还没有读到《书写与差异》作为代序的"访谈"，即便读到了或许也还没有这般的注意。现在说有点得罪了。

访谈中，德里达谈到"什么是哲学"、"什么是文学"。

德里达说,哲学仅仅是属于希腊的从而是西方的,非西方的民族有它自身的文化和思想,但绝对没有哲学。"哲学本质上不是一般的思想,哲学与一种有限的历史相连,与一种语言、一种古希腊的发明相连,它首先是一种古希腊的发明,其次经历了拉丁语与德语'翻译'的转化等,它是一种欧洲形态的东西,在西欧文化之外存在着同样具有尊严的各种思想与知识,但将它们叫做哲学是不合理的。"

同样,"文学(literature)是一个具有某种欧洲历史的概念……。我不知道比如说是否可以去谈非欧洲的'文学'。我恐怕会重复刚才对待哲学的同一姿态。应当存在着不属于在欧洲大约自16世纪以来被称为'文学那种东西'的伟人的书写著作"。总之,文学毕竟也是专属于西方的。

我不知道你们读它时有何感想。

在我的阅读经验中,德里达的这些话所引起的感触是极其复杂的。

设想年轻时读这样的话,会把它当成一种知识吸收,肯定还会沾沾自喜,仿佛得了真传地"拿了根据"以示人:"你知道什么叫哲学吗?除了希腊人的叫法,其他非希腊的思想根本就不能叫做哲学。"大概因为年轻,更因为完全处在学而恭(学而倨?)的地位。或许德里达在古老的非西方人面前仍然保留着此种年轻心态。

可是现在读起来,没有这种轻信的喜悦了,凡西方人说是都是。现在读它有一种奇怪的感觉,德里达怎么像个申辩"专利"的刀笔吏,东说西说道理全在他那里。德里达的整个腔调其实很有些霸道。联想到同一个德里达在面对强势的英美"政治哲学"和德国"观念哲学"时,态度不仅要收敛得多,而且还有一种为法国哲学地位抗争的努力进取的低姿态。前倨后恭以致如此,真有点叫人如临棒喝。

哲学是希腊人发明的,专属希腊人所有,其他非希腊人不能有;但是,经过拉丁语、德语、法语的翻译,就成了欧洲共有的,希腊的也是法国的,比如一个叫德里达的法国人就可以说"哲学是欧洲形态的东西"。这意思是说,经过语言的转化可以为非希腊人所有。可为什么经过阿拉伯语、印度语、汉语、日语的转化,却不能为非西方人所有呢？其实欧洲人知道的"希腊哲学"最早还是保存在中世纪阿拉伯世界中并经过阿拉伯语转译的,而且所谓"欧洲"语源还离不开"印欧语系"。

德里达自己难道不应该奇怪自己的双重身份吗：犹太人和法国人？犹太教从叙利亚传到欧洲去,就变成欧洲的了,按照前面德里达宣布的逻辑,"欧洲"应该变成"叙利亚的"才是。即便"犹太教"在罗马时代变成了"基督教",属于西方,那也不过是反映了全世界共有的现象："橘逾淮而北为枳。"欧洲可以这样,非欧洲的其他地方也完全可以这样。希腊哲学到中国来变成了中国现代哲学因素之一,如印度佛学到中国来变成了中国"禅宗"一样,有何不可。只准自己行,别人不行,这就叫"欧洲中心主义"或"唯我中心主义"。德里达的"解构主义"岂不要变成解构别人为己所用的"暴力主义"——落到自己的反讽中去了。

中国古代思想可以不叫希腊意义上的"哲学",但绝不等于中国没有本源意义上的即形而上学意义上的哲学,而且,形而上学的本源意义根本不同于"柏拉图—亚里士多德主义"的"形而上学"。同样是"爱智慧"的,但智慧形态可以不同,而亚里士多德之后根本就是"爱智能",于是,"知识即德性"才完全变成"知识即力量"、"知识即功利",以至于今天技术成为地球的主宰——一个纯粹的"手段王国"。

德里达的这种做派连起码的语言学或语言哲学常识都不顾了。"哲学",在形而上学的本源意义上,世界任何一个元典文化都会有的,因此,"哲学"可以说是一个"共集"或"空集"范畴,或叫"通名"。现在德里达因希腊哲学的特殊性而想独霸"哲学"的"通名"为"专名",让"共集"或"空集"中的其他哲学全部退出,甚至取消其他哲学的哲学叫法而其实是取消其他哲学的哲学等级,让希腊哲学独享哲学之名。难道德里达就是这样研究"签名"而"专名"的吗？这不是霸道是什么？

按照德里达的逻辑,希腊人因其希腊人的特殊性而命名"人",是不是该让所有非希腊人的人都不能叫"人",连身为法国人犹太人的德里达都不能叫"人"。请问德里达先生作何感想?

在德里达眼里,希腊时期的柏拉图和亚里士多德不说了,新古典时期的康德与黑格尔也不说了,眼前的德国哲学构成对整个法国学术界的压力,胡塞尔和海德格尔,一个抓住"意识",一个抓住"存在",欧洲形而上学传统几乎完全被德国这两个当代大哲掌控着。20世纪60年代的法国,其学术界思想界拼命夸大"哲学的终结",抬高"结构主义"的地位,其中隐含着的一个动机就是抗争德国观念哲学,力图从德国观念哲学的阴影中摆脱出来。

一方面,海德格尔提供了一个支点——"存在论差异";另一方面又不愿意继续屈从在海德格尔的专名之下。于是才爆发了"太凯尔"(《这一代》)群星学者的反叛,政治上与学术上同时进行。政治上绝对保有"法国大革命"的革命精神与浪漫传统,抵制英国"光荣革命"的冷静务实的功利主义原则。哲学上直指德国观念哲学。德里达是其中支撑最长也最强的力量。他几乎调动了法国文化中最精华的文学资源以抗击德国观念哲学强大的确定的"客观对象性"。不禁使人想起绘画中的印象派兴起,它们如何在新古典主义传统中抗击完美定式的"客观对象性"。

我对此有很深的感触甚至同情。如果德里达不表现出上述前倨后恭的两面相,我亟愿向他表示更多的敬意。因为面对西方学术,一百多年来,中国学者几乎还没有抗争的意志,更谈不上抗争的能力了。

话说回来,德里达说哲学是希腊人的发明,也并非毫无道理,但只在这个意义上。我先用一个图表示:

```
          (隐)
                   天地人道(大而化之)    "无"—大道无形、"知其白守其黑"
哲学—形而上学                          "在"—逻各斯—"知其是守其在"地临界
                   地天神人(大而伯之)    柏拉图"本质主义"
          (显)                         "是"—逻辑学
                                        亚里士多德"科学实证主义"
```

该图显示,所谓希腊哲学走了这样一条"光"路:由于"光"照而全"显"的逻辑学——"是什么"之"是",或导致属性本质化的柏拉图"本质主义",或导致个体分类化的亚里士多德"科学实证主义",才把哲学的"爱智慧"转向"爱智能",即从"知识即德性"转向"知识即力量"(手段)与"知识即功利"(目的)的技术理性,直到今天技术成为世界("手段王国")的主宰——这不过是哲学走向"显学"即走向"意识形态"特别是"意识技术形态"的一个"强力"分支。

(插一句,这里的"显",不是作为动词的自身显现的显,而是作为名词的显现出来了的"东西"即"存在者"。所以,它才是系词"是"所是所系的即判断的对象。)

所以,德里达笼而统之地把"哲学"和"希腊哲学"等同起来,说轻一点至少是不清白的做法。其实,德里达并非不知就里,他在尽情解构时,不就把黑格尔的"否定之否定"辩证法直接叫做没有阴影的"白色神话"吗?

但事实上,说到底,海德格尔切入阴影面的"显隐二重性",德里达并未深知地坚持下去,因为他常常停留甚至沉迷在"显"与"隐"的"二值逻辑"的非*此即彼*的解构上。

二　西方真理观的三大根源

现在回到我今天要讲的正题上来。大家很快可以看到,所谓正题恰巧在德里达的"哲学"命名中已经显露出来。

让德里达自傲的一部西方哲学史,可以看作是不断提供"真理"或"真理观"的形而上学史。海德格尔在《论真理的本质》(1930年)中指出,西方成为传统的"真理观",即"知与物符合"必须先行建立在"物与知符合"上:

　　知——知与物相符——知乃认识论意义上的陈述——"命

题真理"

物──物与知相符──知乃先验论意义上的本质──"事实真理"

"知与物符合"的"知"是认识的知,表现为陈述性命题,叫"命题真理";"物与知符合"的"知"是先行意谓的本质,表现为事实性命题,叫"事情真理"。如此"知─物─知"旨在破"物"以取"力"的技术理性支撑,已构成"真理观"的意识形态特征:"**把特殊的东西说成是普遍的东西,再把普遍的东西说成是统治的东西**",归根结底要完成"**真理性**"向"**权力性**"实施的政治哲学架构——此之谓"政治哲学乃哲学的本质"。

西方之所以如此顽强地架构,即便一个一个的"意识形态真理"没有不被后面挤上来的"真理"剥夺砍倒的,以致黑格尔把西方形而上学史描述为"堆满头盖骨的战场",然而后来的哲学家还是相信,唯有自己提供的"真理"才是最完美的真正的真理。为什么?原因就在于它们的思想开端、它们的宗教造成了它们根深蒂固的"本体"信仰。海德格尔在《论真理的本质》中援引了"上帝创世说"可谓第一根源:

"上帝"(C) { 宇宙万物及其关系的秩序(A)
            人的命名与管理的能力(B)

其中的逻辑关系:因为有 C,所以 A = B。C 即上帝耶和华,既是宇宙的"创造者",又是"最高存在者"。人的认识之所以归根结底一定要与被认识的事物相符,或反过来说,事物的秩序之所以归根结底一定要与人的认识相符,其根本原因乃在于它们都是最高同一者按创世秩序的意志统一创造出来的。

无独有偶,柏拉图在《理想国》第六卷"日喻"中,借苏格拉底之口用同样的逻辑说出了第二根源。其图式如下:

"至善"(C) { 给予知识的对象以真理(A)
          给予知识主体以认识能力(B)

逻辑式:因为有 C,所以 A = B。C 即善理式,既是宇宙的"创造者",又是"最高存在者"。与第一根源同理。

西方哲学史,特别是形而上学史,不外两条路线:要么走(A),从外部发现同一性的基础,要么走(B),从人的主体内部中发现同一性的基础。不管那沟通的"最后一跳是致命的",由于有(C)作为信仰的保证,人们相信知与物总会相符同一的。

还有第三根源,那就是亚里士多德提供的"语言结构"与"事物结构"也处在一种"同构"关系中。其图式如下:

语言指示(C) { 事物意义(A)——倾向于柏拉图本质主义
              事物结构(B)——倾向于亚里士多德科学实证主义

第一根源和第二根源必然包含演绎式,创世的"上帝"(一神教)和"至善"(宇宙论)当然只能下行演绎。"语言"作为第三根源虽然奠定的也是演绎式,但却表现为归纳式,例如,亚里士多德的范畴逻辑规定,主语或主词位格上必须是"个体"实体(不是柏拉图的"本相或理念"实体),至于谓述则用"属加种差"予以实证之,即仍是"第二实体"(类)、"第三实体"(神)规定其本质,由此开创了不同于柏拉图"本质主义"的"科学实证主义"。

"三大根源"在他们"所说的那个样子上"的确可以为西方"真理观"提供最后的保证,但也不过是"所说的那个样子"而已,因而不过是"三大原始幻象"。请注意,我并没有判断"三大根源"的"有无"或"真假",只用了"隐喻"的说法把它悬搁起来,因为"幻象"完全可能是来自有限人的有限映照而成其为"所说的那个样子"——"命名":

第一根源来自希伯来神性——命名为"上帝"

(从亚伯拉罕的上帝到亚里士多德的上帝)

第二根源来自希腊理性——命名为"至善"

(即柏拉图的"善本相——德木格")

第三根源来自希腊理性——命名为"逻辑"

(即亚里士多德的形式逻辑"主谓结构")

三 三大根源中被隐去的部分

大家已经看到,前面讲的都是西方哲学和我们学习西方哲学的经验事实,我用的几乎是描述性的事实陈述句:"它如此这般。"

但本节所讲的这一部分很有点冒险,因为它不是完全依据"诸神元典"的"知识考证"。希腊悲剧中有一个说法不知大家注意到了没有,那就是,人的智慧有两个来源:一个来源于神的指引,一个来源于自身的苦难教训。后来人长大了,长大到它以为能够完全靠自己的两足站立在世界上,这就是所谓依据"人义论"的"启蒙理性",从而将"智慧"转变为"智能"(技术理性),也就是将原来人的智慧的两大来源"神性"与"苦难",转变为智能性地依据"知识即力量"(手段)以达到"知识即功利"(目的)。所以,"人义论"同时是与"进化论"即"科学发展观"或"历史相对主义"相联系的。据此一切都可以化解于其中,即便人类经历了20世纪的两次世界大战,经历了像"奥斯维辛"、"古拉格"这样的苦难,也完全可以用智能的眼光去衡量其"功利"而重新聚集"力量"准备(从事)战争,反正历史是"进化的"或"相对的"。今天的中东局势就是其缩影。"生态危机"仿佛还在其次。

这个世界占主导的技术理性肯定出了问题。如美国有人把他们的现代性原则规定为新"三位一体":"个人主义"、"工具理性主义"、"自由主义"。而其中两端自我衡量与判准的尺度恰恰就是"工具理性主义"。

这就迫使人不得不以另类眼光从根源上检讨启蒙以来的方

向——"迷途问津"。重新点读"诸神元典"只是其中的一种尝试。因时间关系,下面我只能用举例的方式点到为止。

例如,《圣经·创世记》第一章开篇:

  神起初创造天地。地是空虚混沌,渊面黑暗;神的灵运行在(黑暗的)水面上。
  神说:"要有光",就有了光。……这是头一日。

据说,第一天神创造的光是希伯来"神性之光",第四天才是希腊理性的"自然之光"。所谓两希精神只在"光"的比较中争高下,至于创造"光"之前的"神"与"黑暗"的关系却始终讳莫如深。也就是说,相对"黑暗"而言,"光"表面看来是显白,以为黑暗全被照亮了,这本身就意味着光把自身对黑暗的遮蔽遮蔽起来,已是"双重遮蔽"。正因为这个开端中的掩盖,"光"才肆无忌惮地俨然以自己为"绝对真理"自居——非一次破坏性的苦难不能审视它、质疑它。

我经常碰到这样的反诘:不管黑暗多么重要,它总是一种混沌状态,既不可理解又不可表达,有什么意义?事实上,不管自然还是人类,总要进到光照中来才能明白事理,才能趋利避害地成事,没有理性,世界不乱了套?

这是常识常理,没有谁去反对的。问题已经不在这个层面上进行了。现行的世界,不是没有理性,也不是理性太少;相反,恰恰是理性太多,多到混乱的地步。每一种理性都只看到自己光亮的部分,甚至干脆认为自己就是光亮本身,因而非己之其他理性都是特殊的、未开化的、甚至野蛮的、黑暗的等。于是,理性之争、诸神之争,争高低之序、争主奴之别,成为当今世界混乱的原因。当然,这种"权力"之争背后支撑着的根据就是"真理"与非真理之争,它甚至简化为地缘性的西方与非西方之争。我们是在这个几乎常识化了的前提下重新**检讨"理性"问题**的。

所以,必须拿"光"是问。希腊人不是把"理性"叫做"自然之光"

吗？指出"光"自身的遮蔽着遮蔽的双重遮蔽的根源。非如此不能让"光"意识到自身的限制，从而为"他者"留有余地。在这个意义上，黑暗并不是象征，它切切实实是"光"自身隐藏的界限——含有不同于"光"的另类可能。有了黑暗意识，像老子说的"负阴而抱阳"才能柔韧起来，才能有"光"的内外临界状态可检测与防御，尤其还有黑暗神秘的敬畏。能这样临界思想的理性，才算超脱了智能阶段而可提升到智慧境界。否则，"光"是刚愎自用的。

除了希伯来的"神言"，苏格拉底是希腊"哲言"的代表——正如中国老子是"神言"的代表而孔子是"圣言"的代表。

但是，西方哲学传承的主要是柏拉图的苏格拉底。柏拉图由于苏格拉底之死而掩盖了苏格拉底的智慧，其中的原委不能在这里细说了，大概也是为了哲学家在城邦中的生存与作用吧。柏拉图掩盖了苏格拉底什么呢？一言以蔽之，将苏格拉底临界智慧的"知无知"转变为"知绝对"即"知本相"的创世之知，使苏格拉底陷入"苏格拉底悖论"——最聪明的苏格拉底遭到反讽的苏格拉底的反讽。我认为，苏格拉底是希腊理性前后转折的智慧堂奥所在，即"知向而不知得"的临界。柏拉图和亚里士多德，一个在政治哲学中将它定式化了，一个在科学技术中将它定式化了。

此外，上述"日喻"外还有两喻："线喻"和"洞喻"。"洞喻"是极其有名的政治哲学专题，谈的人多了。"线喻"则很少人提到，其实"线喻"也包含着致命的警示。"线喻"中区分着"可见世界"与"可知世界"。前者分为"影像"与"实物"，或者分为"科学"与"全善"。事实上，今天的世界就卡在形式化"科学"层次而翻不上最高的"至善"境界。它比"洞穴"更是人类的命象。

至于语言，亚里士多德只取了它的指称确定功能，完全按技术功利的逻辑原则制定。其理由是很强势的，一切必须回到可计算的经济原则上来，用最小的投入获最大的效益。所谓主谓结构的科学实证主义，其分类原则是，首先排除模糊的、不确定的，接着排除模棱两可的，最后选定最大边际效益的确定性或概率确定性。用语言学的术语说,动词名词化、名词概念化、概念范畴化、范畴实体化,由此建立科学体系。世界如是有序了,但世界也因此而技术化了。须知,技术化裁剪的经济效用原则,是以牺牲生态的丰富性和丰富的生态性为代价的。亚里士多德之所以为科学技术提供了逻辑工具,因他先行为哲学的形而上学实体化提供了逻辑工具。亚里士多德真正是西方意识形态的主要奠基人,或"始作俑者"。后面再回到这个问题上来——论证方法。

顺便提一下,我写《重审形而上学的语言之维》得"语言两不性"或"语言界面性",整个就是针对它来的。

四 "通天塔"的禁止与引诱

《创世记》第一章中神无名,所说"按照我们的形象造人",这里"形象"的希伯来文迈蒙尼德在《迷途指津》中指出,当作神的"有形的形象"理解是非常错误的,按字源解释应看作"意向"或"自然形式"。

第二章,神有名叫"耶和华",用土造人,吹气使活,名"亚当"、"夏娃"。

第三章,亚当夏娃犯了原罪,被逐出伊甸园?原罪是什么?吃了知善恶的智慧果,能模仿而僭越。

第十一章,人造通天塔,又遭神惩罚:"变乱语言"使通天塔坍毁。

由是,在伊甸园内外,在神人之间,都建立了一个悖论式的禁止与引诱:人模仿神,神惩罚人。

中国也有"创世记",但绝没有如此罪与罚的契约或法典关系。

除了通天塔故事本身的象征性,此后的人事沿革莫不与之相关,从形而上学哲学、技术理性直到科学技术,都可看作"通天塔"事件的重演,随之而来的灾难与苦难,亦表示惩罚性的"通天塔"坍毁。

但这不过是从终极目的上看来如此,从实际目的上来看则又当别论,因为在实际过程中,"人义论"的"强力意志"愈来愈成为功利目的的主宰。也就是说,在"通天塔"的建造与毁坏中,实际的技术能力获得了积累与增长,它不断地实践着"知识即力量"(手段)以完成着"知识即功利"(目的)。

应该注意其中的分离:没有通天塔的终极指引,方法论的完善化追求则不可能实行——这是哲学家和科学家的天职;而实际上坐收渔人之利的是政治家,对于他们来说,"终极目的是微不足道的,赢得过程目的才是一切",换句话说,"唯一的"并不重要,"最强的"才是一切。西方"真理观"及其"方法论"在世俗化完成的意义上,建立的只是政治家的"手段王国",它最终反过来钳制着哲学家和科学家使其不能自拔。或如海德格尔所说,人类已经嵌入了"技术"这没有主体的主体的"坐架"。西方就是这么一路走过来的:

> 柏拉图杜撰造物主"德木格"(Demiuge)。
> 亚里士多德虚构"逻辑"与"亚里士多德的上帝"。
> 笛卡尔在"死的根性"与"时间缺口"上自主地构造"自我"。
> 康德在"自在之物"与"二律背反"上虚张"人为自然立法"。
> 黑格尔更是用辩证逻辑的"白色神话"胡说"基督教的世俗化完成"。
> 还有,马克思在隐蔽的"弥赛亚主义"上用"生产力—人化自然"归根结底把地球变成"行星工厂"。
> 现代连终极获救都不要了,历史终结了,只有"技术/欲望"的互为对象化。

虽然其中的每一个命题都是一本大书,请原谅我这里只能立此存照。

五 "技术—手段王国"已经"尾大不掉"

这是前一个问题的独立补充,为了突出"技术"已经建立的"自主"原则。它表现在它的"自我证成"的方法上。也就是说,现代技术已经跨过了"人/自然"的对象关系:"人提问,自然回答"(人模仿自然的"技艺时期"早过去了)。现在已经进入这样的"自我证成"方式:

"科学家"设问 $\begin{cases} "机"答 \\ "人"答 \end{cases}$ 一致的程度证明人机同一的智能程度

如此论证方法最后必将证明:"智能机"一定能够成立。因为问题的答案已经包含在问题提问的方式中了。这就是逻辑的同一性设定。

"智能机"是科学家设计制造的。这个事实已经表明,科学家的大脑已经先行"智能机"化了。于是,作为人而且是作为"现代人"榜样的科学家提问,与科学家先行同一的"智能机"有什么不能回答的?

如此自我证成的论证方式且不说远自亚里士多德以来,近自康德以来就被当作"启蒙"的理性原则:"人为自然立法"。逻辑式:"人类提出建议,世界付诸实施"——"如果这样,必然那样"——"当且仅当"而已。引导人类的科学家其主导职能就是设定"当且仅当",为了让自然和人类就范。

于是,"自然"逐渐被"人化"了,或不如干脆说:"自然被技术化了"。扩而大之,地球上的"自然存在"逐渐被"技术存在"所取代。我们在大学中的主导教育不都是按照这个模式批量生产的吗?现代大学教育生产出来的"产品"不就是这样的"现代人"吗?

其实,亚里士多德并没有走得这么远,康德更没有,因为,康德的知性真诚中,还有不可知的"自在之物",因而理性被"二律背反"限定着。然而,康德以后的康德主义都是"新康德主义",他们从康德哲学中拿掉了或不如说掩盖了"自在之物"和"二律背反"。黑格尔就是这么"发展"的。今天仍然在如此"发展"。"发展"者已经看不见或不愿意看见:自己的论证是取其一面而立法,其限制的危害丢掉了或掩盖了。

即便灾难迫在眉睫,科学只有相信:科学技术带来的危机只能靠科学技术解决。像一条自己咬着自己尾巴的蛇。

人类的逻辑困境从"布利丹驴"转到了"埃舍尔蛇"。

六 揭穿根源幻象的两个人:尼采与海德格尔

西方哲学史上历代都有临界问题出现,但都被当作谬误排除,直到 19 世纪和 20 世纪,有两个人的问题方式才抵达了奠基虚设的终极临界。这两个人就是尼采和海德格尔。至少在我读来如此。

尼采说了两句话:

"上帝死了。"

"柏拉图主义是颠倒的虚无主义。"

前一句话揭穿了"一神"不过"诸神"。一个"诸神"说自己是"一神",其他"诸神"听了笑得要死。

后一句话揭穿了西方形而上学真理观即"本体论同一"乃归根结底的虚无。根本就没有这个"本体",存在的无非是解释而已——怎么塞进去就怎么取出来。所以,最真实的是,在虚无之上,只有超人重估一切价值的永恒轮回的强力意志。也就是说,尼采清醒地把"唯一者"还原为"最强者",并用它来隔断虚无主义的"深渊"。在这个意义上,尼采是西方最后一个非形而上学的形而上学家。

比较起来,海德格尔不再更换也不再填补地基的"裂隙"了。相反,他趁此把形而上学带到其边缘状态。尤其可贵的是,正是在此真实的临界上,他遭遇了东方的"知其白守其黑"的"道"。回想起来,他自己一生守住一句话正是:

"知其是守其在。"

关于这个问题我就不在这里详述了,《西学中的夜行》记录了"西学东渐"的"四次重述":黑格尔—马克思一次,尼采一次,海德格尔一次,施特劳斯一次。每次都有不同露底的破绽,直到海德格尔提供了较为准确的临界思想,即"把形而上学带到其边缘状态",形而上学奠基的"裂隙"才成为"道说"被人不再忽视,"形而上学史即是遗忘存在的历史"才作为哲学"界碑"立在世界史上,而且上面还刻了"一颗"夜空的"星"——在"知其是"的"是(光)"下"守其在"的"在(黑暗)"之显隐临界的象征。我把它引为"悖论式偶在"的直接谱系。

时候到了。可以走回东方的元典解读,领略漂泊后的还乡之情。

七 两种人生境界:"大而伯之"与"大而化之"

如果说,西方思想自亚里士多德后都以"光"为标志在"光"中运作而根本把"暗"当作谬误排除,那么,海德格尔恐怕是明确进入暗的遮蔽者并把光看作是暗的显现与解蔽的第一人。

从此,"光"与"暗"不再是两极对立,而是显隐二重地共生共在地运作。

只有到了这个地步,西方成为东方的映照,中国元典《道德经》中的"道"才真正揭开了种种形而上玄学的服饰,使中国人处临界之上,听道的"大音希声"、看道的"大象无形"、呼吸"出神入化"之气息。

就像我以前打过的一个比喻,西方哲学技术理性是"金刚钻",它只有钻到它确定的极限而临界,才能呈现东方"道"之无极而中和的化境。

所谓,"极高明而道中庸",说的就是这个意思吧。

当然是等待不来的。我们也必须走(天地人道)"四大"之路,只有"大"了,才能领略"大而化之"与"大而伯之"是多么不同的两种人生境界。

在这个立意上,或许

  诸神独立互补的世界是可求的。

墨哲兰

2007 年 6 月 18 日 海甸岛

讲求方法：来自西方哲学的启示[*]

中山大学哲学系　陈少明

一　重提方法

悬置价值取向或意识形态的争端不论,对中国哲学的反思,可能引发或者放弃中国哲学,或者试图摒弃西学治中学的倾向。原因是过去中国哲学研究中广泛存在的,或者很"哲学"而不"中国",或者够"中国"而缺"哲学"的现象。前者指过度用西方哲学概念框架对中国古典思想作削足适履的论述,后者指回归对中国经典的传统注疏或文献学研究。我的意见是,过度西化的中国哲学论述应该放弃,而注疏式的研究本身有它的学问价值。但是,如果把后者作为重新发展中国哲学的康庄大道,则可能是南辕北辙。

中国哲学学科从建立起就与西方哲学有不解之缘,无论是出于文化自我更新愿望的自觉学习,如胡适、冯友兰,还是基于意识形态压力的效法,就像以马克思主义名义编的各式哲学史教科书,都不例外。事实是,没有西方哲学的传播(马克思主义者自认是德国古典哲学的继承人),就不会有中国哲学学科的建立与发展。因此,除非你不讲哲学,如果讲哲学而不面对西方哲学,是不明智的。实际可能是,中国哲学家学习西方哲学不是太多,而是太少。讨论中国哲学的

---

[*]　本文据作者在"对话、融通与当成中国哲学的前景——中哲、西哲、马哲专家论坛"(中国社会科学杂志社与深圳大学国学研究所合办,2007年12月4日至6日)的发言修改而成。

论文充满西方哲学的术语,往往就是火候掌握不够,对西学不能消化的表现。

问题在于学什么,以及如何学。最浅陋的办法就是对中西哲学范畴作简要的对比,这种现象大家都比较熟悉。它的问题是深度不足,较肤浅。浅不是错,上世纪初,作为最早的西方哲学介绍者之一的梁启超,当他能把培根的经验论同朱熹的格物致知,笛卡尔的"我思"同孟子的"心",康德的真我同王阳明的良知进行简单的比较时,是很了不起的事情。但与不久后王国维的"论性"、"释理"、"原命"等文章相比,水平差别立见。后者虽然也是比较,但他分析了相关的思路,表现出"析理"的功夫。可惜,后来的学风好像是更靠近梁启超而非王国维。造成这个现象的原因,可能有教科书体裁的限制,有意识形态表态的压力,但更可能是对哲学(首先是对西方哲学)的理解上存在问题。那就是把哲学当作现成知识还是探索方法的问题。①

哲学知识与哲学方法虽然不能绝对对立,哲学史上伟大的理论系统,当然多是独特方法的建立或应用的产物,但两者侧重点相对有别。我这里说的理论或系统,指对某些思想观念的完整分析,而非对世界包罗万象的理论概括。在古希腊,苏格拉底的哲学贡献是发展出概念分析的辩证法,而非提出系统的理论,柏拉图才是运用辩证法,建立理念论——所谓哲学理论的人物。这种哲学系统(或知识)同方法的关系,就如大厦同设计施工的关系,没有设计施工自然就没有建筑物的出现。内行的哲学家自然深谙此道,重视对方法的研究与运用,但哲学的门外汉则只是像观光客一样,只注意其外观及基本结构——一组基本结论及相关的范畴。西方哲学史上,几乎所有伟大理论的问世都同方法论的变革有关。有些伟大理论本身其实就是关于方法的发明,例如胡塞尔和维特根斯坦的哲学。现代中国哲学

---

① 以上问题,参阅陈少明:《论比较哲学》(《等待刺猬》,上海三联,2004年)与《中国哲学史研究与中国哲学创作》(载《经典世界中的人、事、物》,上海三联书店,2008年)中的相关讨论。

家中,成就较高者如冯友兰、牟宗三,都是能登堂入室,在研究西方哲学时对方法有自觉的人。熊十力对西方哲学知识的了解不如冯、牟,但其《新唯识论》也对方法的运用很有讲究,他谈本体论的思路就是从"本体不是什么"入手的。

整体上不重视方法的原因有两方面,一是中国传统思想上对方法论的自觉不够,二是受现代意识形态的限制。从传统上讲,古希腊的辩证法起源于"辩"的实践,而春秋战国百家争鸣也就是争辩。孟子就说"予岂好辩哉,予不得已也"。与武装争斗不同,辩的胜负不只是要压倒对手,更要吸引、说服听众,故需要建立理智的标准。它包含实质与形式两个层次,实质层次是用以衡量各种具体主张的基本价值的建立,形式层次就是明确辩论的说理规则。名辩思潮的兴起表明思想家对此有初步的自觉。不仅儒道墨都谈名,还有"名家"。名墨二家已经明确从逻辑的角度讨论名的运用的复杂性问题了。①但历史的事实是,它最终没有发展出能满足我们愿望的以概念分析为核心的方法论来。这不是说,没有它,思想家们就思想混乱,而是它可能是导致没有出现理论结构复杂的作品的原因。近代严复由此而批评传统中学缺少学理系统:"故取西学之规矩法戒,以绳吾'学',则凡中国之所有,举不得以'学'名;吾所有者,以彼法观之,特阅历知解积而存焉,如散钱,如委积。"②

明清以降,在西学东渐以来,学界对名墨之研究渐热,反映出在西学刺激下发展思想方法的愿望。而章太炎、胡适对名学的重视,更是中国哲学家在方法论上觉醒的表现。胡适在《中国哲学史大纲》(卷上)的导言中表彰章太炎说:"《原名》、《明见》、《齐物论释》三篇,更为空前的著作。仔细看这三篇,所以能如此精到,正因太炎精于佛学,先有佛家的因明学、心理学、纯粹哲学,作为比较印证的材料,故

---

① 参见庞朴:《白马非马——中国名辩思潮》《庞朴文集》第三卷,山东大学出版社,2005年)的论述。

② 严复:《救亡决论》,王栻编:《严复集》第一册,中华书局,1986年,第52页。

能融会贯通,于墨翟、庄周、惠施、荀卿的学说里面,寻出一个条理系统来。"①胡适关于中国哲学的发轫之作就是《先秦名学史》,该书英文名直译就是《古代中国逻辑方法的发展》(*The Development of the Logical Method in Ancient China*)。他在导言中说:"哲学是受它的方法制约的,也就是说,哲学的发展是决定于逻辑方法的发展的。这在东方和西方的哲学史中都可以找到大量的例证。""我回顾 900 年来的中国哲学史,不能不深感哲学的发展受到逻辑方法的制约影响。"②而冯友兰则说,中国古代哲学虽没有形式的系统,但有实质的系统。他后来的努力,便是从形式上把它建立起来。其自创的哲学系统"新理学"的核心论点,就是由一组逻辑结构紧密的命题构建起来的。《新知言》一书,便是他对哲学方法论的说明。

但是,这种方法论的热情在唯物主义成为意识形态的哲学掌门之后,便被抑制下去了。原因是意识形态讲究政治正确性,时刻强调立场、观点和方法,讲大是大非的原则问题,却甚少讲证据与论证。冯友兰试探性的"抽象继承法"一提出,讨伐之声四起,很少人会把如何说理作为重要的哲学原则看待。③ 在那个对哲学高度重视的时代,"哲学原理"成为哲学的圣经。后来的中国哲学史研究,便是参照其中的条条框框,对古典思想资料进行肢解分割。思想解冻以后,哲学界对西学的视野是开阔了,但许多中国哲学作品对西学的运用依然沿袭一种"引经据典"的状态。只不过概念来源不是马克思,而是康德或海德格尔而已。于是引来本文开头所说的反思。

这样,重提方法论的理由便包括:一,方法论是哲学的命脉所寄,以及二,它是中国思想的弱点所在。依严复关于什么是"学"的标准,从根本上讲,就要有概念分析的功夫及经得起经验对照的实效。哲

---

① 姜义华主编:《胡适学术文集·中国哲学史》上册,中华书局,1991 年,第 27 页。
② 胡适:《先秦名学史》,学林出版社,1983 年,第 4、6 页。
③ 参见《哲学研究》编辑部编:《中国哲学史问题讨论专集》,科学出版社,1957 年。

学上的学，需要一种术来建立，它就是以分析为中心的思想论证的功夫。分析在中文原意是条分缕析，进入哲学便是辨名析理。其要义是把整体分解为基本要素，进入对象内部，探讨其结构关系，它同比较、归类的方法是联系在一起的。也可说，分析是理性最基本的机能。由此可知，分析并不限于哲学，而哲学分析也不只是分析哲学。对不同类型的哲学分析进行区分，也许就是我们实践分析精神的需要。

二 学会分析

在西方哲学史上，哲学分析至少可举本质分析、语言分析与现象学分析三种类型。本质分析以柏拉图对理念论的论证为代表，贯串整个新旧实在论的传统。其基本方法就是通过对有生有灭、受时空限制，存在于经验中的各种具体现象的排除，寻找背后那不变、统一、普遍、整全、抽象、有主宰性的理念，从而划分本体与现象两重世界。这也许是理性寻求终极原因的冲动使然，西方哲学传统中的重要分支——形而上学，以及以康德为代表的近代认识论也循此而来。只不过后者通过主—客体的划分后，又把它施之于认知的结构分析上。黑格尔派的纲领为标志，其初衷是拒斥形而上学（包括黑格尔式的绝对理念）。基本方法是试图制定语言的意义标准，强调含义与其经验对象的对应关系（逻辑实证主义或逻辑经验主义的说法都概括这种方法论两个要义），然后分析哲学传统中那些不符合这一标准的大概念，将其当作无意义的问题加以排除。虽然，这种意义标准的苛刻会殃及无辜，如导致对抽象概念的排除，但以后期维特根斯坦和奥斯汀为代表的日常语言分析，大大扩展了语言分析哲学的视野，合力推动了当代哲学的所谓语言学转向。现象学分析的主要对象不是客观世界，也不是语言逻辑，而是意识领域。它通过对意识经验的反思，描述、分析其结构，从而探讨其领会事物、把握世界的内在精神机制。

现象学家之间,如胡塞尔、舍勒及海德格尔,具体追求的趋向不一样,但与经典的分析哲学相比,其一致性便显示出来。有些现象学家声称其方法不只是哲学的,但最重要的贡献还是哲学方面。它在深层上拓宽意义领域,前期分析哲学以为无意义的问题,如虚构或想象的陈述,及其信仰或其他精神生活,也成为重要的哲学问题。现象学分析的作用不仅是对认识论有效,更能丰富价值问题的研究。

关于本质分析、语言分析和现象学分析的区分自然是相对的,不是每个分析者都始终遵守特定的教条。同时,由于方法的开放性,分析哲学与现象学的研究正呈现交叉发展的趋势,如语言分析学者如塞尔同样对现象学核心问题意向性高度关注。上述粗略的区分意在强调分析不是抽象的,不同分析方法的哲学功能并不一样。方法的误用同范畴的错置一样,不仅会徒劳无功,甚至增添学术的混乱。

回到中国的问题上来。即使我们不能断定有严复说的哲"学"理论的存在,也得承认古代思想家面对过一些可以称之为哲学的问题,并有深浅不一及方式不同的相关论说出现,从而也形成一些哲学概念和哲学观点。这些观念丰富、复杂,在思想史上留下深远的影响。对应于上面的三种分析,我们也把问题粗略分为三类:第一类,像儒家经典中的道与器,道家与玄学的有与无,以及宋明理学的理与气问题,或许还应有佛学中的色与空,很自然被当作本体论或形上学问题。王弼在《老子指略》中对"无"的阐释,就是简洁的本质分析。还有《肇论》中的《物不迁论》也然。第二类,名家、《墨辨》或名辨思潮中的一些问题,还有魏晋玄学中的"言意之辨",它夹杂着逻辑与修辞,语言与意义诸多因素,也可说是一般方法论问题。第三类是伦理学问题,包括由孔子开始的对美德的各种说法,孟子开其端而宋儒竟其绪的对道德的心性论论述,以及宋明理学对以完善道德人格为宗旨的各种修身经验的探讨。

上述三类问题中,第一类最能得到现代的哲学史专家的青睐,原因当然在于传统哲学对本体论的崇拜。冯友兰的努力最为出色,他写《中国哲学史》,陈寅恪评论对宋明理学的处理是"宜系统而多新解"。后来的"新理学",更是效新实在论的逻辑分析手法,进行本质分析的实际操练,其时影响颇大。但是,牟宗三的"道德的形上学",方法的重点似乎不是分析,而是讲直觉。一般来讲,新近的哲学史研究中,关于玄学有无问题的成果较丰富。而大量的哲学史教科书,则充斥着对这类本体论概念的缺乏分析意义的重复。有些远没达到王弼或僧肇的理论深度。第二类问题如前所述,在开始用哲学的眼光看待传统思想时就被注意到了,但章太炎的工作影响不深,胡适虽然努力开辟新路,然而他狭隘的经验主义立场,强烈的科学情结,导致他慢慢疏离了哲学。胡适虽埋怨后来者不理解其初衷,但《中国哲学史大纲》卷上的续篇,变成《中国中古思想史长编》,表明他的方法不适于哲学。此外,20世纪中叶西方哲学中流行起来的分析哲学与解释学到八九十年代才传入中国,它本应成为我们解释第二类问题的思想利器。但是,由于学中国哲学者很少接受技术性哲学方法的训练,同样,治西学者要顺利阅读中国古籍也必须接受专业训练,因此,两者结合的成熟成果,我们还要等待。第三类问题中,受港台新儒家的影响,近20年来成绩最大的可能是心性论,尤其是阳明心学研究。这类研究逐步摆脱了本质分析的套路,尽量还原作者的思路,或辅以现象学——存在主义的参照,更具中国味道。① 此外,关于孔子或《论语》的研究虽在近几年形成热潮,但把相关的道德观点作为一种伦理学形态来研究者不多。麦金太尔对美德伦理的倡导,当会启发人们将儒家伦理同亚里士多德伦理学的比较,同时划分它同道义伦理学及政治哲学的界线。至于儒家修身经验的研究,基本没有进入哲学史的机会。杜维明教授对它关注最多,关于"体知"的概念提出,可以看作他对相关问题的方法论概括。② 还有,庞朴先生关于中国智慧的研究,体现他的治学方法中哲学思考与文献分析紧密结合的

---

① 如陈来的《有无之境》、杨国荣的《心学之思》及陈立胜的《王阳明"万物一体"论》,代表着王学的最新成绩。

② 参见《杜维明文集》(武汉出版社,2002年)第五卷中一组关于"论体知"的论文。

特点。

把现象学分析应用至修身经验的研究的可能性,是作者感兴趣的问题。用宋明儒家的语言,修身属于功夫论。它虽是心性论的组成部分,但与一般心性论研究重视其作为道德的形上根据不同,也与各类具体的德性范畴不一样。知道人格向善有本体论依据,和知道什么样的德性(如仁义忠信)才是可取的,未必保证你成为道德的人。王阳明说,知而不行只是不知。从知至行有一个树立人生志向,培养道德情感,克服各种精神弱点的过程。这个过程因人因目标不同而异,途径不一,程度不齐。但有一些儒家反复强调的切身经验,如孟子提到的作为"仁之端"的"恻隐之心"与作为"义之端"的"羞恶之心"。恻隐与羞恶,都是情感经验。恻隐的另一说法叫"不忍人之心",指对他人危难的深切同情。"不忍"是描述那种艰难的、无法承受且难以克制的情感体验。孟子用过一些浅显的例子,如路人见"孺子将入于井"与齐宣王"以羊易牛"来揭示这种情感的道德价值。宋儒对此也有富于启发性的发挥。但是,它的丰富内涵仍然有进一步深化的余地。要阐明这个问题,先要澄清忍的现象。通过反思来对忍进行分类,它可以有修养之忍、手段之忍、无奈之忍与忍人之忍。这表明不忍与忍不是完全对立的,它只同忍人之忍对立,与修养之忍则可以一致。另一方面,忍也不是无条件的。待人处世,忍与不忍,需要参照具体的境遇而论。反应错位,效果适得其反。这一经验分析,还可揭示儒家对人—我关系的道德观点。由不忍体现的爱,不限于亲亲之爱,也非浪漫主义的爱欲,而是对陌生人的同类之爱。因此,这种忍既有实践(修身)意义,也有思想价值。①

对羞耻的分析也然,我们可以描述相关的心理经验,分析构成羞耻现象的内在结构,区分羞耻的基本类型(如羞、愧、耻、辱),包括行为性质与一般反应模式,揭示不同的文化取向,衡量人格结构的偏

---

① 陈少明"忍与不忍",见陈少明:《经典世界中的人、事、物》,上海三联书店,2008年。

差,由此了解儒家提倡培养耻感的道德意义。舍勒的情感现象学,如对怨恨、羞愧的研究,对我们应该很有启发。不过,不是提倡对他的成果照搬不误,因为情感经验有文化因素。例如,他对羞耻的研究着重的是羞,而儒家强调的是耻,也许有些文化更关心的是愧或辱。很多心理(包括情感)现象是跨文化的,但对不同心理现象的理解与强调则包含着相应的价值取向,因此它的不同的强调及实践方式,就是一种重要的文化经验。而对这种经验的反思,用现象学方法给予描述与分析,则是一种可能获致深度理解以及跨文化沟通的哲学工作。①

学习西方哲学的方法,与反对用西方哲学剪裁中国传统思想的态度并不矛盾。有些思想方法,借用人类学的说法,起源于特定地方的知识,但它可以是普遍性知识。不能因为它源于西方,对它的学习就是西方中心主义的表现。哲学方法必须体现理性的精神,不能用以"体悟"作借口,声称自己有独特的智慧,而拒绝跨文化的交流。拒绝通过学理分析的交流,表面上是自负,其实是没有自信心。它对发展我们的学术文化事业并无帮助。在学理上澄清我们的古典智慧,目的首先不是为了让西人欣赏,而是向当代人更有成效地解释自己的文化经验。

概括起来,学习西方哲学的方法也包括不同层次。第一,是学习关于方法的理论,即对哲学方法的自觉理论探讨。第二,是从其重要理论成果中学习有关方法的具体运用。第三,将其成功有效的方法,有选择地应用到中国哲学的研究中来。第四,学习它如何以哲学的方式研究各种经验,包括经典与现实的经验。第五,学习西方哲学重视方法论的建设,发展切合中国文化经验的哲学方法。这些层次的重要性是按排列递进的,最后可能是最重要的,正如购买产品、吸收技术与自主创新的不同一样,最终的理想是自身思想的创造。这样的产品,首先为自己,其次适合他人,这样才能跨文化交流、分享。

---

① 陈少明"明耻",见陈少明:《经典世界中的人、事、物》,上海三联书店,2008年。

宗教概念和其当代的命运:在中西之间宗教概念的形成

中山大学哲学系 〔法〕梅谦立

今天,人们想当然地认为,宗教是一个独立于正常生活之外的领域,仿佛它本质上只是某些个人用来面对他们自己的终极关怀问题的东西。即使有人认为宗教不仅仅局限于个人的拯救或解脱,而承认它的社会性,那么这种社会性也通常被认为是游离于正常社会生活之外的一种独特的社会现象。这样,宗教似乎变成了社会中的一个特殊领域,遵循的是不太正常的逻辑,它几乎被当成一种社会怪物,被推到了社会的边缘。

所以,今天我们要质疑的是对宗教与世俗这两个领域的严格划分的合法性和正当性。从历史的记载中,我们很容易看到,在西方、中国或其他文明的传统文化里,宗教与世俗这两个领域并没有严格的区分,①16世纪的欧洲就是这样,然而变化正是在这个世纪之后开始的。

在近代西方思想生发之前,宗教(religio)一词的含义与今天大相径庭,它涵盖着很广阔的领域,很接近于中国传统中所讲的"教",即所谓天道与人道的合一,其中包括了经典、礼仪、风俗习惯等的内容。② 在这个意义上,宗教与社会文化的一切活动是分不开的。宗

---

① Nicolas Standaert, *The Jesuits did not manufacture Confucianism*, in EASTM 16, 1999, p.128.
② 宗教一词,源自拉丁文 religio,与这个词有关的动词,有三种:relegere(小心地观察)、religare(绑)和 re-eligere(重新选择)。见辅仁神学著作编译会:《神学辞典》,台北光启出版社,1998年修订版,第349页。

教是整个社会生活的综合。在这个综合的宗教观之下,被区别开的宗教与世俗这一对概念虽然相对,却并不隔离,它们的存在依赖于对方的存在。在拉丁文里面,sacrum(神圣的)所指的是圣殿里面的礼仪活动,而相对于 sacred 的 pro-fane(世俗)的意思是"在圣殿之前"(fane 的意思是"圣殿")。一般来说,重大的经济交换活动在宗教节日里的圣殿前的广场上进行,就像中国的庙会一样。世俗与纯粹宗教活动的区别形成的并不是两个孤立的领域:世俗生活虽在圣殿之外,但依然处在圣殿的关照之下。那么,宗教概念的作用是什么呢?无论在古希腊罗马的宗教里,还是在基督宗教中,宗教概念的设立并不是为了区分宗教与世俗,而是为了区分"true religion"(真正的宗教或正教)与"false religion"(假的宗教或邪教),或者"idolatry"(偶像崇拜)。①

中国文化对"教"的包容性比西方稍强一些。在传统的西方观念里,正教只有一个,而在中国传统中,儒教是判断正教和邪教的文化和社会标准。很多学者注意到,儒教很容易包容接纳其他的"教"。美国哈佛大学博士陈熙远在谈到中国传统文化时打过一个比喻,他说传统中国文化就像托勒密的天文体系,儒教居于这个体系的中心,而其他的"教",如佛教、道教等等都围绕着它运行。②

因此,就像启蒙运动之前的西方世界一样,在那时候的中国文化体系里,也没有这种宗教与非宗教(世俗)的区分,只有正与邪,正统与非正统的"教"的分别,不存在一个非"教"的领域。直至受到"启蒙"之后的现代文化冲击后,中西文化才都明显地区分出宗教与非宗教(世俗)两个领域。这两个领域遵循着不同的逻辑,而这两种逻辑在某种程度上是对立的。世俗世界被认为符合普遍理性与客观主义的规则,而宗教世界则以传统的非理性与经验的主

---

① 比如,奥古斯丁(Augustine,354—430 年)就坚持"教会之外无救恩"的原则,他为此专门写了《正教》(*De Vera Religione*)一书。

② Chen Hsi-yuan, *Confucianism encounters Religion*, Harvard University Thesis, 1999, p.52.

观主义为特征。

如果我们考察这个严厉区分的来源,就会发现其始作俑者乃是西方望远镜中的"中国文化",确切说它是在中西文化的交流与误读的过程中产生的一个新的观念。双方在与遥远的对方相与往还的时候,以能够获得的资料和想象为自己构造了一个"对方的形象",并以这个形象帮助勾画自己的未来图景。这个在今天看来不太起眼的文化互动的果实,却是后来扭转人视界的钥匙。这个过程在历史的舞台上经历了一个非常戏剧化的三幕旅程。

一 第一幕,中国,明末清初:耶稣会士与世俗社会的概念的发明

《圣经》上说:"天上地下的一切权柄都归于我,所以你们要去使万民成为门徒,因父及子及圣神之名给他们授洗,教训它们遵守我所吩咐你们的一切。"① 从16世纪起,以耶稣会为主的天主教传教士在他们的信仰的召唤下,到世界各地去传教,他们走遍了非洲、南北美洲以及印度这些遥远的地方。传教士们的目的是要拯救那些崇拜着非基督宗教的"邪教"的民族,要把他们从"邪教"转到"正教"。然而,来到中国的耶稣会士遇到了困惑,中国文化的成就让他们感到惊讶。对耶稣会士来说,中国文化,特别是儒教,很明显地不能简单地归于邪教。经过一番内心的痛苦历程之后,耶稣会士在正教与邪教这两个概念之间,发明了另外一个概念:"文士教派"(secta literati)。耶稣会士假定了一个新的领域,以避免把中国文化特别是儒教当作邪教。按照这个观念,儒家中国人不拜任何神,也不信什么宗教,而对祖先与孔子的礼敬只是在扮演着社

---

① 《马太福音》28章,18—20节。

会、文化与政治的角色,而并没有宗教的意思。① 传教士认为,中国文化的精髓是儒教,而儒教只是哲学而已,不是宗教。孔子是非常伟大的哲学家。②

可以说,西方文化在与其他文化遭遇的时候,真正发现领悟到并承认存在独立于他们的"真宗教"之外的一种"几乎真理",这还是头一次。因此,耶稣会士对中国文化的惊讶,使他们"发现了"正教与邪教之间一种新的领域。耶稣会士所设想的新领域,就是今天所说的世俗社会,或者非宗教的领域。③

当然,在那时基督宗教在西方占绝对统治地位的背景下,身为传教士的耶稣会士不可能把天主教之外的任何东西视为正教,可是中国文化的惊人成就又使他们无法把中国文化视为邪教。他们清楚地意识到,在中国这个强势的文化老大帝国面前,像在其他地区那样轻易取胜是绝无可能的。于是,为了他们传播福音的使命,在这样两难的情境下,作为一种解决办法,务实的耶稣会士们所能找到的最恰当的既能使中国人接受又不违背自己信仰的方法,便是为儒家准备这样一个非宗教的领域。他们的策略是,他们首先肯定他们所景仰的中国文化不是宗教,并且承认它具有很大的合理性,然后,再渐渐使

---

① 比如见耶稣会士李明(Louis Le Comte,1655—1728 年)《李明写给缅因公爵关于中国礼仪的信》:"耶稣会传教士好几次聚会,关于那么重要与复杂的事情讨论很长时间,考察得很细致,研究了好几年之后,他们决定了,不容许中国基督徒遵守中国的一些礼仪,因为它们属于迷信与偶像崇拜,可是他们坚决容许被视为纯粹世民的礼仪(honneurs purement civils)。"(见 Louis Le Comte, *Eclaircissement donné à Monseigneur le Duc de Maine sur les Honneurs que les Chinois rendent à Confucius et aux Morts*, Paris,1700)

② 参见耶稣会士柏应理(Philippe Couplet,1622—1693 年)与殷铎泽(Prosperi Intorcetta,1625—1696 年)的《孔子——中国哲学家》内有《大学》、《中庸》、《论语》拉丁译文。(Philippe Couplet and Prosperi Intorcetta, *Confucius Sinarum Philosophus*, Paris,1686)

③ cf. Nicolas Standaert, *The Jesuits did not manufacture Confucianism*, in EASTM 16, 1999, p. 129: "ru was a non-religious group in the modern sense of the word, and the Jesuits even insisted that its ritual practices were political and civil."

人相信这种合理的文化需要完成,那就是在正教的补充提升下达到完满。这样,儒教与基督宗教似乎有了共同的方向,所以就不会发生冲突,而基督宗教就可以不战而胜。

此外,传教士们相信,中国的古代文化更接近真理,因为古圣人相信上帝,只是到了后来,古代信仰受到佛教和道教的污染,才被蒙蔽了。传教士的基本立场是,在中国古代文化中已经存在一种宗教观,然后慢慢被消解了,而传教士是来恢复中国传统的信仰的,这种恢复便是"回归"天主,而回归天主的进程是在天主教会内完成的。这种"回归"与儒教传统"不谋而合",因为儒家的理想也正是复古,即回到三皇五帝和尧舜的美好古代去。

当然,我们必须考虑到传教士们的处境,那时,今天基督宗教所倡导的宗教间对话是不可想象的,让西方世界去接纳另外一个宗教是绝不可能的。他们如果不把儒家视为邪教的话,就只有乞灵于这种"非宗教领域"的发明。明末清初的耶稣会士第一次喊出"儒家不是宗教"的口号的时候[①],有其苦衷。他们这样主张只是为了把他们所偏爱的非基督宗教的儒家和他们所认为的邪教区别开来。可是,也许他们没有想到,其实他们所面对的并不是一种非宗教领域,而是宗教的另外一个模式。在这个中国模式中,宗教与世俗与西方一样是一个互为依存、不可分离的整体,只是表达方式不同而已。

所以,"中国的无宗教"的误读实际上是西方面对中国文化的刺激时,给自己的说法,而对于中国,这并不是一个问题。在大多数明末清初的中国知识分子看来,天主教是一种新的外来之"教",是否接受它在于这种新"教"是否符合儒教的标准,而不会像耶稣会士那样去考虑"中国是否有宗教"的问题,更不会去认为天主教是唯一的正教。然而也许双方都没有想到,这个误读竟然在西方建起一整套的

[①] 今天,很多神学家都认为儒家有很浓厚的宗教性,他们把儒家与基督宗教当作一种宗教对话,比如波士顿大学神学院院长南乐山(Robert C. Neville)。

体系,并返回来成了中国的思考前提。

二 第二幕,欧洲,18世纪启蒙运动:宗教与世俗区分的绝对化

耶稣会士为了得到对他们传教工作的支持,努力向欧洲灌输他们的观念。虽然有一批人反对耶稣会士把儒教视为非宗教的做法而曾经为此有过大规模的论争,可是大部分知识分子却接受了耶稣会的"中国人没有宗教"的观念。事情的发展超出了耶稣会传教士们开始设想的范围。他们本来的逻辑是:中国人没有宗教,所以应该皈依天主教。可是,对启蒙运动的知识分子们——如伏尔泰(Voltaire,1694—1778年)等人——来说,"中国文化"给他们提供了一个新的社会理想。他们认为,宗教压迫个人的理性,从而造成人的蒙昧和社会的分裂落后,所以一个非宗教的社会的可能对于他们就像黑暗中的光线。既然伟大的孔子自然神论(Deism)信仰仅靠推动人民的伦理道德能力就可以建立起一个高度发达的文化,而不必依赖一种宗教组织的基础,那么,建立一种替代天主教会神权统治的没有宗教的理想社会便成为可能。

耶稣会士的观念正好与启蒙思想家们所追求的社会模式合拍,并且为他们建立一种教会外的世俗社会的企图提供了一个样板。这是一个渐进的过程。起初,在启蒙思想家那里,中国虽然成了非宗教的世俗理想社会的象征,但他们大都相信中国人还相信天主的存在;但到后来,有一些思想家,如培尔(Pierre Bayle,1647—1706年)认为,中国人不仅没有宗教组织,甚至根本就没有宗教信仰,中国人被当作了无神论者。① 因此,从17世纪起,西方关于宗教概念的含义

---

① J. J. Clarke, *Oriental Enlightenment*, *The Encounter between Asia and Western Thought*, London, Routledge, 1997, pp. 37—53.

有了很大的变化,这个新的含义建立在由耶稣会士带来的对宗教与非宗教的新的理解框架上。"中国无宗教"的传言作为一面镜子,使西方人开始划分宗教与非宗教为两个截然分开的领域。按照法国杜瑞乐(Joel Thoraval)教授的说法,在思想史上,"非宗教文化"或者"世俗文化"观念的建立对西方近代的宗教概念的形成起了至关重要的作用。甚至可以说,如果没有中国这个"无宗教而有道德"的理想社会的幻象,欧洲的启蒙运动知识分子是不会想象到这种非宗教的社会存在的。[1]

应该注意到,虽然那时的欧洲知识分子试图在哲学上建立纯粹理性的人生观,在社会上建立脱离教会的模式,但是,他们当中大部分人还不是无神论者,他们依然相信哲学上的上帝,只是不想去从属于任何宗教的组织并接受它的意识形态而已。这个观念进一步强化的结果,就是把宗教的概念作僵化的理解,把它驱逐于哲学理性之外,打入非理性的冷宫里——由于宗教的社会组织层面在启蒙思想家那里引起的反感,致使宗教的本质层面就像那盆水里的孩子,被一起泼掉了。所以,18、19世纪以后,人们把宗教与科学对立起来。科学被认为能提供给人们最正确的知识,而且这个知识可以促进社会的发展;但宗教的道理是无法确定的,除了提供给人们一种精神支柱外,对社会没有任何用处,甚至就像鸦片一样有害,麻痹人的理性,把人置于一种虚幻的幸福之中。慢慢地,科学主义成为西方社会文化的主流,科学变成了真理的同义词,而宗教则被等同于迷信。于是,无神论对世界与人生的系统解释变成了一个新的信仰,变成了另外一个处于社会组织层面的新宗教,形成了一个新的意识形态。

---

[1] 见郑家栋:"思想史视域中的'儒教'之争",载《中国哲学史》2002年第21期。

三　第三幕,中国,清末民初:宗教概念的"出口转内销"与中国文化的非宗教化或"西化"

如前所述,西方人按自己的口味,通过对中国文化的"理解"构建了他们的新宗教观。这种新观念在文化和物质上都促进了西方的发展和扩张。伴随着西方势力的膨胀,这种观念作为西方文化或意识形态的有机组成,被当作"先进的"西方的东西又"回到"了中国那已经落伍的门前。在中国的传统思想中,我们找不到启蒙运动意义上的妖魔化了的"宗教"概念,而只有"教"的宽泛笼统的说法,如传统的儒释道"三教"。可以说,中国文化没有区分"宗教""非宗教"这两个领域。这意味着,在中国传统文化中世俗生活与宗教生活浑然一体,无法分开。但是要努力"西化"或"现代化"而跟上"历史的潮流"和"国际大趋势"的中国所接受的这个"新"宗教观,也不是西方一直就有的。这种世俗与宗教的对立划分有着一个复杂的历史背景。它的起源,却是从启蒙运动之前所接受的"中国观念"或"孔子的思想"。这时候,这所谓的"中国货"以舶来品的身份回过头来要分解传统中国的观念与思想了。

清末民初,中国传统的"教"概念被刚从西方来到中国的"宗教"概念所代替。首先是日本人把"religio"翻译成 shukyo(宗教),然后这个翻译名词传到了中国。虽然梁启超(1873—1929 年)不是第一个使用宗教这个名称的人,但它的普遍化却开始于他在 1898 年对这个词的引进。[①] 那时,由于带着洋枪炮舰光临国门的列强都是信仰基督宗教的国家,所以,在中西文化的交流中,宗教问题成为无法避

[①] Chen Hsi-yuan, *Confucianism encounters Religion*, Harvard University Thesis, 1999, p. 56.

免的尖锐问题。所有重要的中国知识分子对宗教问题都表示了自己的看法。这个时期中国宗教问题基本被分为两个层面，即中国是否有宗教，中国是否需要宗教。以下是三种代表性的答案。

（一） 中国有并且需要宗教

康有为站在这个立场上。他认为，西方文明的强大是基督宗教的宗教组织带来的。为了抵抗这个外来文明的影响和入侵，中国文化同样需要一个宗教来统一自己的文化和社会。因此，康有为试图成立孔教，作为西方国家的基督宗教的简单对应物。他脱离中国传统的正统思想，把孔子神化，当作宗教的崇拜对象。而且康有为试图把孔教当作"国教"。所以很多人批评康有为，不是因为他要儒家宗教化，而是担心康有为偷偷地把儒家基督化，特别是用平等的观念破坏中国传统的三纲五常，从而偷梁换柱，改了儒家本意。

此外也有人以信仰自由的名义，反对孔教运动。1913年，袁世凯把儒家当作国教的企图遭到了激烈的反对。1916年，康有为向黎元洪总统提出的成立儒教的劝告也得到了同样的命运。最后，孔教运动失败了。我们认为失败的主要原因是康有为等人对宗教问题的功利态度，他们需要的是宗教的制度，而不是宗教的超越性。但孔庙不是教堂，对中国来说，照搬一个外来的宗教制度，意味着否定自己的本性，简单地建立一个西方式的宗教——国家结构，无异于把中国复制成一个西方国家，这未必适合当惯了老大帝国的中国的国情。因此，孔教运动引起很多知识分子的不满便不足为怪。

孔教运动之外，梁启超和章太炎(1868—1936年)倡导了佛教复兴运动，他们用以和西方基督宗教抗衡的是佛教。虽然外来的佛教本来不是中国文化本有的，但经过了那么长久的中国文化的熏习，佛教已经变成了一个彻底的中国宗教。他们希望这样能促进文化与社会的改革。但这和康有为并无本质的不同；因此其结果可想而知。

反正，不管推动儒教的康有为或推动佛教的梁启超，他们都从社会文化的角度来看宗教，出发点都是建立宗教组织以抗衡西方，而对宗教最本质的方面,即内在的超越性和出世间理想却毫无兴趣。

(二) 无论中国有无宗教,宗教都无存在之必要

这种以胡适(1891—1962年)、陈独秀(1879—1942年)、蔡元培(1867—1941年)为代表的宗教虚无主义观念在20世纪最具有影响力,它代表着新文化运动的主流。他们或者认为中国没有宗教,儒家也不是宗教(陈独秀),或者认为中国原来有宗教(蔡元培),但一概都认为宗教现在无存在之必要。1917年,蔡元培在北京大学演讲时说,宗教制度阻挡人类的进步,因为宗教是美感的产物,所以主张以美学代替宗教。

科学主义与马克思主义对宗教持彻底反对的立场。1920年2月,陈独秀说,宗教属于人类的过去,在现代并没有什么作用。① 所有的宗教,包括道教、佛教、基督宗教、伊斯兰教,都应该被放弃,因为它们阻挡着个人的理性与国家的发展。他认为,儒家不包含任何宗教性。可是,因为孔庙的普及,看起来类似于宗教。所以,只有拆毁一切孔庙,才能纠正这个错误的看法,使儒家不再被误认为宗教,从而回归到孔子思想的原来面貌。于是,自20年代起,很多孔庙都变成了学校或体育场。

对于佛教,新文化运动认为它已经堕落了:和尚的教育水平相当低下,他们的存在是对社会责任的逃避。至于基督宗教,新文化运动则直接参与了反对它的战役。1920年9月,《少年中国》评议部通过决议,要求任何信仰宗教者"自请出会"。一些会员则以信仰自由的名义反对。《少年中国》请了持不同意见的学者做讲演,并从1921年2月到1924年4月发表31篇论战文章。② 1922年春,世界基督教学生同盟(World's Student Christian Federation)在清华大学的聚

---

① 见陈独秀:"基督教与中国人",载《新青年》1920年2月。
② 关于这些文章的大概介绍,见陈荣捷:《现代中国的宗教趋势》,哥伦比亚大学出版社,1953年,第222—228页。(Wing-tsit Chan, *Religious Trends in Modern China*, Columbia University Press, 1953, pp. 222—228)

会,由此引起了非基督教学生同盟的成立,这个组织后来发展成为非宗教大同盟。

与反宗教运动的激烈态度不同,蔡元培对宗教的排斥要温和一些。虽然他强调需要以美育代替宗教,但是他认为,在过去,宗教处在支配地位的时候,也起着发挥感情的作用,所以审美可以从宗教中一步一步地自我解放出来,最后彻底代替宗教。蔡元培试图区分儒家与儒教,他认为儒家是哲学,而儒教是宗教。他肯定前者,否定后者。在教育制度上,蔡元培不承认儒家经典的神位,而在对现代学术的推动上,他充分肯定了儒家经典在教育上的价值。

(三) 中国没有但是需要宗教

中国基督宗教代表这个立场。他们认为,在儒教里他们找不到多少"宗教性"。为了满足他们个人的精神需要,他们皈依基督宗教。近代许多知识分子是在西方或在对西方文化的向往中皈依基督宗教的,所以在一开始,人们更多的是文化"皈依",而较少了解基督宗教的本质信仰和立场。人们基本上是在自己的文化心理和背景中选择了基督宗教,基本心态并没有跳出原先的信仰或文化——多数人对自己原有的文化都缺乏足够的自觉。中国的基督宗教信仰者接受的基本上都是基要主义信仰,其伦理也是他们首先试图接受的东西。

在上面的这三个立场中,最有影响的就是新文化运动的立场。支持这个运动的人们准备以西方的最新式的民主与科学信仰来拯救"腐朽了"的"旧"中国文化,排除一切与之相左的东西。他们全盘接受了西方近代的宗教概念,以及批评的态度。他们按西方的新潮流,努力排除中国和西方的宗教"旧思想"。对他们来说,中国无论原先有没有宗教,都无所谓,中国不需要任何宗教,不管是国内的还是国外的。新文化运动也排斥以儒家为代表的中国文化,因为所有这些都与他们所崇拜的"德先生"与"赛先生"的教条不符,在这个前提下,儒家是否有宗教性的问题并不成为问题。宗教和中国儒家里的宗教对应物,都作为民主科学的敌人而遭排斥。

在20世纪20年代前后的中国,宗教概念作为西方的新观念都很容易被接受了。当时,西方的思想家在中国受到广泛的关注和欢迎。1920年,英国著名的哲学家罗素(Bertrand Russel,1872—1970年)来华做演讲时,祝贺中国人没有宗教。他认为这使中国避免了宗教的压迫和残酷的宗教战争。罗素当时在西方是很受尊敬的哲学家和人文主义者,中国的许多著名知识分子都是他的追随者。那时,听他的演讲对中国很多向往新世界的"新青年"来说,确实是一件荣耀和幸福的事情。在把西方化作为救国福音的氛围里,这样的演讲在中国的影响之大是可想而知的。然而,中国人大概没有发觉,罗素对中国文化的赞扬带着十足的西方文化优越感,是西方人罗素而不是别人来居高临下地告诉中国人自己所不知道的优势,他其实并不了解中国,他所用的衡量标准是一个典型的西方东西,是西方用来衡量它自己的宗教的标准。

新文化运动的矛头指向一切宗教,不仅外来的基督宗教被排斥,而且连中国传统的"教"也被否定了。在这个背景下,人们谈"教"色变,儒教的名字也受到株连,因为这个"教"字具有了西方式的"宗教"的意味,翻译来的词义取代了它的本意。在二三十年代的中国,几乎所有的关于孔子或儒教的书都写成儒家,而不是儒教。① 几乎不再有人从中国传统的角度来理解"教"的含义,对20世纪的中国知识分子来说,不论是对反对者,还是对支持者,宗教是以基督宗教为参照标准的,外来的基督宗教在一个贬义和误解的上下文中反倒成了所有宗教的模式与标准。

结语:宗教概念的再扩大

这个简单的历史探究使我们惊讶地发现,这个今天是如此强烈

---

① Chen Hsi-yuan, *Confucianism encounters Religion*, Harvard University Thesis, 1999, p. 239.

地影响着中国人思想的宗教概念乃是中国人全盘接受西方观念的结果，而这个西方观念却又不单纯地根源于西方文化，它是启蒙时期的西方与世界其他文化或宗教接触的产物，而且基本上是明末清初与中国文化的对话、交流或误读的产物。然而到了清末民初，同样的对话交流和误读又把这个宗教概念作为西方的偶像"送回了"中国。事实上，它既不是一个单纯的现代西方文化舶来品，也不是近代中国文化送出物，而是中西文化交流互动中的一个衍生物。然而，对这个重要的历史沿革，无论在中国还是西方，却都很少有人关注。

在民国初期，宗教问题成为一个重要的话题。那时，中国人试图依靠这个"新来的"宗教概念来理解他们自己的传统，并重新思考人生与文化的意义。这个工作在抗日战争时期停止了，因为生存斗争需要全民一致对外，但从此就再也没有安定的环境了。几乎有40年时间，宗教问题在中国淹没了。直到80年代初，宗教问题再次回到时过境迁的论坛上，断绝了的研究才恢复起来。到了20世纪末，这个问题的讨论已经具有了一个较大的讨论空间。港台与美国的学术界对大陆的宗教研究有很大的帮助，他们开辟的是一条新路，其中贡献较大的学者有刘述先（1934—　）、秦家懿（1934—2001年）、杜维明（1940—　）、成中英（1935—　）等。

然而，即使在今天，大部分中国知识分子依然没有注意到一些重要的事实，缺乏对它们的深层自觉。这些事实包括：

(1) 今天所用的宗教概念不是传统的，而是现代文化的创造；

(2) 宗教概念并不是西方独自造出来的，而是与其他文化，特别是中国文化的交流误读所造成的；

(3) "宗教"从传统文化里与"邪教"相对应的概念演变为一种与"世俗"相对应的新概念，历经了一个复杂的变化过程。

因而，我们今天要反思这种将宗教、世俗严格隔开的思考方式的基础和合理性，并对当代宗教学进行探讨。我们应该承认，宗教与世俗之间并没有固定的界限，因为在历史发展中，这个界限不断地流动。更进一步地说，在事物身上并没有客观的原则让我们划分宗教和世俗。为了避免宗教与世俗的对立,我们或许需要体验,宗教经验虽然是通过特别的方式在特殊的领域中来显现自己,但是这种经验能够给全部的世俗世界提供某种宗教意识。

中国现代文化视野中的逻辑东渐

中山大学逻辑所博士后 曾昭式

逻辑东渐构成了中国现代时期(1919—1949年)的一种社会思潮。作为一种社会思潮,它是一定时期对社会产生重大影响的现象,逻辑在中国现代时期就是这种现象。逻辑是理性精神的呈现,它应中国现代社会文化建设所需传入中国,在文化启蒙与救亡的特殊背景下,使得"五四"以来知识分子一开始就把目光投向逻辑的外部价值,把逻辑作为解决中国政治、观念、学术研究等问题的手段或方法,而不是以逻辑自身的研究和发展为目的(当然也有逻辑学家进行深入的研究)。其特点是重表象而不重实质、重工具价值而忽视其本体研究。

一 逻辑东渐是中国现代社会文化需要的产物

张东荪说得好,"逻辑是由文化的需要而逼迫出来的"[①],"逻辑乃是在应乎文化的需要而起的。文化上的需要若有不同,则逻辑的样子便亦跟着有变化了。所以我说逻辑是交织在全文化中"[②]。中国近现代引入西方文化是一种亦步亦趋漫长的渐进过程,逻辑就是

---

① 张东荪:"从中国言语构造上看中国哲学",载张汝伦编:《理性与良知——张东荪文选》,上海远东出版社,1995年,第332页。
② 张东荪:"知识与文化",载张耀南编:《知识与文化——张东荪文化论著辑要》,中国广播电视出版社,1995年,第245页。

这个过程中的产物。逻辑的引入是西学由科学技术—科学引入这个链条中的一环(在这里"科学技术—科学"中的"科学"主要包括科学方法、科学理论),也是文化学人观念认识的结果,更是解决中国社会危机的现实需要。

鸦片战争,"清王朝的声威一遇到不列颠的枪炮就扫地一尽,天朝帝国万世长存的迷信受到了致命的打击,野蛮的闭关自守的、与文明世界隔绝的状态被打破了。"① 鸦片战争带来的深重民族危机,极大地激发了仁人志士向西方探索救国真理的需求。同时中国闭关锁国状态的冲破,使西方近代文化有了进入中国的可能。这种需要与可能正是包括逻辑学在内的西学输入中国的社会背景。

为了解除社会危机,爱国志士掀起了洋务运动、戊戌变法和辛亥革命等一系列的变革活动。是"制夷"而学"夷",还是"拒斥西学",是"中体西用"还是"体用不二"? 这里的"体"既包含一种文化发展的社会制度,更是指一种文化特征;"用"是指西方的科学技术(含军事技术),尽管有人反对西方的这种"奇技淫巧",恐"以夷变夏",但是,梅启照认为:"泰西各国,一切政事皆无足取法,唯武备则极力讲求;武备亦无足取法,唯船坚炮利四字则精益求精。"② 冯桂芬要求的"以中国之伦常名教为原本,辅以诸国富强之术"。③ 魏源写《海国图志》就是"为夷攻夷而作,为以夷款夷而作,为师夷长技以制夷而作"。④

这种学习西方器物以强国的要求取得成效,得到社会认可。"中体西用"成为当时的"流行语","而举国以至言"。⑤ 它标志着科学技术—科学引入链条初显端倪,学习西方得到社会认可。其结果应当说是有其积极意义的。以海军为例,甲午战争前,中国战船的总吨位

---

① 《马克思恩格斯选集》第 2 卷,人民出版社,1972 年,第 2 页。
② 中国科学院近代史研究所史料编辑室等:《洋务运动》第二册,上海人民出版社,1961 年,第 489 页。
③ 郑大华:《采西学议——冯桂芬、马建忠集》,辽宁人民出版社,1994 年,第 84 页。
④ 赵丽霞:《默觚—魏源集》,辽宁人民出版社,1994 年,第 270 页。
⑤ 梁启超:《清代学术概论》,上海古籍出版社,1998 年,第 97 页。

已升到世界的第8位,但是,1895年甲午战争爆发却击碎了洋务者们的迷梦,泱泱大国竟被一个吨位在世界排名第11位的东洋小国(日本)打败。甲午战争的失败使一些中国的有识之士认识到,仅仅吸收西洋人的坚船利炮是不行的,坚船利炮的背后还必须有相应的政治体制、管理制度。所以,"西用"之"西"的内涵已不仅仅是器物了,由器物层次上升到制度层次,于是戊戌变法开始兴起,这标志着中体西用进入第二发展阶段。戊戌变法的失败和辛亥革命胜利果实的丧失,表明制度的变革照旧完成不了社会的需要、文化的转型。爱国志士发现西方的科学观念才是国人所需要的,这种观念体现于以科学和民主作为表征的科学思维方式。

如何引入西方的科学思维方式,由于他们对历史文化发展的批判与继承关系没有达到辩证的理解,就出现了对中国传统思维方式的两种不同的认识倾向:一种是对中国传统思维方式采取虚无主义的态度;另一种则走向另一极端,仅仅看到文化发展的连续性。这两种认识倾向实际上就是近现代的两种"思维方式":"全盘西化"和"中体西用"。全盘西化思维方式只仅仅抓住了文化发展的间断性,而没有看到对历史的继承性、连续性,主张中国文化的发展应该采取"全盘西化"方式。即完全否定传统的思维方式,用西方科学思维方式替代中国传统思维。"中体西用"是中国近代另一种思维方式,所谓"中体西用"即是以中学为体,西学为用。即是说,中体西用论者不完全排斥西学,或不走样地接受传统,他们也主张变革传统文化,但是,一方面此种"变"所变者只是细枝末节,只是文化思维方式的表现,而不是文化的思维方式;另一方面,此种"变",并非出于自觉而更多地是出于无奈和被迫。或者说是由于西方文化的入侵而引发的被动的反应,而是基于对中国社会转型的考虑;所以,此种"变"当然是对文化的形而下层次之变,祖宗之法则不可变。看来,中体西用论者更多地强调的是文化的继承性、连续性,而忘了文化发展的间断性或创造性。

这两种思维在引入和学习西方科学方面体现出一致性。由于逻辑是西方科学精神的呈现,是一种科学思维的方法,人们的目光就转向引入逻辑。严复就认为"名、数、质、力四者,皆科学也。其通理公例,经纬万端,而西政之善者,即本斯而立"。① 在这里把"名"(逻辑学)认为是"西政"建立的原因之一。"其绝大妙用,在于有以炼智虑而操心思,使习之于沈者不至为浮,习于诚者不能为妄。是故一理来前,当机立剖,昭昭白黑,莫使听荧。凡夫洞[恫]疑虚獥,荒渺浮夸,举无所施其伎焉者。"②"格致之学不先,褊僻之情未去,束教拘虚,生心害政,固无往而不误人家国者也。"③严复把逻辑的功能概括为"炼智虑"、"操心思",把中国没有逻辑作为误"人家国"的充分条件来看待。梁启超认为:"凡一切政治法律生机社会诸学科无不由'论理的'而趋于'历史的',凡以归纳论理学之日以光大。"④孙中山讲:"凡涉猎于逻辑者,莫不知此为诸学诸事之规则,为思想云[行]为之门径也。"⑤在这种认识支配下,严复1905年译出《穆勒名学》、1909年《名学浅说》面世。"自严先生译此二书,论理学始风行国内;一方学校设为课程,一方学者用为致学方法。"⑥

自此以后,许多逻辑学著作被译介,仅"五四"运动前,已经译出10多本国外逻辑学著作。例如:王国维1908年翻译的《辨学》、胡茂如1906年翻译的《论理学》、1910年陈文编译的《名学释例》等,其中有影响的如朱兆莘的《论理学 A、B、C》、范寿康的《论理学》等,其内容涉及到传统逻辑的各方面知识。数理逻辑著作如金岳霖的《逻辑》、汪奠基的《逻辑与数学逻辑学》等,其内容主要是介绍罗素的命题演算、谓词演算和关系演算。

一些大、中学校和师范学校开设逻辑学课程。如在1902年8月

---

① 王栻:《严复集》(三),中华书局,1986年,第559页。
② 胡伟希:《论世变之亟——严复集》,辽宁人民出版社,1994年,第62页。
③ 同上书,第9页。
④ 梁启超:《饮冰室合集(8)》,《饮冰室专集》之三十七,中华书局,1989年,第71页。
⑤ 孙中山:《建国方略》,辽宁人民出版社,1994年,第35页。
⑥ 郭湛波:《近五十年中国思想史》,山东人民出版社,1997年,第183页。

15日颁布的《钦定京师大学堂章程》里,规定"政科"三年均开"名学",每周两学时;1904年1月13日颁布的《奏定高等学堂章程》、《奏定大学堂章程(附通儒学案章程)》和《奏定优级师范学堂章程》均规定某些"科"、"门"开设逻辑学课程。其中,《奏定高等学堂章程》规定"辨学大意"为入经学科、文学科、商科的必修课,《奏定大学堂章程(附通儒学案章程)》规定逻辑学为"文学科大学"和"经学科大学"的随意科目,政法科大学如选逻辑学科课,可作随意科目,《奏定优级师范学堂章程》把逻辑学作为公共课程,开课一学年,每周3学时;1906年7月21日颁布的《学部订定优级师范选科简章》规定逻辑学为本科通习科目,开设两年;《教育部公布大学规程》(1913年1月12日部令第1号)规定大学文科哲学门、文学门里的国文学类和文学类开逻辑学课,文学类还开因明学课;1913年2月24日教育部第6号文件规定高等师范学校预科必须开设逻辑学。1913年3月19日教育部公布师范学校课程标准中,要求开设"论理学大意"课,教育部训令第239号(1919年6月)要求各省教育厅以北京女子高等师范学校暂行简章为标准,其中国文部预科科目有"论理"。①

中国现代时期一些学者把逻辑学理论用于其他领域。梁启超、王国维、陈寅恪等学者用演绎、归纳方法治史,致使中国现代史学建立。金岳霖、胡适、冯友兰、熊十力、贺麟等学者用逻辑学理论建构哲学体系和研究中国哲学史。金岳霖的《论道》、《知识论》,冯友兰的"新理学",熊十力的"新唯识论",贺麟的"新心学",胡适的《中国哲学史大纲》,冯友兰的《中国哲学史》,张岱年的《中国哲学大纲》等都借用逻辑学的方法。

固然,逻辑学东渐有了以上成绩,有了逻辑学科、有了逻辑学教学与研究、有了逻辑学的应用。看似逻辑学在现代中国发展很好,但实质上,即便我们不以现代的眼光看我们的前人,确实是教材多却乱,课程多好教师少,成果多抄袭的也多,逻辑学应用也牵强附会。

---

① 见璩鑫圭等:《中国近代教育史资料汇编》,上海教育出版社,1991年。

牟宗三针对当时这种状况批评说:"我为什么关于逻辑就说这么多时间? 这完全是因为中国人对逻辑没有彻底明白的缘故。一切逻辑教科书都是辗转相抄千篇一律。我真不明白他们为什么这样乐意动笔墨精神。一切错误的说话一点不知道改造。"①谢幼伟对当时的逻辑学教材内容极为不满,他说:"我国自严幼陵氏介绍西洋逻辑以来,数十年间,国人自撰之逻辑教本殊乏佳构。非自西洋翻译,即自东洋抄袭。"②同时传播数理逻辑的内容大多数是罗素的命题演算、谓词演算和类演算等基础知识。当时西方数理逻辑许多成果并没有被介绍过来。冯友兰说他的逻辑教本——耶芳斯的《逻辑要义》当英语讲。"当时在中国稍微懂得一点逻辑的人实在是很少有。""懂严复翻译的两部著作的人不多。"③

如此,在这种漫长的文化嬗变中,西方的逻辑仅仅作为满足解决中国社会文化危机的需要引进来了。引入逻辑作为一种科学方法的代名词,强调其解决社会文化的万能性,凸显逻辑的社会功能,这不是纯粹的学术立场,便在社会上出现了能够救治中国社会、思想、学术等一切的逻辑主义思潮。郭颖颐总结中国现代唯科学主义思潮时说:"唯科学主义认为宇宙万物的所有方面都可通过科学方法来认识。中国的唯科学论世界观的辩护者并不总是科学家或者科学哲学家,他们是一些热衷于科学及其引发的价值观念和假设来诘难,直至最终取代传统价值主体的知识分子。这样,唯科学主义可被看作是一种在与科学本身几乎无关的某些方面利用科学威望的一种倾向。"④这段话更适用于逻辑,这种过分地强调逻辑的社会文化价值而忽视逻辑内部研究的倾向是当时逻辑与启蒙、救亡的历史要求相

---

① 牟宗三:"逻辑与辩证逻辑",张东荪:《唯物辩证法论战》,民权书局,1934年,第93页。
② 谢幼伟:《现代哲学名著述评》,山东人民出版社,1997年,第96页。
③ 冯友兰:《三松堂全集》(第1卷),河南人民出版社,1985年,第184—185页。
④ 〔美〕郭颖颐:《中国现代思想中的唯科学主义》,雷颐译,江苏人民出版社,1995年,第1页。

遇的产物,它肩负着以新的思维方法取代旧的思维方法,促成人们思维方式变革而改变中国命运的重任。其结果为由推崇逻辑,使之成为一种科学的符号,反而又形成中国现代逻辑发展缓慢的重要因素。诚如王特夫所说:"近年我国学术界虽然知道这科学问的重要,同时教育部亦把论理学一科定为师范、高中乃至大学文科的必修课程,但是,因为我国社会生产力的停滞和物质科学底思想不发达,所以逻辑学一科仍未被一般人所重视。"① 当时政府也没有投入资金来加强逻辑学的学科建设和学术研究。就逻辑的学术团体建设而言,至1979年前,中国始终没有一个全国性的逻辑学会,在中国现代,仅仅有个别地区或少数学校分别成立了研究会,例如贵州论理学会、清华燕京等几所大学成立的逻辑研究会等。至今我国也没有专门的逻辑学术刊物。因此,作为"西学"一部分的逻辑学,在进入中国后,在特定的社会背景下,在与中国文化的交流过程中的种种处境、遭遇和发展状况并不好。

二 逻辑东渐与中国现代文化的论争

中国现代文化论争是围绕中西文化关系进行的,既有解决中国文化危机之责任,又有完成中国文化现代化之任务,而这两个方面都服务于解决中国社会问题之目的。中国现代文化论争很多,直接与逻辑相关的大的论争有科学与玄学之战和20世纪30年代形式逻辑论战。虽然这两次大论战有许多不同,但是唯一相同的是中国社会选择什么样的文化来建设中国。前者涉及中国传统思想、形而上学与科学、逻辑关系问题,后者涉及是选择马克思主义辩证法还是选择形式逻辑的问题,误把形式逻辑当成形而上学来批判(其实二者都可以选择,只是他们没有处理好其中的关系,这

---

① 王特夫:《论理学体系》,上海辛垦书店,1933年,第2页。

是另外的问题)。

科玄之战是指20世纪20年代中国学术界发生的关于科学与人生观的论战,论战者主要包括两派:科学派和玄学派。但是论争并没有完全以科学与人生观的关系为主题,内容涉及极广。科学派以丁文江、胡适、王星拱、吴稚晖等人为代表,玄学派以张君劢、林宰平、梁启超等人为代表。马克思主义者瞿秋白、陈独秀也参与此战。玄学派并不否认逻辑的科学价值,但是认为解决人生观问题,科学无能为力。张君劢把科学与人生观的特点归纳为五点不同,即科学是客观的、为论理的方法所支配、分析的方法、为因果律,"起于对象之相同现象",而人生观特点正好相反,"曰主观的,曰直觉的,曰综合的,曰自由意志的,曰单一性的"。"故科学无论如何发达,而人生观问题之解决,绝非科学所能为力,惟赖诸人类之自身而已。"①梁启超认为,"根据经验的事实分析综合求出一个近真的公例以推论同类事物,这种学问叫做'科学'"。由此得出:"人生问题,有大部分是可以——而且必要用科学方法来解决的。却有一小部分——或者还是最重要部分是超科学的。""人生关涉理智方面的事项,绝对要用科学方法来解决。关于情感方面的事项,绝对的超科学。"②张东荪讲科学有不同的方法,"科学方法若既是形式论理,则不但玄学用之,宗教用之,乃至小说戏曲都用之,于是普天之下莫非科学。……可见科学方法不仅是形式论理。……科学各应其对象而各取特殊的方法,这些方法虽是二次的(即林先生所谓的实质论理),却是非常重要的。……我们要真心提倡科学便不能仅仅瞩目于空洞的根本的抽象的方法。……我尝说科学好像一把快刀,一切东西碰着了必迎刃而解,即最神秘的生命精神感情意志无一不受其宰割。但是只有一个东西,仍然在外,即是能够宰割一切的刀其自身,换言

---

① 张君劢:《人生观》,载张君劢、丁文江:《科学与人生观》,山东人民出版社,1997年,第38页。
② 梁启超:《人生观与科学》,载张君劢、丁文江:《科学与人生观》,第138—142页。

之,即是伟大的智慧"。①

科学派代表如丁文江、任叔永、唐钺等对科学进行了界定,阐释了科学如何影响人生观,论证了科学方法的特征及其在科学中的位置等。丁文江认为,"我们的人生观脱离了论理学的公例、定义、方法,还成一个甚么东西。……凡概念推论若是自相矛盾,科学不承认它是真的。第二,凡概念不能从不反常的人的知觉推断出来的,科学不承认它是真的。第三,凡推论不能使寻常有论理训练的人依了所根据的概念,也能得同样的推论,科学不承认它是真的。……没有论理的训练,很容易以伪为真。……凡不可以用论理学批评研究的,不是真知识。……况且所有一切问题,都没有讨论之余地——讨论都要用论理的公例,都要有定义方法。……科学的方法,是辨别事实的真伪,把真事实取出来详细的分类,然后求他们的秩序关系,想一种最简单明了的话来概括它。所以科学的万能,科学的普遍,科学的贯通,不在它的材料,在它的方法。"②胡适讲:"张君劢翻了二七一十四天的筋斗,原来始终不曾脱离逻辑先生的一件小小法宝——矛盾律——的笼罩之下!"③任叔永说:"科学与人生观的关系,不但是因物质科学的进步,间接地把人生观改变,直接的科学自己还可以造出一种人生观来。……科学家因为要求一个合理的关系,所以不惮用精确的观察去求事实,精确的论理去做推论。"④唐钺论证了心理现象受因果律支配,人生观受因果律支配;针对梁启超的情感超科学论,唐钺反驳说,"关于情感的事项,要就我们的知识所及,尽量用科学方法来解决的。至于情感的事项的'超科学'的方面,不过是'所与

---

① 张东荪:《劳而无功》,载张君劢、丁文江:《科学与人生观》,第236—238页。

② 丁文江:《玄学与科学》,载张君劢、丁文江:《科学与人生观》,第42—53页。

③ 胡适:《孙行者与张君劢》,载张君劢、丁文江:《科学与人生观》,第125页。

④ 任叔永:《人生观的科学或科学的人生观》,载张君劢、丁文江:《科学与人生观》,第128—130页。

性',是理智事项及一切其他经验所共有的,是科学的起点。"① 针对林宰平、范寿康的观点,他区分了抽象的科学方法和具体的科学方法,把因果律分为充足理由律、因果律和齐一律,"齐一的原理,亦称归纳原理。"② 罗志希认为"逻辑是普遍的方法,将所有科学应用的共同方法之基础……均经逻辑精确的审察其真实的性质和程度。不但科学,就是日常人生的思想交通,又何尝片刻离得了逻辑?因为任何思想的表现,不能不以形象出之。与欲问思想的适当与否,不能不问形象的适当与否。所以自命为超于逻辑或不需要逻辑的人,不过是盲目地不问完善而无懈可击的形象,乃甘心代以一种陋而经不起批评的形象。……我们如比科学为人身之肢体,玄学为其精神所托之全象,则逻辑实为贯串肢体以成全象之筋络"。③

以上仅举部分论者对逻辑的态度,由此看出,科学派、玄学派对逻辑都是认可的。但是科学派过分地张扬逻辑的方法论意义,把其比作人的"筋络"看待,这不是逻辑的立场,是借逻辑之名讨论非逻辑问题,是注重逻辑社会意义的表现。所以,李泽厚在分析科学与玄学之争中对科学的态度时说:"科学论战的真实内涵并不真正在对科学的认识、评价或科学方法的讲求探讨,而主要仍在争辩建立何种意识形态的观念或信仰。是用科学还是用形而上学来指导人生和社会?所以这次学术讨论,思想意义大于学术意义,思想影响大于学术成果,它实质上仍然是某种意识形态之争。"④

发生于20世纪30年代我国学术界关于形式逻辑的论争是中西文化交流过程中的又一次文化冲突现象。它是早期马克思主义者对形式逻辑基本态度的表现。关于这场论战,李匡武主编的《中国逻辑

---

① 唐钺:《一个痴人的梦》,载张君劢、丁文江:《科学与人生观》,第274—275页。
② 唐钺:《读了〈评所谓"科学与玄学之争"〉以后》,载张君劢、丁文江:《科学与人生观》,第327页。
③ 罗志希:《科学与玄学》,商务印书馆,1999年,第145—146页。
④ 李泽厚:《中国现代思想史论》,东方出版社,1987年,第58页。

史》(现代卷)把 1929 至 1932 年作为"批判"的开始阶段,人数少,内容简单,影响不大;1933 至 1936 年称为"批判"的高潮阶段,人数多,论点激烈,反形式逻辑者认为形式逻辑是哲学上与唯物辩证法相对立的世界观和方法论,是主观唯心主义思维方法,是没落阶级意识形态和复古、保守的思维方法;"批判"的高潮阶段是从 1938 至 1939 年,出现叶青的综合派观点、潘梓年的扬弃派观点、李达的否定派观点等。这场"批判"的目的和实质就是要把形式逻辑直接等同和指责为形而上学,把形式逻辑的同一律误作为事物永远的、无差别的绝对等同和肯定命题的唯一形式,混淆辩证矛盾和逻辑矛盾。①

形成 30 年代形式逻辑大批判的文化原因正如前面所述,它是中国现代时期中西文化交流过程中的一个产物。早期马克思主义者是受中国现代社会需要的影响去选择苏联模式,走苏联人的道路,在苏联哲学界影响下,他们对形式逻辑性质、作用、基本规律等进行批判。除牟宗三、张东荪等少数逻辑学家参加论战外,有许多反形式逻辑论者不仅没有把握辩证法与形式逻辑的关系,而且许多人根本不知道什么是逻辑,他们把形式逻辑当成形而上学来批判。如"形式论理学把一切事物看作是不动、不变,而且是各自分离,各自孤立的。辩证法则不然,其立脚点更高一级,不但把事物从静的方面加以考虑,并且从运动和关系上面加以观察。所以就用途而言,形式论理学是有限的,……而辩证法,比较起来,却是一种更高级的、更普遍的、更正确的、更深刻的观察法,不但可以适用静的观察,并且也可以适用于运动与关系的观察的"。② 它"仍然可以包含形而上学的性质"。③ "要竖起革命的旗帜来打倒形式逻辑。"④"在矛盾法理解下来运用形

---

① 李匡武:《中国逻辑史》(现代卷),甘肃人民出版社,1989 年,第 92—119 页。
② 范寿康:《形式论理与辩证法》,载叶青著:《哲学论战》,上海辛垦书店,1935 年,第 375 页。
③ 艾思奇:《大众哲学》,新华书店,1949 年,第 238 页。
④ 叶青:《新哲学的两条战线》,载叶青著:《哲学论战》,第 217、225 页。

式论理的法则,是使形式论理法根本失去了认识论中的效用,变成历史的遗迹。"①"所谓'A 是 A'就是说'无论什么东西都等于其自身'(Everything is with itself equal.)。譬如说:人是人,椅是椅。其实在这种形式中,本来没有告诉我们什么。""形式逻辑三个基本原理,实际上可看作一个基本原理,便是同一的原理。因为矛盾的原理不过表现同一原理的半面,这在上面已有说明。而排中律的原理乃由矛盾的原理所当然导出的原理。"②"如果人类思想是依着形式论理学能贯彻其'A 是 A'的同一律,那么人们将什么知识也没有了。"③

针对上述不理解逻辑的观点,有部分逻辑学家如牟宗三、张东荪等从逻辑上阐明形式逻辑的部分内容,牟宗三逻辑讨论了西方逻辑学派的不同思想,然后说:"本段的讨论,固然可说太专门不普遍,不易懂;但我说真理这东西本来就不是皮相之流,斗食之辈所能梦见的。中国人如肯虚心问道,绝不致闹到这步田地!但中国人所求的,都只是:皮毛、口号、标语、字眼与望文生义。""'A 是 A'或'甲是甲'说话,是自己错误的解析,同一律绝不是对象本身各分子间的同一与否,也不是对象本身各时代各地方间的同一与否,它绝不禁止事物的变迁与发展,它也绝不禁止一个东西有多重性质与多种关系。从这方面来反对同一律完全不明白什么是逻辑,什么是同一律。不但不明白什么是逻辑,就是辩证逻辑他也未明白。同一律不是解析对象诸性质诸关系的命题,它仍是理性开始发展之先在运用(antecedent functian),它仍是理性的开荒之先锋队。"④张东荪对那些不懂得形式逻辑内涵却把形式逻辑当成形而上学来批判的人进行批评,反对用辩证法替代形式逻辑的观点。他认为:"不但辩证法不能代替思想

---

① 亦英:"认识论中之形式论理与矛盾论理",载叶青著:《哲学论战》,第 322 页。
② 李石岑:"辩证法与形式逻辑",载叶青著:《哲学论战》,第 275—288 页。
③ 艾思奇:《新哲学论集》,读者书房,1936 年,第 33 页。
④ 牟宗三:"逻辑与辩证逻辑",载张东荪:《唯物辩证法论战》(上卷),民友书店,1934 年,第 93、101—102 页。

律的同一律,并且辩证法若要变成言语来表现时(以言语来表明辩证法是真理时),还得托命于思想同一律。因为离了思想律的三条律,则我们便无法说话,不但不能把我们的意思告诉别人,即对于自己亦无法告诉。"①

对于形式逻辑的批判,正如其他爱国学者选择西方文化一样,选取苏联式的马克思主义文化也是服务于中国社会的需要。俄国十月革命的胜利,为中国革命指明了方向。"十月革命一声炮响,给我们送来了马克思列宁主义。十月革命帮助了全世界的也帮助了中国的先进分子,用无产阶级的宇宙观作为观察国家命运的工具,重新考虑自己的问题。走俄国人的路——这就是结论。"②也正是如此,许多人从苏联的胜利看到了中国的道路。便去积极地学习苏联,学习苏联的成功革命经验,学习苏联的文化模式。"中国自 1927 年社会科学风起云涌,辩证唯物论的思想大有一日千里之势。"③所以,艾思奇认为自 1927 年以后,"唯物辩证法风靡了全国,其力量之大,为 22 年的哲学思潮中所未有"。④ 学习苏联,由于 30 年代苏联哲学界掀起对哲学中形而上学、形式主义和机械主义清算。他们将形式逻辑当成形而上学来批判,取消了中等学校及高等学校的形式逻辑课程。"在这很长的时间中,在我们的苏联的学校及高等教育的机关中,并不尊重形式逻辑,更确切地说,形式逻辑在受着虐待。"⑤苏联学者斯特洛高维奇关于这一阶段苏联学术界对形式逻辑的态度及状况总结为:"在很长的期间,在我们苏联哲学著作中,有一种几乎是大家公认的观点,按照这种观点,形式逻辑是和唯物辩证法相冲突的,不能相

---

① 张东荪:《思想论坛上的几个时髦问题》,载叶青著:《哲学论战》,第 46 页。
② 《毛泽东选集》第 4 卷,人民出版社,1991 年,第 1471 页。
③ 郭湛波:《近五十年来中国思想史》,山东人民出版社,1997 年,第 281 页。
④ 《艾思奇文集》第 1 卷,人民出版社,1987 年,第 66 页。
⑤ 〔苏联〕巴克拉杰:《形式逻辑与辩证法的相互关系》,载洪仁、田蒙译,《辩证法与形式逻辑》,中华书局,1951 年,第 9 页。

容,因此把它排斥到科学知识与讲授之外。"①苏联哲学界的这种观点影响了我国早期一些马克思主义者。他们在主张走苏联革命道路的同时,也在文化思想领域上对形式逻辑进行批判,30年代对形式逻辑的批判"与苏联的哲学论战过程相一致"。②

以上无论是科玄之战,还是20世纪30年代对形式逻辑的批判,虽然是围绕逻辑的论战,但它们不是逻辑研究的争鸣,依然是对中国现代社会文化建设的态度,是一种社会现象。中国现代时期出现的东方文化派、西方文化派和苏联式马克思主义学派,都是为社会需要而生,这种需要使文化发展以救国救民、挽救民族危机为目的,他们关注社会,关注中国的未来,而更少关注逻辑学科本身的发展,是唯逻辑主义思潮的表现,即重表象而不重实质,关注逻辑的外部价值,而忽视逻辑本质建设。

三 逻辑东渐与中国现代学术之建立

中国现代学术包括中国现代哲学、中国现代墨家逻辑、中国现代史学等诸多领域,中国现代学术建立的不可忽略因素就是逻辑的介入。中国现代哲学领域既包括用逻辑方法对中国哲学的重新研究,也包括用逻辑方法建构新哲学体系等,中国现代墨家逻辑就是传统逻辑视野下的墨家逻辑研究(这在中国传统学术中是没有的),同样,之所以称中国现代史学,就是运用逻辑方法实现了中国史学的现代转型。逻辑东渐不仅仅影响了中国现代学人学术研究的观念,更多地是学人们的具体运用逻辑方法而开展的学术研究。

从中国现代学者对逻辑在学术研究重要性的观念看,夸大逻辑

---

① 〔苏联〕斯特洛高维奇:《形式逻辑之研究对象》,洪仁、田蒙译:《辩证法与形式逻辑》,第79页。

② 《艾思奇文集》第1卷,人民出版社,1987年,第66页。

的社会、学术意义并产生重大社会、学术影响自严复开始。他认为逻辑能够"挽救吾数千年学界之流弊"①。中国旧学因缺乏逻辑而错误百出。"旧学之所以多无补者,其外籀非不为也,为之又未尝不如法也,第其所本者大抵心成之说,持之似有故,言之似成理,媛姝者以古训而严之,初何尝取其公例而一考其所推概者之诚妄乎?此学术之所以之诬,而国计民生之所以病也。"②中国旧学"若以名学法例,绳吾国九流之学,则十八九皆丐问瞀词。""无论哲俗诸家,犯者尤重。"③"格致之学不先,褊僻之情未去,束教拘虚,生心害政,固无往而不误人家国者也。"严复把中国没有逻辑作为误"人家国"的充分条件来看待。他认为西方文化先进,其中,培根的归纳逻辑起了首要作用,"而二百年学运昌明,则又不得不以柏庚氏(培根。——引者注)之摧陷廓清之功为称首。自古学术不同,而大经不出此二者(指归纳与演绎。——引者注)"。所以,他说"非为数学名学,则其心不足以察不循之理,必然之数"④。蔡元培评价为"严氏觉得名学是革新中国学术最重要的关键"⑤。与此相关的观念还有谭嗣同、梁启超、胡适、冯友兰、虞愚等社会名流,谭嗣同认为逻辑是"学者之始基也"⑥。梁启超称"论理学为一切学问之母。以后无论做何种学问,总不要抛弃论理的精神。那么,真的知识,自然日日加深了"⑦。胡适认为"近代中国哲学与科学的发展曾极大地受害于没有适当的逻辑方法"⑧。冯友兰认为"逻辑分析法就是西方哲学家的手指头,中国人要的手指

---

① 胡伟希:《论世变之亟——严复集》,辽宁人民出版社,1994年,第165页。
② 严复:《穆勒名学》,商务印书馆,1905年,第199页。
③ 严复:《名学浅说》,第141,139页。
④ 胡伟希:《论世变之亟——严复集》,第9,39,159页。
⑤ 绿林书房:《蔡元培学术论著》,浙江人民出版社,1998年,第258页。
⑥ 加润国:《仁学——谭嗣同集》,辽宁人民出版社,1994年,第41页。
⑦ 梁启超:《饮冰室合集(8)》,《饮冰室专集》之三十九,中华书局,1989年,第61页。
⑧ 胡适:《先秦名学史》,学林出版社,1983年,第7页。

头"。① 虞愚认为"以科学典籍皆从逻辑法则而成,不通逻辑,几如良将健卒乏戈甲胄以为之籍,以攻不克,以守不克成"。② 他们的逻辑观念对于逻辑的传播、社会重视和逻辑的运用有重大作用,但是这其中没有几个人去认真研究逻辑理论。

从中国现代学者把逻辑应用于学术研究看,梁启超、王国维、陈寅恪等学者用演绎、归纳方法研究中国史学,实现了中国传统史学研究的转型,出现了史学研究的不同内容,致使中国现代史学之建立。如王国维认为,说明一个历史现象必须有真实、充足的理由。他把充足理由"原则"分为"名学上之形式"、"物理学上之形式"、"数学上之形式"和"实践上之形式"四种。前三种形式"必有其所以然之理由","必有不得不然之结局",所以,"此世界中最普遍之法则"③。梁启超认为史学是"记述人类社会赓续活动之体相,校其总成绩,求得其因果关系,以为现代一般人活动之资鉴者也"④。他强调史学的求真性、求实性,强调逻辑学对于史学研究的方法论意义,他要求做学问用逻辑学的方法,这样才能求得真知识。"以后无论做何种学问,总不要抛弃了论理的精神,那么真的知识,自然日日增加了。"⑤

今天我们所说的"中国现代逻辑史"、"中国逻辑学"、"先秦逻辑学"、"墨家逻辑"或"墨家辩学"这些名称,是逻辑东渐的产物,此前根本没有这类词。尽管严复首先认为 Logic 应译为逻辑,但他为了便于国人接受和情感需要等多种因素,便把逻辑学译为名学,如其翻译的《穆勒名学》和《名学浅说》等逻辑著作就是如此。当时还有学者把 Logic 译为"辩学"、"论理学"、"理则学"等。章士钊于 1909 年在《国风报》发表的"论翻译名义"一文中,批评当时把逻辑学翻译成论理学、名学等的做法,认为将 Logic 音译为"逻辑"更好,"至 Logic,吾

---

① 冯友兰:《中国哲学简史》,北京大学出版社,1990 年,第 283 页。
② 虞愚:《中国名学》,中华书局,1937 年,第 12 页。
③ 《王国维文集》第三卷,中国文史出版社,1997 年,第 255 页。
④ 梁启超:《中国历史研究法》,东方出版社,1996 年,第 1、155 页。
⑤ 梁启超:《墨子学案》,商务印书馆,1921 年,第 134 页。

取音译而曰逻辑,实大声宏,颠扑不破,为仁智之所同见,江汉之所同归,乃崭新无复置疑者矣"①。之后,使用逻辑学之名者便增多。墨家逻辑的研究,1897年孙诒让受西方逻辑学及印度因明的启发,首先关注"中国逻辑"的探究,认为《墨经》"必有微言大例,如欧士亚里大德勒(亚里士多德。——引者注)之演绎法、培根之归纳法及佛氏之因明论者"②。受此启发,梁启超开始在普通逻辑框架下研究墨家的"论理学",1904年,其著作《墨子之论理学》问世,第一次系统地论述了墨家逻辑学。梁先生认为,《墨辩》中的"辩"就是西方逻辑学;《小取》就是专门讲论理学的定义和功用的;"以名举实"之"名"就是西方逻辑学的概念;"以辞抒意"之"辞"即为命题。他还把"类"、"或"、"假"、"推"视作三段论的中项、特称命题、假言命题、推论等。梁启超论述了《墨辩》的逻辑"法式",包括"内包 Intension 外延 Extension"③及其规则和三段论的规则等。1917年胡适完成了《先秦名学史》,从而有了第一部中国逻辑史专著。之后,一些学者在普通逻辑框架下进行了墨辩逻辑学的系统研究,出现了中国逻辑史学科。

中国哲学的现代形态与中国传统哲学相比有一个明显差异就是逻辑的介入。无论是新哲学体系的建构,还是中国哲学史的研究,都没有离开逻辑方法。如金岳霖的《论道》、《知识论》,冯友兰的"新理学",熊十力的"新唯识论",贺麟的"新心学",胡适的《中国哲学史大纲》,冯友兰的《中国哲学史》,张岱年的《中国哲学大纲》等无不是借用逻辑学的方法而成就的。

仅就金岳霖哲学著作《论道》就可窥一斑。在《论道》里,逻辑不仅作为论证哲学思想的说理方式,同时也把逻辑纳入其哲学体系中。作为哲学体系的说理方式,可以是逻辑的,也可以是其他,《论道》的说理方式就是逻辑的。运用说理方式可以是有意识和无意识的,《论道》就是有意识地运用逻辑作为其表述思想的说理方式。可以说《论

---

① 章士钊:《逻辑指要》,三联书店,1962年,第252页。
② 方授楚:《墨学源流》,中华书局、上海书店,1989年,第219页。
③ 梁启超:《饮冰室合集(8)》,中华书局,1989年,第55—72页。

道》是准确运用逻辑的典范,文章通篇就是用逻辑贯通下来,如不懂逻辑,恐怕读不懂《论道》。如"如果 Matter-energy 是一概念或共项或可以有定义的名词,它就是本文的可能,而不是本文的'能'。如果它是本文的可能,也许就是本文的'式'"①。这是个假言三段论,公式为:$(p \to q) \land (q \to r) \to (p \to r)$;"'式'就是必然的关联。逻辑就是'式',也就是必然"②。这是三段论第一格 AAA 式。逻辑作为《论道》哲学体系的重要内容,金岳霖在《论道》里研究了逻辑、逻辑系统、逻辑学、逻辑命题、同一律思想、归纳原则、"式"的含义等逻辑问题。如,"逻辑系统是逻辑底具体的表现,逻辑系统的意义随逻辑系统而异。可是,系统虽多,而逻辑不二"③。"同一律或者用(一)'甲是甲'表示,或者用(二)'如果 X 是甲,则 X 是甲'表示。"④"逻辑就是'式',也就是必然。逻辑既是可能底必然的关联,当然也就是任何事实底最高(或最低)限度。逻辑学就是研究式的学问,或研究必然的学问。"⑤"逻辑无二,而逻辑系统不一;前者是说'式'无二,后者是说表示式的方法不一。"⑥

冯友兰关于中国哲学史的研究方法的观念的转变就很有代表性。冯友兰关于中国哲学史研究方法观念有一个重大转向,即冯友兰在 20 世纪 30 年代至 40 年代提出的研究中国哲学史的方法主要是逻辑分析法。冯友兰于 1937 年 5 月 15 日、22 日在《出版周刊》二三三期、二三四期上与孙道升合作发表"怎样研究中国哲学史"一文,在对"客观的不成文的中国哲学史"和"主观的成文的中国哲学史"区分后,提出研究"客观的不成文的中国哲学史"的六种方法:"一钻研西洋哲学,二多方收集史料,三详密规划迹团,四探索时代背景,五审

---

① 金岳霖:《论道》,中国人民大学出版社,2005 年,第 8 页。
② 同上书,第 69—70 页。
③ 同上书,第 3 页。
④ 金岳霖:《论道》,第 15 页。
⑤ 同上书,第 69—70 页。
⑥ 同上书,第 14 页。

查哲人身世,六评述哲人哲学。"①他认为,"中国哲学,没有形式上的系统,若不研究西洋哲学,则我们整理中国哲学,便无所取法;中国过去没有成文的哲学史,若不研究西洋哲学史(写的西洋哲学史),则我国著述中国哲学史,便无所矜式。据此,可见西洋哲学史之形式上的系统,实是整理中国哲学之模范。打算把中国哲学整理出一个形式上的系统,就得首先钻研一些西洋哲学。研究西洋哲学,可分四个方面:第一,须精读一部系统整饬而内容完备的形式逻辑;第二,须精读一部系统整饬而内容完备的哲学哲论;第三,须精读三部系统整饬而内容完备的哲学专论:一形上学,二人生论,三认识论;须精读一部系统整饬而内容完备的西洋哲学史。"② 20 世纪 80 年代以后冯友兰提出的中国哲学史研究方法侧重于马克思主义观点方法,如阶级分析法、哲学派别分析法、唯物史观等。之所以如此,中国现代时期逻辑东渐对其影响是分不开的。

如上简短地说明逻辑东渐对中国现代史学、墨学、哲学建立的影响,对其他学科的影响也是巨大的,所以我们可以说逻辑东渐是中国现代学术之建立的重要工具。尽管他们的研究范式对于张扬和宣传逻辑的工具价值是巨大的;但是他们中大多数学者没有认真地去把逻辑作为学术来研究。这种重工具价值而忽视其本体研究的特点,从逻辑上说,"科学的外在价值(社会功能),是以其认知本性为内在根据的,科学的社会功能,总是受到知识体系本身发展程序的制约。五四时代的科学思潮固然产生了广泛的影响,但对科学的内在认识本身的忽视,或多或少也限制了思想启蒙的深度"③。它对逻辑的学术研究也起到一定的负面作用。

---

① 《三松堂全集》第十一卷,河南人民出版社,2000 年,第 411—412 页。
② 同上书,第 403—404 页。
③ 杨国荣、郁振华:《实证主义思想评析》,载高瑞泉:《中国近代社会思潮》,华东师范大学出版社,1996 年,第 163 页。

20世纪汉语"史诗问题"探论

中山大学中文系　林　岗

20世纪初叶,西风东渐,西方式的文学史观念也随之传入中土,文学修史之风一时兴起。作为西方文学、哲学始祖的希腊,其文学的源头当然是它的神话、史诗。尤其是史诗,长篇铺叙,讲述本民族的神话、英雄人物和上古史迹,将想象和现实融化在宏大的叙事框架之内。史诗的题材、人物、修辞、风格以及叙事方式,都对后来的文学产生广泛的影响。西方文学孕育于它伟大的史诗,这应该是没有什么可以争辩的。因此讲西方文学,一律从神话、史诗讲起,这已经成了不易的定式。

可是这一符合西方文学现象的定式作为理解文学史的背景观念被借鉴到中土,就立即出现了问题:中国古代典籍并无记载类似史诗这样的诗歌体裁,就连神话也是零碎分散地存于和归入史部的数部典籍和诸子著述。神话获得文字记载的丰富性、完整性,相对于希腊乃至北欧都是欠缺的。怎样解释这一现象呢? 我相信,以西方的文学惯例为背景观察中国文学史而产生的解释难题,困扰了不少治中国文学史的学人。在本论文中,将这种困扰称为"史诗问题"。它简直成了一桩学术公案,从20世纪初到当代,虽然不甚热烈,但却一直没有停止过讨论。王国维已经意识到上古文学源头的中西差异,继而鲁迅、胡适、茅盾、陆侃如和冯沅君、郑振铎、钟敬文等学人对史诗问题提出了假设和解释,50年代之后史诗问题依然存在,饶宗颐、张松如等学人都有专论探讨。纵观过往的一个世纪,但凡涉及到上古文学,这个"史诗问题"似乎是绕不开的,史诗的困扰已成为中国文学源头学术关注的焦点。本文并不打算延续前辈学者的思路,为"史诗问题"提出更周详、更严密的解释,而是梳理这个持续了一个世纪的学术关注,翻检他们提出的各种解释和理据,从而检讨"史诗问题"的合理性本身。"史诗问题"要说明的无非就是文学的源头,那么我们自然要问:"史诗问题"是不是一个解说中国文学源头的合理方案?上古文学的研究长期为"史诗问题"所缠绕,背后是不是有一些与学术并没有直接关系的意识形态因素?透过梳理上古汉语文学的"史诗问题"或许可以解答上述疑问,为我们思考汉语文学的源头带来新的启示。

一

戊戌变法失败后,梁启超远遁日本,借鉴日本明治期间小说传播西学新知的经验,鼓吹"小说界革命",西方文学以及文学史知识乘着时代风潮,渐为人知。这样,中西比较的话题,在社会和国家都陷入空前危机而亟须革新改进的情形下,自然进入公共领域。号称"近世诗界三杰"的蒋智由,大概是读过丹麦史一类的著作,对北欧神话有所了解。他1903年在《新民丛报》撰文,其中谈到相比北欧的中国神话,如盘古开天地之类,"最简枯而乏崇大高秀、庄严灵异之致。"①蒋智由的看法直观,他也没有解释何以会有这样的弱点。他所谓"简枯"云云,恐怕是说神话缺乏长篇铺叙,故事有干无枝,更乏茂叶扶持。以蒋智由的看法为开端,形成了中西神话比较中产生的紧张:即中国神话比起欧洲神话显得零碎无体,乏善足陈。

在转入考古和史学研究之前,王国维曾嗜读西方哲学和史学著作多年。如果说蒋智由的说法还不够深入,那么王国维1906年的看法显然是经过深思熟虑的。《文学小言》第十四则:

---

① 原文载《新民丛报·谈丛》第36号,1903年,署名观云。见马昌仪编:《中国神话学文论选萃》上编,中国电视广播出版社,1994年,第19页。

> 至叙事的文学(谓叙事传、史诗、戏曲等,非谓散文也),则我国尚在幼稚之时代。元人杂剧辞则美矣,然不知描写人格为何事。至国朝之《桃花扇》则有人格矣,然他戏曲殊不称是,要之不过稍有系统之词而并失词之性质者也。以东方古文学之国而最高之文学无一足以与西欧匹者,此则后此文学家之责矣。①

虽然王国维没有明言,但是他中西叙事文学比较的背景是希腊史诗和诗剧,这是很明显的。他按照西方文学理论的惯例,将文学分为抒情和叙事两类,赞扬中国文学的抒情传统,但认为中国的叙事文学尚且"幼稚",其叙事传、史诗以及戏曲等叙事文体,均无足以与西欧匹敌的伟大作品。

鲁迅是在中华积弱、西学汹涌、求新声于异邦的背景下成长的。他于1908年在《河南》月刊发表《破恶声论》,其中议论到欧洲神话与文学,惊叹其神话传统的伟大。以为"欧西艺文,多蒙其泽,思想文术,赖是而庄严美妙者,不知几何"。转念而想到中国"古民神思之穷,有足愧尔"②。作为文学源头的神话与传说,它的丰富性和复杂性,中土皆不及西欧,这种看法鲁迅倒是一以贯之。1923年鲁迅发表日后影响深远的《中国小说史略》,单辟一章讨论神话与传说。他说,"自古以来,终不闻有荟萃熔铸为巨制,如希腊史诗者,第用为诗文藻饰,而于小说中常见其迹象而已"③。我们知道,神话和传说是史诗最重要的构成材料。由于没有史诗将神话和传说"荟萃熔铸为巨制",于是它们只好成为诗文的"藻饰"和小说的"迹象"。鲁迅不但指出这种现象,还首次试图解释其原因。

> 中国神话之所以仅存零星者,说者谓有二故:一者华土之

---

① 《王国维遗书》第五册之《静安文集续编》,上海古籍书店,1983年,第30页。
② 《鲁迅全集》第八卷,人民文学出版社,1981年,第30、31页。
③ 《鲁迅全集》第九卷,人民文学出版社,1981年,第21页。

民,先居黄河流域,颇乏天惠,其生也勤,故重实际而黜玄想,不更能集古传而成大文。二者孔子出,以修身齐家治国平天下等实用为教,不欲言鬼神,太古荒唐之说,俱为儒者所不道,故其后不特无所光大,而又有散亡。

然详按之,其故殆尤在神鬼之不别。天神地祇人鬼,古者虽若有辨,而人鬼亦得为神祇。人神淆杂,则原始信仰无由脱尽;原始信仰存则类于传说之言日出不已,而旧有者于是僵死,新出者亦更无光焰也。①

鲁迅这两段话,一是说别人的看法,二是陈述自己的见解。他对别人的看法没有置评,但细寻文意,似亦略表赞同,而又嫌其未说到要害。"说者谓有二故"的"说者",应该就是日人盐谷温。② 盐谷氏谈论中国文学史的著作1919年出版,他的著作由地理环境和儒家的观念去解释中国上古神话零碎散亡的原因。盐谷温的看法启发了后来的学者,成为广泛接受的观点。其实鲁迅只是将盐谷温的看法摆出来。他认为更合理的看法应该从民族文化传统上寻找原因。在中国民间传统里,人的世界和神的世界没有截然的区别,人死为鬼,鬼可以上升为神;神又可以降而为鬼,更演变而为历史传说中的人。这样,原始的信仰在民间长久存在,新神源源不断产生,旧神的面目逐渐模糊。人神淆杂的局面使得即便是新出的神祇也缺乏严肃性,欠缺神性的神奇光焰随着岁月流逝而逐渐泄火。应该说,在那个时代,鲁迅的见解颇为独特,也很有见地。鲁迅一直坚持自己的看法,1924年他在西北大学讲学时作的《中国小说的历史的变迁》里,他除了采

---

① 《鲁迅全集》第九卷,人民文学出版社,1981年,第21—22页。
② 盐谷温的《支那文学概论讲话》是早期日本汉学家的中国文学史著作,1919年由东京大日本雄辩会出版。20年代陈源指责鲁迅抄袭该书,鲁迅著文反驳。自认参考过盐谷温氏该著,特别是第二篇,但论点与看法全然不同,而第二篇刚好就是讨论神话与传说。事见《不是信》,收《华盖集续编》。见《鲁迅全集》第三卷。

用盐谷温的第一点说法,另外重提中国民间信仰的传统,以为环境恶劣和"易于忘却"(指民间信仰)使得上古神话零散,没有长篇述作。①

仔细索解,鲁迅并没有断言上古曾经存在还是根本没有存在过关于神话和传说的长编巨制。他采取了一个客观的陈述,"自古以来,未闻"有长篇史诗。因而所有关于神话零碎散亡的说法,都建立在"未闻"的基础上。但是解释活动持续造成的紧张,迟早会迫使学者采取一个断言式,就这个逐渐建构起来的"史诗问题"给出自己的断言。《中国小说史略》发表之后五年的1928年,胡适的大著《白话文学史》出笼。他至少给出了部分清楚的判断。

> 故事诗(Epic)在中国起来得很迟,这是世界文学史上一个很少见的现象。要解释这个现象,却也不容易。我想,也许是中国古代民族的文学确是仅有风谣与祀神歌,而没有长篇的故事诗,也许是古代本有故事诗,而因为文字的困难,不曾有记录,故不得流传于后代;所流传的仅有短篇的抒情诗。这二说之中,我却倾向于前一说。"三百篇"中如《大雅》之《生民》,如《商颂》之《玄鸟》,都是很可以作故事诗的题目,然而终于没有故事诗出来。可见古代的中国民族是一种朴实而不富于想象力的民族。他们生在温带与寒带之间,天然的供给远没有南方民族的丰厚,他们须要时时地天然奋斗,不能像热带民族那样懒洋洋地睡在棕榈树下白日见鬼,白昼做梦。……所以我们很可以说中国古代民族没有故事诗,仅有简单的祀神歌与风谣而已。②

应该指出,没有故事诗这个事实与中国民族朴实不富想象力之间,胡

---

① 《中国小说的历史的变迁》,收《鲁迅全集》第九卷。鲁迅提出两点原因讨论:"太劳苦"和"易于忘却"。第一点涉及环境,第二点则属于民族性。
② 胡适:《白话文学史》,上海古籍出版社,1999年,第47页。

适用"可见"推断两者存在前因后果的联系,其实这两者既没有逻辑的关系,也没有经验上的联系。在这个粗疏的判断中,我们看到盐谷温和鲁迅的影子。胡适到底说话还是有保留的。他倾向于认为上古没有叙事诗,主要指北方的情形,至于南方,他看到《离骚》中有很多神的名字,"至于这些神话是否采取故事诗的形式,这一层我们却无从考证了"①。如果忽略表述的细节,王国维、鲁迅和胡适的关于"史诗问题"的看法,可以代表后来许多学者的意见,例如郑德坤、卫聚贤、马学良等。②

至于胡适另一个他不经意而且没有把握的假设——本有故事诗但因文字困难不曾记录下来,——就表示了"史诗问题"关注的重大转变。大约自30年代后学者便倾向于不赞同中国古来就不存在过史诗的假设,他们倾向于假设曾经存在过,但不是没有记录下来,就是散亡了。胡适虽然不倾向于这个假设,可他最早不经意表述出来。以胡适当日在学坛的地位,他的话是备受重视的。

1929年,茅盾发表当时第一部中国神话研究专著《中国神话研究ABC》。他在第一章"几个根本问题"里就批评胡适北方不曾有丰富神话的说法,他认为不是不曾有,而是已经销歇了。"中国古代(北方)民族之曾有丰富的神话,大概是无疑的(下面还要详论);问题是

---

① 胡适:《白话文学史》,上海古籍出版社,1999年,第48页。
② 郑德坤1932年发表《山海经及其神话》,认为:"《山海经》是地理式,片断式的记载,不像荷马的《史诗》或印度的《黎俱吠陀》(Rig Veda)、《加撒司》(Gathas)或希伯来人的《旧约》之美丽生动。在文艺上诚天渊之差,但在内质上,读者如能运用自己的想象力,追溯原人的想象,便可以得到《山海经》神话艺术上的真美处。"(见马昌仪编:《中国神话学文论选萃》,中国广播电视出版社,1994年,第182—183页)卫聚贤1934年在文章《中国神话考古》中承认:"中国的国民,因有尚功利,而且重常识的倾向,故神话终未得充分的发达。"(见马昌仪编:《中国神话学文论选萃》,第240页)马学良1941年在文章《云南土民的神话》中,认同鲁迅和胡适的说法,但他更赞成茅盾的中国神话历史化是神话僵死最大原因的说法。(见马昌仪编:《中国神话学文论选萃》)

这些神话何以到战国时就好像歇灭了。"①他不同意中国人缺乏天惠,民生勤劳,故不善想象,以及孔子实用为教,导致神话销歇的见解。茅盾另外提出两点解释,"中国北部神话之早就销歇,一定另有其原因。据我个人的意见,原因有二:一为神话的历史化,二为当时社会上没有激动全民族心灵的大事件以引诱'神代诗人'的产生"②。数年之后,茅盾撰文介绍希腊、西亚和印度史诗。文章写到末尾,他觉得读者会向他提出"国货的史诗"在哪里的问题,于是就把关于中国神话的主要论点移用到对史诗的见解。他认为中国上古是有过史诗的,例如《汉书·艺文志》尚著录《蚩尤》二卷,也许就是一部近于'史诗'的东西,可惜后人的书籍上都没有提到,大概这书也是早就逸亡了"。据此看来,"我们很可以相信中国也有过一部'史诗',题材是'涿鹿之战',主角是黄帝、蚩尤、玄女等等,不过逸亡已久,现在连这'传说'的断片也只剩下很少的几条了。至于为什么会逸亡呢?我以为这和中国神话的散亡是同一的原因"③。

茅盾的大胆假设得到了民俗学者的呼应,钟敬文1933年就表示:

> 中国的过去,因为种种的关系,在比较古老的一些文献上,仅保存了若干断片的、简略的神话和传说。一些欧洲的和东方的学者,由此便形成了一个共同的见解,认为中国文化史上没有产生过像古代希腊、罗马或北欧等那种比较有体系的或情节完整的神话和传说。这种见解的正确性,我觉得是颇可怀疑的。中国比较古老的文献上所保存的神话和传说,有着过于缺略或破碎之嫌,这是不容否认的事实。但因此断定中华民族的文化史上,必不会产生比较有体系的或情节完整的神话和传说,那光

---

① 《中国神话研究 ABC》,见《茅盾说神话》,上海古籍出版社,1999年,第8页。
② 同上。
③ 《茅盾全集》第30卷,人民文学出版社,2001年,第37页。

就理论上讲,也不是很通顺的吧。①

一段已经湮灭的历史是否曾经存在某样事物,后人当然可以作肯定或否定的假设。因为不同的假设可以引发不同的陈述和推论,帮助人们认识事物。但钟敬文认为否定的假设"不通顺",由此可见他对中国神话爱之弥深。这段话是钟敬文写给美国学者爱伯哈特的信上说的,用了推量语气。他不赞成中国神话本身零碎的说法,换言之,中国神话之所以零碎,乃是因为"散亡"。老先生耄耋之年,重提这封信,认为60年的学术发现证明他当年的看法是正确的。② 以钟氏在民俗学和神话学界的地位,他的观点成为通行的看法。一些文学史著作,论到中国神话的时候,也采取了"散亡"的说法。③

八九十年代之后,在"没有"和"散亡"的两端,天平似乎又朝"没有"一端倾斜。饶宗颐曾提出一些理由解释汉族未见有史诗传世的原因,他倾向于没有并提出解释:

> 古代中国之长篇史诗,几付阙如。其不发达之原因,据我推测,可能由于:(一)古汉语文篇造句过于简略,(二)不重事态之描写(非 Narrative)。但口头传说,民间保存仍极丰富。复因书写工具之限制及喜艺术化,刻划在甲骨上,铸造于铜器上,都重视艺术技巧,故记录文字极为简省。即施用于竹简长条上,亦不甚方便书写冗长辞句,不若闪族之使用羊皮可作巨幅,及至缣帛与纸絮发明以后,方可随意抄写长卷。④

---

① 钟敬文:《钟敬文民间文学论集》下册,上海文艺出版社,1985年,第494页。
② 见马昌仪编:《中国神话学文论选萃》之钟敬文的《序言》,中国广播电视出版社,1994年。
③ 见中国社会科学院文学研究所编:《中国文学史》,人民文学出版社,1962年。刘大杰著:《中国文学史》,上海古籍出版社,1982年。
④ 饶宗颐:《澄心论萃》,上海文艺出版社,1996年,第38页。

张松如显然和饶宗颐持有相近的见解,认为古代中国没有史诗。可是他们两人提出的论据完全不同。饶宗颐持论实证,一切以文献为准绳。张松如则采用马克思的亚细亚社会理论解释同一个问题。① 换言之,上古史诗不是散亡了,而是不曾存在过,这种看法在学界越来越普遍。②

张松如的推论大致如下。按照马克思的看法,史诗和诗剧的育成"主要乃是基于城郭经济的高涨与城邦的政治民主制,是由好战与蓄奴的自由城邦生活所造成"。而中国古代社会奴隶制社会发育的夏商时期,"由于'早熟'与'维新',生产力相对的低,商品生产和交换不发达,有着浓厚的公社残存,没有个体的私有经济,自由民阶层很薄弱,城市和乡村不可分离的统一,没有作为经济中心的城市"。加上精神生产的分工水平低下,"凡此一切,都说明中国的奴隶制社会是不够典型的。这就决定了中国奴隶制社会中文明的光芒还未能照透'人神杂糅'的迷雾,而更多地保留了原生社会的模糊性与混融性"。因此它只有祭祀活动的祭歌与乐歌,如保存在《诗经》中的颂与大雅,而没有如希腊史诗和剧诗那样的诗歌体裁的产生。③

除了倾向否定性的答案之外,我们还必须提到"史诗问题"引起的文学史解释活动的紧张还催生了另一种肯定性的意见。它们和否定的见解不同,否定的见解是通过一个否定的答案然后提供若干解释从而使"史诗问题"得到缓解,而肯定性的意见则干脆认为中国上古存在史诗,中国文明和世界其他伟大文明在文学的起源上没有任何区别,它也服从一般的规律。肯定性的意见可以不经解释活动,直

---

① 张松如:"论史诗与剧诗",见《文学遗产》1994年第1期。这篇论文更详细的文本请见张氏《中国诗歌史论》之《史诗与剧诗——兼论所谓市民诗歌》(吉林大学出版社,1985年)。

② 程相占:"中国古代无史诗公案求解",载《文史哲》1996年第5期。刘俊阳:《论雅诗中的叙事诗及中国古代叙事诗与史诗之不发达》,《国际关系学院学报》2004年第4期。不过,一般说来,晚近讨论史诗问题的论文无甚新意,只是旧论重提,倾向没有史诗的说法。

③ 以上引述均见张松如的"论史诗与剧诗",载《文学遗产》1994年第1期。

接化解"史诗问题"带来的紧张。

在肯定的意见当中,最有影响的首推陆侃如与冯沅君。根据1955年的重版《自序》,陆侃如与冯沅君的《中国诗史》写于1925至1930年之间,那时鲁迅、胡适与茅盾关于中国神话与史诗的见解已在学界流传并且很有影响。陆、冯两人显然不赞同那种有贬低中国伟大的诗歌传统嫌疑的看法,但又碍于"史诗问题"确是一个显而易见的现象,于是他们在《中国诗史》第二篇论述《诗经》的章节中写了一段意味深长的话:

> 尤其是《生民》、《公刘》、《縣》、《皇矣》及《大明》五篇。……把这几篇合起来,可成一部虽不很长而亦极堪注意的"周的史诗"。周代历文武成康之盛,到前十世纪以后,便渐渐衰落下来。在九世纪末年,宣王号称中兴。《大雅》中叙宣王朝的史迹者,如《崧高》写申伯,《烝民》写仲山甫,《韩奕》写韩侯,《江汉》写召虎,《常武》写南仲等,也都是史诗片段的佳构。这十篇所记大都是周室大事,东迁以前的史迹大都备具了。我们常常怪古代无伟大史诗,与他国诗歌发展情形不同。其实这十篇便是很重要的作品。它们的作者也许有意组织一个大规模的"周的史诗",不过还没有贯穿成一个长篇。这位作者也许就是吉甫,作诗的年代大约在前八世纪初年。①

陆、冯两人虽然将"周的史诗"四字用引号引起,表示若干不肯定的保留,但这段话明显针对胡适和茅盾的意见。在陆、冯的理解中,史诗无非叙事诗之一种,而且叙事规模宏大。而中国诗歌开端《诗经》里《大雅》的某些篇什,显然以叙述史迹为主,是叙事体的诗,与西洋相比所差在长度欠缺而已。如果将它们连缀起来,尽管还是不够宏大,但相去也不会太远。学者之所以"怪古代无伟大史诗",其实是

---

① 陆侃如、冯沅君:《中国诗史》上册,人民文学出版社,1956年,第48页。

执念于"与他国诗歌发展情形不同"。在如何看待"史诗问题"上,陆侃如和冯沅君的看法,显然倾向于一句佛偈传递出来的道理:世间本无事,庸人自扰之。陆、冯通过扩大史诗概念的内涵,使得中国诗歌的起源可以纳入一个世界性的文学起源的统一模式之中。其学术用心居然是与否定性的意见有异曲同工之妙。但是,所谓《大雅》中若干篇什就是周的史诗的看法,其史诗的概念与通常使用的史诗概念,只有极其有限的比喻意义的相似,究其实并不是一回事。但是陆、冯国学基础深厚,在学界颇有声望,而他们的意见也确实回应了"史诗问题"造成的紧张。于是他们的看法一出,亦如登高一呼,望者跟随,成为学术界与主流的否定性意见相对峙的意见。①

二

中国学者自有了中西比较的眼光而产生了"史诗问题"的困扰,这一学术公案持续了一个世纪。学术前辈提出了想象力匮乏说、人神淆杂说、文字篇章书写困难说、亚细亚生产方式说和神话历史化说等假设和解释。除了"周的史诗"一说因改变史诗概念的内涵可以暂时不论外,面对这一学术公案我们首先要问,诸说的合理性何在?它们真的恰如其分地解说史诗问题了吗?也许简要地探讨以上诸说是有益的。这样做至少可以让我们知道问题出在什么地方,为寻找可能的解答提供必要的启示。

所谓中国民族朴实而不富于想象力,所以没有产生成系统的神

---

① 近者如汪涌豪、骆玉明主编的《中国诗学》第一卷论到《诗经》时,还取了一个小标题"雄浑昂扬的周族史诗",显然是承继陆、冯的看法而来,虽然两人留意到这些诗歌"并没有发展成为真正的史诗,其本身还是一篇篇乐歌和祭歌"。因而标题中"史诗"的说法,也就是比喻意义的了。(上海东方出版中心,1999年,第12页)张树国:《周的史诗与贵族传统》,刊《北方论丛》1996年第5期。"周的史诗"的看法虽然代有传承,但一般来说,这些后起的议论并没有提供什么学术真知,它们只是先前学术纷争的余绪。

话乃至史诗。这种说法如上所述，最早由日本学者抛出，然后胡适略表赞同。这种说法的最大毛病是用民族性的概念去解释具体问题。上古神话不成系统，或曾有系统现已散亡；传唱它们的史诗或无从产生或已经销歇。这都是事关文学源头的具体问题，求其答案，必须直接相关。这样才可能给人以真知。而民族性的答案并非直接相关，民族性只是一个抽象的大词，不能确证。使用抽象的大词去解释文学起源的具体问题，只能得到仿佛如此，似是而非的结论。换言之，这种解答不是对问题的学术求解，而是一个极其表面的观察。我们知道，日本上古神谱有统一的记载，成书于六七世纪的《古事记》和《日本书记》记载着完整的日本倭民族的神谱。当日本学者了解了中国神话之后，发觉中国历史如此悠久而竟然没有记载自己本民族神谱的完整古籍，有关神话只是零散地分别记载于《山海经》及先秦子书里，这是多么不可思议的现象。而神话又被认为产生于先民对自然万物包括人自身起源的想象性追问的结果。于是，既然缺少神谱的完整性，完全看不出神系，那么结论自然就归咎为中国民族执着现实，欠缺想象力了。但是我们还要追问，神谱的完整性与一个民族的想象力有必然关系吗？即使神话反映了民族的想象力，那也应该从神话故事的叙述中去寻求关于想象力的解答，而不是仅凭神谱的完整性就作结论。神谱的完整性反映的恐怕只是一个记载的问题，和民族的想象力并无什么关系。如果根据神话叙述来判断，中国上古神话并不欠缺想象因素，南方系的神话自不待言，北方系的神话也是想象奇伟。一个源自神话的伟大的想象传统一直哺育着中国文学，从屈原到李白，再到吴承恩，这个传统并没有断绝。以中国民族性朴实而缺乏想象力去解释神话零散、史诗阙如，缺乏合理性。

鲁迅当年提出人神淆杂说，作为一种猜想也颇有创意，然而其说的合理性与其在于解释上古神话的零散、史诗之未见，毋宁在于指出民俗之中神灵的混杂、低俗和缺乏神性。但是神性不够纯粹其实并不是神话和史诗得不到足够发展的原因。假如我们以更广阔的比较神话眼光看,东亚乃至中亚部分的广阔地区,因为受萨满教/巫教的影响,从远古起就是人神淆杂,并不存在人神判然两分。人的世界和神的世界总是息息相关,互相沟通的。这一点与欧洲特别是希腊的神灵有很大的区别。希腊诸神高高在上,居住在奥林匹斯山,虽然它们亦赋人形,有七情六欲,经常到人间挑拨是非,兴风作浪,但它们绝对不是人,既不从人世出身,也不受制于人所受制的定律。它们是不朽的神灵。在人世界与神世界之间,存在一条不可逾越的鸿沟。希腊诸神可以说是神性很纯粹的神灵。周氏兄弟在日本留学期间,曾经醉心于希腊神话。多年之后,鲁迅提出人神淆杂说,恐怕是出于早年的阅读经验,以希腊神话为背景,批评中土诸神的神性不够纯粹。但是严格地说,希腊和东亚只是不同的神话传统,人神彼此判然划分的希腊传统下发展出神谱清晰的神话,而人神淆杂的萨满教/巫教传统之下,也同样有充分发展、神谱清晰的神话。只是汉语区是个例外罢了。

鲁迅的时代,现代民俗学刚刚起步,研究者没有将汉语区之外的周边少数民族区域的神话和史诗纳入视野中,所以鲁迅以希腊衡之中土,以为萨满教/巫教传统不利于神话、史诗,那是一种时代的局限。今天我们必须吸收现代民俗学的知识,将周边少数民族区域乃至整个东亚的情形纳入考虑,才有助于我们看清"史诗问题"。实际上,在广袤的东亚土地,除了汉语区,周边区域都曾存在以口诵方式讲述各自民族的神话和历史传说的活动,因而其神话的系统性、神谱的完整性,都在汉语区之上,多数甚至有史诗流传。例如撰录《古事记》的安万侣,就明言自己的撰录是根据名叫稗田阿礼的人的口诵。① 另外,蒙族史诗《江格尔》、柯尔克孜族史诗《玛纳斯》、藏族史诗《格萨尔》被称为中国三大史诗。② 这些史诗有的已经整理完毕,

---

① 安万侣:《古事记·序》,见"日本思想大系之一"的《古事记》,岩波书店,1982年,第14页。
② 潜明兹:《史诗探幽》之《前言》,民间文学出版社,1986年,第1页。

有的还正在整理之中。民间的传唱活动还在进行,它们不单是已经写定的文献,而且也是鲜活的民间文学活动。史诗所表现的英雄人物均是半神半人式的人物,史诗恢弘磅礴。据报道《格萨尔》有120余部,100多万行,是世界上已知最长的史诗,有东方《伊利亚特》之称。① 流传这些史诗的地区,同属萨满教/巫教传统,鲁迅当年认为人神淆杂的民俗传统阻碍神话、传说的发育,而事实正不是这样。放在汉语区域似乎有道理,但结合民俗学知识,放在更广阔的区域,则不符合事实。

诸说之中饶宗颐的见解富有学理性。不管同意与否,他提出的是可以反证的论据。他将原因归结为汉语文篇,一是汉语造句过于简略,因此不能在事态的描写上繁复铺叙;二是书写的介质不便于将故事长篇撰录下来,只能撮要。简言之,首先是语言的问题,其次是书写介质的问题。应该承认,语言对史诗的写定是有影响的。同一部史诗如今当然是用现代书面语记录,但若是千年前有人做同一件事,用文言文将之写定,结果与今天相比,可能大不相同。但是史诗的写定只是漫长流传史的一个环节。史诗更常见的情形是并不依赖写定而流传。史诗是一个口述传统(oral tradition)的产物,在写定之前它与书面语言并无什么关联。神话、传说和民族历史活动构成了史诗的材料,而民间的传唱活动孕育了史诗,使得这些神话、传说和民族活动得以讲述,并在讲述中演化成长篇巨制的宏伟史诗。早在史诗写定之前,它已经发育成熟并世代流传;即使写定之后,它也照样在民间传唱中演化。直到民间的传唱活动销歇,史诗才消亡。这时史诗才仅以写定本的文献形式流传于世。以希腊史诗为例,迈锡尼文明在公元前12世纪初沉沦,即是据说的特洛伊战争之后,随即进入"黑暗时期"(Dark Age),到公元前8世纪,环爱琴海的希腊文明进入强劲的复兴,荷马即活动在该时期。而见于记载的具作者

---

① "'格萨尔'史诗:抢救一个民族的记忆",载《人民日报》第9版,2004年7月9日。

意义的诗人活跃在公元前 650 年左右,是 Archilochus。① 晚于荷马出现很多,他只有短小挽歌和抒情诗传世。而荷马史诗的写定,更迟至公元前 5 世纪。中国汉语区周边民族的史诗流传也是如此,它们总是作为民间自发的口头文学活动存在着,与书面语表现的简略与繁复并无关系,它们遵循口头活动的规则和演变规律,而与书面语言的情况不相关。因此我们不能因为书面语言表达的习惯,断定它阻碍了史诗的发育。史诗的繁复铺叙是口头表达形成的,假如书面语言造句简略,不能适应繁复铺叙,撰录的时候,或者简录基本情节,舍弃铺叙的部分;或者再行整理。不论出现哪种情况,民间性的传唱活动照样进行。书面语的造句惯例和表达特点,是不能影响到作为口述传唱活动的史诗的。

那么书写介质是否不便于将长篇故事撰录下来呢?这个问题涉及竹简与缣帛在历史上使用的情形。竹简与缣帛同为上古书写的重要介质,东晋以前,竹简与缣帛并行,此后纸书方逐渐普及。征诸战国秦汉人的著作,每每竹帛并称。细按饶先生的文意,中土的书写介质,似乎先竹简,后缣帛,然后又纸絮。故云竹简不便,直待缣帛与纸絮出现以后,才可以揭载长文。

中国私家著述和有官府背景的撰述大兴于战国秦汉之际,现存的上古书籍均是那个时期撰录或写定的。如果真有史诗流传于世,相信也于其时撰录下来,而作为书写介质的简策和缣帛均为普遍使用,只不过简策易得且价值较低,相对而言更多使用罢了。根据中国传统的书籍体制或称"篇"或称"卷",可以约略推知当时用简策和用缣帛的实际情形。因为篇的称谓源于简策,而卷的称谓源于缣帛,由此形成了篇和卷的两大体制,因此可由古书称篇还是称卷而上窥简

---

① G. S. Kirk: Homer and the Oral Tradition. Cambridge University Press, 1976. p. 1.

写还是帛写。①《汉书·艺文志》按刘向"七略"分类,除提要汇集的辑略之外,其余六艺略、诸子略、诗赋略、兵书略、术数略、方技略六略,有称卷者,也有称篇者,共录古书660部。其中称篇者458部,称卷者202部。简书者占2/3强,而帛书者未及1/3。但是"六略"之中竹帛分布不均:六艺略收书160部,101部称篇,59部称卷;诸子略收书192部,仅一部称卷,其余均称篇;诗赋略收书106部,全部称篇;兵书略收书56部,仅一部称卷;但是术数略收书110部,仅四部称篇,其余称卷;方技略收书36部,仅一部称篇。诸子、诗赋、兵书在四部分类里同属子书或集部书,在上古为私家著述。又据缣帛贵于竹木之说,其著述几乎全用竹简,恐为经济条件所限,或为著述在世人眼中之价值所限。而术数、方技今人视为迷信,在古人则兹事体大,非寻常可比。天文历算、阴阳堪舆、占卜医方等关乎性命运数,而所为者多权贵富豪,故多用缣帛,正是当然之理。

无论竹简还是缣帛,古人用作书写介质,是否影响到著作之长短?以现今所知的事实,恐不能遂尔得此结论。司马迁《史记》130篇,洋洋52万字,岂非笔之于竹简而照样传诸后世?《汉书·艺文志》载称卷的著作,其中三五十卷为一部者不在少数。汉志"小说家者流"载一部名为《百家》的小说集录更有139卷,推测其长度,当不在太史公《史记》之下。况且各民族笔录史诗,恐非原文照录。通常

---

① 魏隐儒的《中国古籍印刷史》引《字诂》"古之素帛,依书长短随事裁绢",谓:"古今图书的称'卷'就是源于帛书。"(印刷工业出版社,1988年,第18页)余嘉锡的《读已见书斋随笔》之"引书记书名卷数之始"条云:"自以帛写书而后有卷数,若用简册之时则但有篇章耳。"(《余嘉锡论学杂著》下册,中华书局,1963年,第643页)又《四库提要辨证》卷十贾谊"新书"条云:"按古人之书,书于竹简,贯以韦若丝,则为篇;书于缣帛,可以舒卷,则为卷。"(第二册,中华书局,1980年,第546页)但是凡称篇者是否一定就是简写,而凡称卷者一定就是帛写,此问题学界似无定见。李学勤的《东周与秦代文明》云:"把简联缀起来,称为'篇',因可卷成筒状的卷,又称为'卷'。"(文物出版社,1984年,第337页)这与余嘉锡见解不同。余曾就此事询诸庞朴先生,承告曰:就竹简出土情形看,已不可能辨别。因串线已断,出土竹简均是散成一堆;只能就汉字略约考知"篇"与"卷"的分别。篇与竹简相关,毫无疑问。故以余嘉锡所见为近是。

的情形是录下故事梗概,即其中的故事套子,待实际传唱之时,由传唱者视听者的好恶再行即场加减。故口述的长度比之笔录的长度,当超出数倍以上。如果汉族流传有史诗,即便书之竹帛,恐怕不是想象中那么困难的事情。书写介质似无关乎史诗的存废。

亚细亚生产方式说和神话历史化说的缺陷也是显而易见的。张松如力证希腊城邦制度与史诗和诗剧的联系,其实或许诗剧与城邦的生活方式有关,史诗就完全不能这样说了。因为史诗的孕育远在城邦制度定型之前,荷马活跃的年代,希腊城邦制度还在幼稚之中。根本找不到具体的历史联系说明希腊城邦制度如何产生了史诗。更重要的一个事实是,在被称为亚细亚生产方式的广大中亚、东亚地区,除了汉族地区不见史诗之外,其他许多民族都流传有史诗,尽管它们一般的经济和政治的发展程度远不如汉族地区。可见不能根据分工的水平,无论是物质生产的分工还是精神生产的分工水平来断定史诗的产生与否。经济和政治的发展程度和史诗传唱根本就是分属不同的范畴,不能根据一般政治经济学原理来进行断定。同样神话历史化说也是这样。即使承认儒家有将神话、传说历史化的做法,这种做法究竟对神话流传伤害到什么程度,依然是一个疑问。一个伟大的文明传统必然包含一些可以相互容忍的冲突,无论是在各种学术之间还是在分属不同的层面的传统之间。以希腊为例,代表学术传统的柏拉图不喜欢史诗,要把诗人驱逐出"理想国"。他对荷马冷嘲热讽,态度刻薄。可是柏拉图究竟能不能因其不喜欢而影响了史诗的传唱呢?显然是不能够的。哲人的偏好及其观念,是一个社会上层精神趣味的问题,它与民间的史诗传唱活动分属不同的层面,即使两者存在龃龉,价值观与趣味均不同,但也不会因此而成一手遮天的局面。儒家之不喜好"怪力乱神"和"街谈巷语",史籍俱在,不必多辩。但中国社会是否因儒家的排斥、痛抵而消弭了"怪力乱神"和"街谈巷语"了呢?显然没有。同样,如果汉族有史诗传唱的传统,可以推测,无论儒家如何排斥和将之"历史化",民间的活动照样进行。原因在于儒家的价值观和趣味与民间的史诗传唱分属不同的传统,在社会实际的演变中,虽有龃龉,但仍然可以并行不悖。神话历史化这种解释尽管流传广泛,①但显然是捕风捉影之说。

三

中国古代文论有它的自我意识,它给自己定位为"论",排在"作"和"述"之后。"作"是伟大的创造,像周公典章文物的创制,可以称为"作"。圣贤如孔子,尚说自己"述而不作"。用王充自我表白的话说,"非作也,亦非述也;论也。论者,述之次也"。这个"论"是做什么的呢?论就是"就世俗之书,订其真伪,辨其实虚"的批评。② 在这样一种自我意识下的批评传统,它是没有探究起源、开端的那种习惯的,只是追随文本,就事论事。《诗经》是最先在的文本,于是一切关于诗的法则确立、趣味界定和批评标准都是围绕着《诗经》进行的。有意思的是,所有关于《诗经》的"论",都不包含起源的探究,③仿佛这文本是天作成之后就在那里,垂范作则,成为后世一切诗的源头,而对它的"论"不需要有一个起源追问。在这个不辨析开端的批评传统影响下的史观,天然就缺乏对起源的关怀。可以认为,这个缺乏起源关怀的批评传统垂两千年而不变。

近代伴随朝纲瓦解,西学传来,诸种因缘导致了林毓生形容的"中国意识的危机"。④ 旧有的话语系统无法扮演积极的角色继续解

---

① 这种说法最初为日人提出,后被中土学界广泛接受。现在日本治中国神话学者中仍被接受。见〔日〕伊藤清司:《日本神话与中国神话》,学生社株式会社,昭和54年,第35页。
② 王充《论衡》之《对作第八十四》,卷二十九,上海人民出版社,1974年,第443页。
③ 值得注意的是,《诗经》最重要的解释《毛诗序》,没有一句讨论到诗的起源或开端这样的问题。
④ 林毓生:《中国意识的危机:"五四"时期激烈的反传统主义》,贵州人民出版社,1986年。

释它面对的"全球化"的世界,于是,它消退、沉沦乃至分崩离析。它自己原有的话语系统从来没有预见到将会面临一个更大的陌生的世界,它被大世界搞得眼花缭乱,如同刘姥姥进了大观园,不知如何开口说话方为得体。清末民初累积而成的"中国意识的危机"造成的尴尬含义深远。不能改"乡音"的前辈在当下世界的论坛上日渐退缩,自视为遗老而人视之背弃潮流,终至于湮没,沉入无声的世界;而尚可塑造的后生则纷"求新声于异邦",改操"他乡人"的口音粉墨登场,重新论说这个世界。其余不论,在文学批评的范围内,新出的"论者"放弃了不问起源具有自然论色彩的史观,改而采取具有明确起源的天启式史观。这是一个学术的大转换,不管"论者"自己有没有意识到,他在这个西学滔滔的大潮中一定也要与时俱进。学者如同凡人,他在这个举世不能违背的潮流中也要依傍、借助甚至附会西来的论说和解释框架,以获得权威性。西方话语是一个无形的存在,对之没有自觉的"论者"则仰迎趋附;对之略有自觉的"论者"也不能违背权威。朱自清1929年说:"'文学批评'一语不用说是舶来的。现在学术界的趋势,往往以西方观念(如"文学批评")为范围去选择中国的问题;姑无论将来是好是坏,这已经是不可避免的事实。"①有意思的是,"是好是坏"尚在未定之中,"西方观念"的选择就已经是"无可避免"了。他在另一篇文章中对新名词"文学批评"取代老名词"诗文评"颇有感叹:"老名字代表一个附庸的地位和一个轻蔑的声音。"②笔者相信朱自清字里行间藏有若干不安,但他也看到无由更改的趋势。罗根泽说得更清楚,他在《中国文学批评史》里论到汉儒以诗解赋时,不禁有感而发:"这犹之中国学艺的独特价值本不同于西洋学艺,但论述中国学艺者,非比附西洋学艺不可。因为诗是那时的学艺

---

① 朱自清:《朱自清古典文学论文集》下册,上海古籍出版社,1981年,第541页。
② 朱自清:《诗文评的发展》,见《朱自清古典文学论文集》,上海古籍出版社,1981年,第543页。

权威,西洋学艺是现在的学艺权威。"①为什么呢?

> 我们应知一时有一时的学艺权威。学艺权威就是学艺天秤,其他学艺的有无价值,都以此为权衡。因此其他学艺如欲在当时的学艺界占一位置,必由自己的招认或他人的缘附使其做了学艺权威者的产儿。②

他所说的"学艺权威"就是解释框架。那个时代西洋学术已经坐上了"学艺天秤"的宝座。任何学者如欲有所论说,就一定要采用西洋学术的解释框架,符合西洋学术这杆"天秤"的衡量,否则就难以占有一席之地。

"史诗问题"就是这个学术大转换背景的产物。它隐含了一个不言而喻的假定前提:文学存在普世性的统一起源,这个普世性的统一起源既适合西方,也适合中国。因此如果中国文学的实际情形不符合普世性的统一起源,就必须替它解释得符合统一的起源。为什么20世纪上半叶那么多先驱学人都来讨论神话、史诗,乐此不疲地从这个以前闻所未闻的"决定性开端"来讲中国文学?学术关怀的背后隐含了什么样的焦虑?很显然,他们要让中国文学获得以前所没有的全球性的意义,把它从东亚一隅的文学带入普天同一的世界中来,让中国文学在这样的阐释中脱离它原本的"地方性",而成为世界的。因为在他们看来中国已经孤立了世界很久了,如今正是让它"走进世界"的时候,仿佛无所归依的孤儿回到人间社会,获得一个为世人所认可的身份。文学史研究在那时遭遇的尴尬,不是中国缺乏文学,而是中国文学在古代文论的论述框架中显示不出普天同一的意义。现代学者的使命是赋予它这种前所未有的意义。因此希腊乃至欧洲文学孕育于他们的神话、史诗,这并不仅仅是一个事实,也是一个普世

---

① 罗根泽:《中国文学批评史》,上海书店出版社,2003年,第100页。
② 同上书,第99页。

的准则。中国文学也是世界的,正是在与欧洲文学具有相同的起源模式的意义上被确认下来。正是在这个赋予意义的现代阐释中,传统被颠覆了,《诗经》从经典文本,囊括法则、趣味和批评标准的典范跌落为一部上古"歌谣集"。它不仅失去典范的地位,而且也失去了初始文本的地位。文学史家对"决定性开端"的关注转而集中在从前不屑一顾的神话、从未听闻的史诗。神话和史诗赫然有了不同凡响的身价,为中国文学修史者不得不面对神话、史诗来发一番议论。如果对神话和史诗无知,那就是对文学源头的无知,既然对如此重要的"决定性开端"无知,那阐释出来的文学秩序就没有普世意义。神话、史诗在新的论述框架中绝不仅仅是一个文学事实,而且还包含着与普世准则同步的意味。希腊、欧洲文学源于它的神话、史诗,中国也不能例外。鲁迅在《中国小说史略》中说:"神话不特为宗教之萌芽,美术所由起,且实为文章之渊源。"① 神话是宗教、美术和文学的源头,这判断可以存疑,但要之它是那时普世史观所认定的,中国文学如欲"走进世界"则不能违背这个通则。中国文学正是在这样的论述框架中取得它在新时代的合法性。

然而,人间的事实各有不同,当普世性的文学史论述框架顺利征服中国学者,当文学的"决定性开端"无论中西都一致认定之时,文学事实则作为"异端"浮现出来。怎样对付这个"异端"? 这就属于学者的能事了,他们提出各种猜想、说法来让这个"异端"看起来没有那么大的异数,尽管相异但不至于损害普世性的文学史论述惯例。各种猜想、说法的积极意义在于圆转那种与普遍框架不一致的歧异,维持已经存在的论述惯例的权威性。有时歧异会造成极其令人不安的结果。例如,既然接受神话、史诗是文学源头的文学史论述惯例,那么采取这个框架论述中国文学起源就会遇到很大的困扰。硬要采用,中国文学的起源将会写下苍白的一页。这个结果未必为学者在感情上坦然接受,它太有杀伤力了。不但有伤自尊心,而且也与紧接这个

---

① 鲁迅:《中国小说史略》,见《鲁迅全集》第九卷,第 17 页。

苍白"起源"之后伟大的文学传统根本不相容。钟敬文在事实渺茫的基础上仍然要推断中国能够产生情节完整的系统神话,真正的原因恐怕也在于此。正因为这样,各种猜想、说法被提出来,圆转歧异,抚慰困扰。在诸种说法中,最聪明的就要数"散亡说"了。它假定中国曾经有过系统而完整的神话,也曾经有过史诗,只不过如今"散亡"了,无处寻其踪影。如欲反驳,则反驳者无处下手,死无对证。但是"散亡说"正因其乖谬于学理,凭空立论而不可反驳,才一方面保持了民族的自尊;另一方面又维持了普世式的文学史观。既然提出散亡,那一定有散亡的原因。散亡原因属于后续性的命题,因为提出了散亡,必须要有散亡的原因才能使说法完整。儒家被提出来承担这个"罪名"是不难理解的,它与民族性承担了中国神话不发达的原因的那种说法一样,是"五四"批判思潮的产物。改造国民性是那时很重要的一个思想主题,而儒家则一直是批判对象。国家贫弱、社会保守乃至人民愚昧的账几乎都算到了它的头上,而神话散亡不过是诸种"罪名"中很小的"罪名",要儒家顺势承担过来,当然也在情理之中。

在神话、史诗是普世的文学起源这个新的"学艺权威"的笼罩下,另一个维持其普世性的叙述策略就是坦然认定中国有自己的史诗,《诗经》中某些诗就是"周的史诗"。这个策略很简单,它将史诗的概念改变成有一定长度、叙述先民事迹的诗歌,然后再从中国上古诗歌中找出相近的例子。应该说这个说法之不符合学理是显而易见的,但它省却了诸如"散亡说"的麻烦,直接使西方式的起源观更显其普世性:不但希腊、欧洲的文学起源是这样,中国文学的起源也符合同样的规律。"周族史诗说"与"散亡说"看似在学术上对立,的确双方针锋相对,但是想深一层,它们在那个时代的话语的功能竟然都是维护西方的文学起源观。论点相互对立的背后竟然存在本质的一致。它们同样承认相同的普世的文学起源观念,对它没有质疑,分歧仅在于这个普世的前提应用到中国的文学事实而产生的歧异如何解释罢了。真是一时代有一时代的学术。20世纪初西学挟其权威,以新颖、科学、进步的面貌传入进来,而治中国文学者不得不去比附西洋学术，比附普世的文学起源观。由于这个比附而产生绵延一个世纪之久的汉语"史诗问题"。陈寅恪当年曾指出佛教初传入中土时僧人"取外书之义，以释内典之文"的"格义"现象。① 而"史诗问题"的产生实是取西来的文学起源观念以解释中土的文学事实，故亦可以视之为20世纪中西交流时代又一"格义"之流。

"史诗问题"是西方话语挟持其强势进入中国而产生的问题。这样说并不意味着前辈学者的学术探讨有任何态度的问题，但是学术也从来都不是孤立的个人兴趣和事业，学者身处于某种社会氛围和语境之中，其影响尽管有可能是不知不觉地发生作用，但是从事学术研究的人对社会氛围和语境的作用其实应该有足够的自觉和反省。因为历史地看，它们对学术研究产生的结果，不一定都是有利的。"史诗问题"就是一个恰当的例子。神话和史诗是西方文学的源头，这本是一个事实。但是它在西学滔滔的年代被当作新知传入中国，在学者的意识里就不仅仅被当作西方文学的事实，而且自动就升格为普世的文学起源准则，并以之衡量中国文学的起源。这到底是因何而起的呢？当然可以简单答曰，西方话语的霸权。可是外来的学术新知并没有自动要求自己的霸权地位，况且就算是西方话语的霸权也要我们自己承认它，它才能发生作用。归根到底，是我们自己承认了这么一个原来并未要求霸权地位的霸权。"西方"在现代甚至当代的学者眼里，往往不仅仅是一个地理和文化的西方，而且也代表了"世界"；西方话语也不仅仅是西方文化的一个部分，而且也代表真理、权威和话语的力量。是我们自己将本属"特殊性"的西方想象成"普遍性"的西方。于是，中国自动处于这个被想象出来的"世界"之外，自己的学术文化也自然而然自外于真理、权威和话语力量。于是才产生了"走进世界"的渴望，才产生了与"世界"接轨的焦虑，才产生了拥有西方话语也就意味着真理、权威和话语力量的主观设定。从

---

① 陈寅恪："支愍度学说考"，载《金明馆丛稿初编》，上海古籍出版社，1980年，第153页。

某个角度观察,这些渴望、焦虑和主观设定,确实推动了学术研究,但是却导致学术的进展不在一个正常的点上。长远一点来看,它们翻动的学术波澜是没有意义的。

如果我们要从"史诗问题"的检讨得到什么有益的启示,那就是对西方话语要有足够的清醒和自觉,尤其要认真分辨什么是它本身具有的意义,什么是它被作为新知传播进来时赋予的附加意味。这样说并不是要抵抗新知的介绍和传播,也不是要在知识的领域里强分中西,而是要还西方话语的本来面目。因为我们在20世纪中国学术史里见到,西方学术思想和见解被当成不加质疑的"学艺天秤"是一个屡见不鲜的现象。它导致了严重的学术"殖民地心态"。如果我们的学术前辈多少由于条件所限而对西方话语缺乏反省的话,那么今天这种状况应当加以改变。

晚清国学大潮中的博物学知识
——论《国粹学报》的博物图画

中山大学历史人类学研究中心、历史系 程美宝

清末以国学保存会为中心的国粹派活动,向来为研究者所关注,而关注的重心,一是其经学与史学思想以及当中透露的反满立场,二是相关成员在界定"何谓国粹"的过程中,如何有选择地吸取西学。郑师渠《晚清国粹派——文化思想研究》一书,特辟一章,讨论国粹派的新学知识系统,指出"人们多习惯于把国粹派描绘成抵拒西学新知的形象,实则大不然。国粹派最初迎受西学的途径虽然各有不同,但有一共同点,就是许多人曾经或始终是西学的热心传播者"[①]。罗志田在其《国家与学术:清季民初关于"国学"的思想争论》中,以"国粹不阻欧化的思路",总结国学保存会主将邓实"欲结东西洋两文明并蒂之花"的理想,以及许之衡谓国粹"助欧化而越彰,非敌欧化以自

---

* 本文是作者承担之中山大学人文社会科学发展基金项目"文本与图像:清代珠江三角洲民间社会的文化与生活形态"和中山大学桑兵教授主持的"近代中国的知识与制度转型"(项目批准号:05JZD00011)的项目成果之一。初稿曾以《晚清国学大潮中的博物学鳞爪——浅论〈国粹学报〉的博物图画》为题,在 2004 年 12 月由中山大学历史系、中山大学近代中国研究中心、《历史研究》编辑部主办的"近代中国的知识与制度转型"学术研讨会上报告,后以《晚清国学大潮中的博物学知识——论〈国粹学报〉中的博物图画》为题,在 2006 年第 8 期的《社会科学》上发表。文章发表后,黄大德先生曾予以指正,谓文中引用其他研究者称潘达微乃居廉弟子一说实属有误。承蒙诸多师友示教,笔者在此谨致谢忱。笔者在最近两年陆续查考得进一步之资料,日后将对文章予以补充修订,为免混淆,本文暂按发表在《社会科学》之版本再刊。

① 郑师渠:《晚清国粹派——文化思想研究》,北京大学出版社,1997 年,第 65 页。

防"的立场,并指出这样的思路其实是当时"不少学术或思想观念有相当歧异之人的大致共识"①。近十多年来,有关西方的学科分类、知识结构、当中涉及的词汇和语法的表述等如何影响清季以来中国学术的发展,学者已有较多的讨论,少有论及的,是在这个学科结构重整、专业分工未明的过程中,部分原来只具备传统经史之学的训练的文人,如何在具体的方法上实践他们所认识的西学。国学保存会的一些成员,对西方的自然科学心向往之,企图以之为另一种途径来体现中国既有的格物致知之道。1907至1911年间,国学保存会的主要刊物《国粹学报》刊登了一百多幅以中国本土的动植物为对象的"博物图画",可以说是国学保存会的成员尝试应用其仅有的西方科学知识和技能的一种实践。虽然这批博物图画论精确性与当时西方和日本的动植物学绘图尚有一段距离,但从画上附有详细的说明,以及这批画与学报其他被列入为"美术"栏目的图画有所区别的做法看来,学报的编辑和作画者显然是将之视为科学的博物绘图的②。《国粹学报》是研究国粹派不可或缺的史料,其言论文章固然值得重视,但其自1907年以来刊登的大量图片,却往往为研究者所忽略,或仅仅被视为辅助材料。笔者认为,姑勿论如何从美术史的角度去研究这批博物图画,仅是这种形式的图画在其时出现在《国粹学报》这一事实本身,已颇堪玩味。根据画中的题签,我们知道这批画全部出自一个少有人论及的国学保存会成员蔡守之手。这些博物图画为何会

---

① 罗志田:《国家与学术:清季民初关于"国学"的思想争论》,生活·读书·新知三联书店,2003年,第3章,第1节。
② 在《国粹学报》总第39期(1908年3月)中,单独发行"图画"一册,内含"画"、"美术品"和"博物图"三类,其中有好些绘画也是以动植物为题材,但明显不属"博物图",例如两幅分别以香橼和红菱为题材的着色纸本画,乃为贺《国粹学报》三周年而刊,邓实赞之曰"涉笔成画,不拘蝇墨而生趣盎然";同期刊载宋徽宗的《白鹰图》,是英国博物院藏品,邓实题记曰"徽宗以避虏之帝王,工精微之绘事,异国风霜,飘零残轴,越在海外,缣素如新,玩览斯图,无限感怆"。蔡守部分博物图画,在笔法和布局方面很难说跟传统的花鸟虫鱼画有很大分别,但就其绘画目的和《国粹学报》刊登这批博物图画的动机而言,则明显是要与传统以艺术鉴赏为目的的绘画区分开来。

刊载在《国粹学报》上？其作者蔡守是何人？他是如何绘画这批图画的？他的博物学知识和博物绘画的技巧从哪里获得？这些都是我们马上会想到的问题。从这些问题出发，本文以这批博物图画为研究主体，结合其他文字和图像资料，尝试提出一些初步的看法，并从中探讨清末民国的中国文人的自我期望与定位。

国学保存会博物学知识的传播

在我们比较详细地考察《国粹学报》上的这批博物图画之前，也许有必要先简单交代一下国学保存会如何尝试传播博物学知识这个背景。

尽管在《国粹学报》中这批"博物绘图"属"插图"，我们不妨把它们视作国学保存会所设计的"国学"这个整体的一个组成部分。在"国粹"或"国学"这个框架中，国学保存会的成员不仅置入他们对传统经史之学的领会，并导入他们所认识的西方的自然科学知识，企图打通中西之学。国学保存会曾拟设国粹学堂，在1907年刊登的启事中，宣称要"师颜王启迪后生之法，增益学科，设国粹学堂，以教授国学"，而国学的微言奥义，"均可藉晢种之学，参互考验，以观其会通"，他们期望，"从学之士，三载业成，各出其校中所肄习者，发挥光大以化于其乡。学风所被，凡薄海之民均从事于实学，使学术文章寝复乎古，则20世纪为中国古学复兴时代，盖无难矣，岂不盛乎！"可见，在国学保存会的成员的设想之中，各种学科的增设，知识分类的扩大，是在"国学"的框架中完成的，我们看来是新知识的引进，按照他们的逻辑，却是古学的复兴。从附于该启事之后的"拟国粹学堂学科预算表"所见，该学堂"略仿各国文科大学及优级师范之例"，共设经学、文字学、伦理学、心性学、哲学、宗教学、政法学、实业学、社会学、史学、典制学、考古学、地舆学、历数学、博物学、文章学、音乐学、图画学、书法学、译学、武事学21门学科，每个学科按学期和程度设计教学内容。其中,"博物学"教授的内容包括"中国理科学史"、"中国植物"、"植物动物"、"动物矿物"、"矿物古生物学"和"理科大义"①。

这样的学科设计,在清廷颁布的"壬寅学制"和"癸卯学制"中,早就有所体现。虽然国学保存会的成员排满的政治立场,在一定程度上是透过定义什么是"国粹"来表现的,而国粹学堂的拟立也是这种旨趣制度化的尝试,不过,国学保存会的成员的排满立场并没有妨碍他们认可甚至参与官方的教育改革,国粹学堂的课程设计与清政府的学制既大同小异,国学保存会的成员,更积极编辑出版乡土教科书,回应"癸卯学制"《奏定初等小学堂章程》中有关小学堂要教授乡土历史、乡土地理和乡土格致的举措。②

国粹学堂最终似乎并没有真正办成,但《国粹学报》和国学保存会出版的乡土教科书,仍然体现了其成员传播西方科学包括博物学知识的努力。自1907年3月第26期开始,《国粹学报》便增设了"博物"一栏,首发的两篇文章是刘师培的"物名溯源"和许效卢的"海州博物物产表"。这一加入博物学文章的举措,应该是为了配合国粹学堂的课程而设的。国粹学会的成员和当时绝大部分的读书人一样,是治旧学出身的,他们有关博物学的论述,反映了他们尝试结合他们阅读过的一些西方和日本博物学的译著,重新理解中国既有的与博物学有关的古籍,这从刘师培"尔雅虫名今释"、"论前儒误解物类之原因"、沈维钟"蟋蟀与促织辨"、薛蛰龙"毛诗动植物今释"、郑文焯"楚辞香草补笺"等文,都可见一斑③。

在国学保存会编辑出版的乡土格致教科书中,也可以看到其成员如何在基础教育的层次上,用更贴近日常生活的内容和更浅白的语言来传播博物学的知识。例如,在黄节编纂的《广东乡土格致教科书》里,是这样介绍"禾花雀"的:

---

① 见《国粹学报》,总第26期(1907年3月)。
② 有关晚清的乡土教育和教材的情况,可参见拙著《由爱乡而爱国:清末广东乡土教材的国家话语》,《历史研究》2003年第4期。
③ 各文连载于1907—1910年间出版的《国粹学报》上。

第十六课　禾花雀

禾花雀本名绿鸠,其毛带黄绿色,喜食禾花,每年八九月间,禾秀时即有之,故俗呼为禾花雀。此鸟为黄鱼所化,广西最多,广东略贵。①

像"此鸟为黄鱼所化"这样的陈述,在今天看来,明显是"不科学"的。不过,晚清这个从旧学到新知,从"格致"到"科学"的知识体系转移的历程,是异常复杂和艰辛的,并不是我们三言两语就能够评论得了的。本文并不打算在这些文章和教科书的文本方面进行进一步的讨论,而是以上述的背景为前提,把目光集中到这个时期在《国粹学报》刊登的博物图画上,做一点初步的分析与探讨。

《国粹学报》中的博物图画

在开设"博物"栏目刊登相关文章的两个月后,《国粹学报》在1907年5月出版的第29期上刊登了这样一则"特别广告":

> 本报今年添入博物、美术二门,其中插入图画,皆是精细美丽之品,古色幽光,至可宝贵。所镂电气铜版,惟妙惟肖,纤毫毕现,更加以顶上腊白光纸,印刷精美。明知所费甚重,并不加价,惟期报之内容,常有异彩特色,以贡献读者诸君,庶使吾神州光烈永永不坠,则本报之私愿耳。从今年起,每期插入画像图画,必在四张以上,待经费充足,再为增广,伏希鉴察焉。②

---

① 黄晦闻编著,杨渐逵写定:《广东乡土格致教科书》第一册,上海国学保存会印行,光绪34年(1908年)首版,第16课。
② 《国粹学报》,总第29期,1907年5月。

发出上则广告之后,从第 30 期(1907 年 6 月)开始,到第 82 期(1911 年 9 月)为止,《国粹学报》总共刊登了 128 幅博物图画,这批作品全部出自国学保存会成员蔡守之手。蔡守(1879—1941 年),初名有守,字哲夫、寒琼,晚年自号寒翁,与黄节同为广东顺德人。蔡守曾参与国学保存会、国学商兑会、蜜蜂画社等组织,参加《国粹学报》的图片工作,同时又为上文提及的黄节编撰的《广东乡土格致教科书》绘画插图。蔡守与他的夫人谈月色(又名谈溶溶)在诗书画方面都颇有名气,谈月色尤擅画梅,蔡守又兼长金石学,辛亥革命后与南社和国学保存会成员以及粤中文士画人,如黄节、苏曼殊、邓尔疋、邓尔雅、陈树人、关蕙农、潘兰史、江孔殷等,多有往还;又曾为南洋兄弟烟草公司编画日历。蔡氏夫妇二人曾在广州成立"艺觳社",出版《艺觳》杂志,介绍金石书画。蔡守似乎与国民政府要员关系不俗,在《艺觳》杂志上,刊有邹鲁绘画的兰花图,又载有"蔡夫人谈月色画梅约"的广告和价目,并以"蔡元培、邹鲁、于右任、戴传贤、林森、孙科、胡汉民、叶伧楚、张继、邵元冲代订"的字样作为招徕。1936 年,蔡守偕谈月色到南京任职党史馆党部,并在故宫博物院考订金石书画古物,1941 年病逝于南京①。

蔡守为《国粹学报》制作的博物图画题材繁多,绘画对象包括哺乳类动物、鸟类、鱼类以及多种花卉和水果。绝大部分的绘图,都有他的印章和签署,仅《鲨鱼》一幅,就有"顺德蔡氏"、"有守哲夫"和"琼林世家"三个印章②。在《貀》图上,除了两个中文印章外,还有他的英文签名"Y. S. C"③。由于笔者无法看到蔡守这批图画的真迹,难以判断他使用什么纸张和颜料,只能从刊登在《国粹学报》上的图片,就其构图和画法的角度加以评说。严格来说,蔡守这批博物图

---

① 见蔡守著、谈月色编辑:《寒琼遗稿》,《附录碑记》(1942 年谌子才撰),1943 年;郑逸梅:《南社丛谈》,上海人民出版社,1981 年,第 262—264 页;《艺觳》,艺觳社 1932 年。
② 参见《鲨鱼》,《国粹学报》,总第 32 期(1907 年 3 月)。
③ 参见《貀》,《国粹学报》,总第 38 期(1908 年 2 月)。

画,论准确和形似,与当时西方的博物学绘图都有一定距离,他所有花卉和水果绘画,都没有附设解剖图,部分的动物绘画,更加上草木山水等背景,使之看起来更像一幅艺术性的绘画。不过,我们也必须注意,西方的博物学绘图在17至20世纪期间,随着观察工具和技术的进步,以及人们审美标准的变化,也经历了一个衍变的过程。而无论如何演变,动植物绘图始终是科学与艺术的结合,在要求真的同时,也讲究美,西方好些动物绘图,往往都有其他自然景观如树木山水作衬托①。因此,以"科学性不足"来评判蔡守这批图画,也许有失公道。我们更应该注意的是,到底蔡守在绘画这些图画时,刻意做了一些什么工夫,来达致他心目中的博物图画的标准。

首先,蔡守对他绘画的某些本土的动植物,是做过一番直接观察和搜集采样的田野工夫的。他喜欢四出游历,对路途所见的各种动植物,观察入微,并且经常向当地人询问。1903年,他与友人登嵩山时看见一只猿猴,回来"考群籍亦不载",画图记之,图曰《异猿》②。蔡守似乎有到野外打猎的习惯,他在1906年曾猎得一头"貒",知道土人呼曰"豾貍"③;后来登泰山时又猎得一白狼,绘图记之④。游历合浦的时候,他"得一异草",回来绘画成图,注明:"太西诸书名之曰食蝇草或曰日露草,考吾国博物群书,悉未载。"⑤他经常在北海小住,在那里采集和观察海洋生物,其《珠蟹》、《珠蚌》和《海螺》12种,就是1907年左右在北海和合浦采集写生的⑥。1908年,他在香港岛寓居近一年之久,《羊桃》一图,就是在当年"抄生于古赤柱山下黄泥

---

① 17至19世纪西方的动物绘图,并没有因为"科学的要求"而变得索然无味,不少都配以树木草石等背景,效果十分自然精美,这类图画的例子可见诸Tony Rice, *Voyages of Discovery: Three Centuries of Natural History Exploration* (London: The Natural History Museum, 2000)一书。
② 参见《异猿》,《国粹学报》,总第39期(1908年3月)。
③ 参见《貒》,《国粹学报》,总第45期(1908年9月)。
④ 参见《白狼》,《国粹学报》,总第46期(1908年10月)。
⑤ 参见《食蝇草》,《国粹学报》,总第30期(1907年6月)。
⑥ 参见《珠蟹》、《珠蚌》、《海螺》诸图,《国粹学报》,总第35期(1907年11月)。

涌寓"①；在港岛散步时，"每见一莞挺奇，一葜卓异，莫不拨落迄石，察其形状"。他在香港坚泥地路（今称坚尼地道）看见一异草，查诸"蕃书"，知其学名为"Asplenium-Rutæfo"②。他在登昆仑山的时候，曾见过"犛"这种动物，绘图并说明它"高可七尺，重千余斤，角长三尺，喜冷畏热"，又说"至甘肃时，见有豢之以载重"③。

蔡守在造访友人的时候，也不忘观察人家饲养的动物。在天津旅次，于某女士家见过她饲养的"明月兔"，绘图记之④。他在一个饲养"勺嘴鸟"的家庭中亲睹此鸟，"攻群书未载，余因图之，并择李氏《动物史》之说。"⑤某次他客居湖北武昌夏口英国领事馆，看到了无花果，又绘图并作出以下详细的说明：

> 丙午（即1906年。——引者）客夏口英吉利领事馆，中有园数亩，倚扬子江干，林木幽邃，余每媕陬，咏罢，辄散步其间。林中有树数株，高可齐檐，枝叶如桑，春夏之交，魃见其不花而实，实微，有刺，大如青梅，询诸园丁，曰：无花果也。余甚异之，浃辰，见其实之微，刺忽长而色白，越三日，则长可半寸许，色若珊瑚，俨然一球花也。审视之，并非花瓣，乃为芽也。破之，每芽之颠含一子，色黑而坚，大如半粟。嘻！异矣怪哉！凡木之结实也，必先开花，花落由蒂而成实，实中而含子，未有先成实，由实而吐花，花中而含子者也。土人云：是花可疗妇女体姅不时之症，然乎否邪？余不敢知。但素称无花果者，如木瓜罗汉果，均另开花，不与实相干耳，从未有如是之奇者。成城子哲夫并识于篆楼。⑥

---

① 参见《羊桃》，《国粹学报》，总第49期（1909年1月）。
② 参见《帽带草》，《国粹学报》，总第52期（1909年4月）。
③ 参见《犛》，《国粹学报》，总第37期（1908年1月）。
④ 参见《明月兔》，《国粹学报》，总第38期（1908年2月）。
⑤ 参见《勺嘴鸟》，《国粹学报》，总第43期（1908年7月）。
⑥ 参见《无花果》，《国粹学报》，总第33期（1907年9月）。

蔡守也注意到制作标本的需要。他曾经尝试制作动物标本,希望能送交博物馆保存,只是因为缺乏所需的知识和技术而未能如愿。在《普安异兽》一图中,他加上了这样的附识说:

> 余寻此兽时,本欲以媵博物院,道远不果,收其甲又不得法,亡何腐臭,遂弃之,粗描此图。遍考古今图书,徧询中外朋友,岂天地造物有独一无二者邪?①

这只"异兽"是他在1905年游古罗施鬼国(即贵州土司②)时见到的,他与署名"鲍香"(印章"杨四娘")的友人,"问土人亦无识者",鲍香只好"乞夫子绘之,以质博物君子"。

当时的中国,只有上海一处建有较具规模的博物院,蔡守"本欲以媵博物院"的对象,很可能是上海的"徐家汇博物院"或"亚洲文会博物院",也有可能是邻近的"南通博物苑"。"徐家汇博物院"(Siccawei Museum)是法国耶稣会神父韩伯禄(Pierre Heude)在1868年于上海法租界成立的,该院收集了一定数量的中国生物标本和矿产样品,是外国人在中国建立的第一个博物院,也是在中国出现的第一个博物院。亚洲文会博物院(又名"上海博物院")于1874年创立,隶属亚洲文会北中国支会;至于南通博物苑,则是实业家张謇在1905年于江苏南通建立的,是中国第一家由国人自办的私人博物馆。③ 蔡守应该没有受过什么专业训练,但他曾寓居徐家汇④,经常来往于上海和各通商口岸,极有可能到过这些博物馆浏览,对各种来自西方的博物知识与物质建置耳濡目染,至少知道有制作标本的需要,只是不得其法而已。

对于一些在中国没有或难得一见的物种,蔡守的绘图很有可能

---

① 参见《普安异兽》,《国粹学报》,总第32期(1907年3月)。
② 参见《清史稿》列传302,土司四。
③ Lisa Claypool, "Zhang Jian and China's First Museum", *Journal of Asian Studies*, Vol. 64, No. 3, August 2005, pp. 567—604.
④ 参见博物图画《帽带草》说明,《国粹学报》,总第52期(1909年4月)。

是抄自某些西洋的动植物学著作的。例如"必刻格拿",是"B. Gurnard"的音译,这种海鱼"居最深海中,是以鲜见者"①,蔡守似乎就很难亲眼见到这种鱼,而很有可能是参考过带有插图的西洋动物学著作来绘画的。同样是直接使用音译的"雅诗地安"(Ascidian,一种海鞘类、被囊类的软体动物),更附有解剖图(见图1),蔡守也似乎没有自己进行解剖,而是利用相关的西文书籍的插图加以临摹的。在该图中,蔡守作了这样的说明:

> 昔于烟台海裔得一物,甚奇,初生如蝌蚪,游泳于水渚,长年记根于石上,宛植物焉。体软,色黑,口能吸物,亦有知觉,但不移动矣。吾国前人不曾发明,故莫知其名。嗣读渴氏Hird之书,知其名曰雅诗地安(意,小军特也)Ascidian。兹复译渴之书,及临其解剖之图,以贡献于我国人。②

上文提到的渴氏(Hird),应该是James Denis Hird。在《鲨鱼》图中,蔡守也提到渴氏《天择图说》一书,根据大英图书馆藏书目录,知道此书就是James Denis Hird所著的 A Picture Book of Evolution,于1906年及1907年在伦敦出版,可见蔡守能够阅读到当时国外最新出版的博物学书籍。

蔡守在绘画这批图画的时候,应该是不乏附有绘图的参考书籍的。早在1859年出版,由韦廉臣(Alexander Williamson)、艾约瑟(Joseph Edkins)、李善兰合译的《植物学》(以英国植物学家林德利(John Lindly)的《植物学基础》为底本翻译),便有插图约200幅。19世纪末,任职江南制造局翻译员、上海格致书院创办人之一的傅兰雅(John Fryer)编写的《格物图说》,就是一套教学挂图的配套读物,这套图册至1890年已编译出版29种,其中包括百鸟图、百兽图、百鱼

---

① 参见《必刻格拿》,《国粹学报》,总第50期(1909年2月)。
② 参见《雅诗地安》,《国粹学报》,总第31期(1907年7月)。

图、百虫图等。① 从梁启超在1896年列举的《西学书目表》可见,当时带有插图的动植物学书籍还有傅兰雅的《植物图说》、韦道门的《百鸟图说》和《百兽图说》、韦氏的《动物形性附图》、韦廉臣的《植物形性附图》②。此外,傅兰雅等人创办的介绍西方科学技艺新知的《格致汇编》(1876—1898年),也附有大量画工比较仔细的动植物绘图。1898年创刊、宁波人王显理主编的《格致新报》,连续16期刊登《格致初桄·论动物类》译文,也附有线条比较粗糙的简图。③

不过,《国粹学报》能够纤细无遗地在印刷物上再现动植物插图,还离不开西方印刷技术的传播和采用。前文引及的《国粹学报》广告中,就刻意标榜采用"电气铜版",利用"顶上腊白光纸"印刷的技术。这里所谓的"电气铜版",估计即"电镀铜版"。据相关研究,早在1860年,长老会教士姜别利(William Gamble)在宁波(后迁往上海)的美华书馆(American Presbyterian Mission Press)就已经采用电镀铜版的印刷技术,但主要是用来印刷文字④;1907年《国粹学报》刊登的图片的效果,看起来应该是采用了照相铜锌版的印刷技术,甚至用上了网目版,图画才能够呈现浓淡层次。1907年,上海又出版了一本名为《世界》的画报,这本画报的用纸,似乎和《国粹学报》的美术博物插图一样,均是"腊白光纸",效果也格外精美,很可能也是用照相网目版印刷的结果。这在其第一期重点推介的达尔文进化学说中加插的达尔文像、"生物分门繁简演进表"、"具特性之有脊群动物"等图,即可见一斑(见图2)。⑤ 照相铜锌版在中国较先采用的印刷机构

---

① 熊月之:《西学东渐与晚清社会》,上海人民出版社,1994年,第198、486页。
② 夏晓虹辑:《〈饮冰室合集〉集外文》下册,北京大学出版社,2005年,第1127、1150页。
③ 见《格致新报》,第1—16册(1898年3—8月)刊登的《格致初桄·论动物类》。
④ 参见 Christopher Reed, *Gutenberg in Shanghai: Chinese Print Capitalism, 1876—1937*, Honolulu: University of Hawai'i Press, 2004, pp. 28—29, 45—51;熊月之:《西学东渐与晚清社会》,第481—484页。
⑤ 《世界》第1期,插图,1907年,第B2—B6页。

是上海的土山湾印刷馆（1901年开始采用）、文明书局（1902年）和商务印书馆（1903年）①，可见，此时《国粹学报》和《世界》等杂志要印刷有浓淡层次的图片已非难事。笔者于印刷史所知甚少，在此问题上不敢有更多的推论，在这里只想提出，只有等到能够精确地复制图片的照相和印刷技术出现，科学知识才有可能得以按照当时追求的"客观真实"的标准广泛传播，较少受人为主观因素的影响。这个技术的前提，对于《国粹学报》能否刊登这批博物绘图和其他美术图片是非常关键的，值得我们进一步探究。

在文献使用方面，蔡守的博物学知识来源，充分体现了本文开头引罗志田所提及的国粹派成员"欲结东西洋两文明并蒂之花"的理念。从其博物绘画上题标的文字说明可见，蔡守参考了不少中国的古籍，例如《尔雅》、《山海经》、《诗疏》、《说文》、《番禺杂记》、《南州异物志》、《夷坚续志》、《广东新语》及各种的地方志书。不过，蔡守在实地观察各种生物的时候，也常有"考其名实，取证古籍，千不获一"的苦恼，查考"蕃书"，则往往茅塞顿开，因而有"祖国博物之疏"之叹②。蔡守经常参考当时西方的博物学著作，为他绘画的对象补上学名。在《雉》的说明中，他一方面参考了《说文解字》；另一方面也用了一本英国的动物史著作，谓其中有云"中国雉类最多，不胜枚举"③。此"英国动物史"，可能就是他在其他图画中提到的李氏的《动物史》④。在《空豸》图中，蔡守采用了中国地方志书的说法后，再参考李氏的著

---

① 参见 Christopher Reed, *Gutenberg in Shanghai：Chinese Print Capitalism*, 1876—1937, p.61；张树栋、庞多益、郑如斯：《简明中华印刷通史》，广西师范大学出版社，2004年，第245页。
② 参见《帽带草》，《国粹学报》，总第52期（1909年4月）。
③ 参见《雉》，《国粹学报》，总第37期（1908年1月）。
④ 笔者一时未能查到此书的原名，在大英图书馆书目中，最接近蔡守引书的书名是 *The Natural History of Animals* 一书，此书于1903年由 Gresham Publishing Co. 出版，年代亦相近，唯作者名字是 J. R. Ainsworth Davis，又与音译"李氏"相去甚远。又，据梁启超《读西学书法》，谓"闻李壬叔译有《动物学》，尝在天津刻之，未获见也"（夏晓虹辑：《〈饮冰室合集〉集外文》下册，第1162页），未知是否有可能与蔡守提到的李氏《动物史》同。

作谓：

> 《兴化府志》云：空豸俗呼空大，又名泥星，壳极薄，身极轻，虚如水沫。李氏云蓝海蜗牛 Violent Sea-snail 也。①

在《结士筹拨士》图中，李氏《动物史》也是他的参考书之一。蔡守在该图说明：

> 结士筹拨士者，辣丁名词也，Gastropod，其意则腹代足也。此两种皆余比来在合浦海滨所得者。上一种裙若花瓣，丛丛而生，黄色身有蓝点、白点、红点不一。按李氏《动物史》曰：伊奥利埭牙 Aeolidia，食海葵 Sea-Anenome（海葵者，海蜇之类而生根于石上者），子甚多，每一可生六万子云。下一种两裙为翼，触之则缩小如桃栗，身长一二寸许，色绿有白点，名曰依利施牙 Elysia，食海带 Sea-weed。②

在绘画手法方面，尽管上文提到蔡守所有的植物绘图都没有附解剖图，与更早刊登在《格致汇编》上的植物图有所分别（见图 3），但如果我们仔细观看蔡守的植物画，就可以见到他在很多情况下也是刻意地按照绘画科学植物图的方法作画的。对于好些植物的画法，俨如是将枝、果子、叶的正面与背面在一个平面上展开，并且用尽整张画纸，留下的空白部分甚少，确保一棵植物各个部分各种情态都能够清楚地展示出来（见图 4、图 5）。我们甚至可以推测，蔡守既有可能是写生，但也有可能是先把植物摘取下来，铺在一个平面上，再慢慢仔细描画。动物绘图的情况和植物绘图有所不同，动物会来回走动，任何作画者在野外都难以写生，只能够凭印象和记忆绘画，否则

---

① 参见《空豸》，《国粹学报》，总第 37 期（1908 年 1 月）。
② 参见《结士筹拨士》，《国粹学报》，总第 36 期（1907 年 12 月）。

就是凭标本或其他书籍插图来加以临摹。难怪在蔡守各幅动物图中,最精细逼真的,是《鲨鱼》一图(见图6)。蔡守把它的正面与背面纤毫毕现地描绘出来,并加上详细的说明。他之所以能够画得这样具体而微,很有可能是他向渔家或菜贩买来一只鲨鱼,回家慢慢观察,细心绘画。在他为黄节编撰的《广东乡土格致教科书》绘画的插图中,也有同样的鲨鱼,虽然线条比较简单,但也是背腹二面同现,各个部位俱全的(见图7)。

总的来说,蔡守的博物图画虽然与当时西方的动植物绘图还有一段距离,但以上的材料至少显示,他个人对动植物学有浓厚兴趣,他知道要掌握动植物学的知识和绘画出精确的图画,必须作直接的观察,仔细的描写,最好能够制作标本,并需参考阅读最新的西方自然科学著作,并付诸实践。不过,我们也不应该忽略,蔡守原有的绘画训练,也会在他的画作中留下痕迹的。蔡守在绘画方面的师承关系,笔者一时没能发现相关的材料可以加以论述,下文只能从他与一些岭南画人的交往以及当时岭南流行的绘画风格有可能对他发挥的影响,作一些初步的推测。

晚清岭南绘画的实用主义与写实主义

四处游历使蔡守既得以碰见各种本土生物;寓居沪上又让他比较容易接触到海内外的博物学知识,然而,我们不该忽略的是,本籍顺德的蔡守,其绘画博物图画的技法,也体现了当时一些岭南画人实用主义和写实主义的倾向。笔者疏于美术史,此处无意用一些套话来归纳19、20世纪之交岭南画人的活动与风格,之所以用上"实用主义"和"写实主义"二词,只是为了便于想象蔡守当时所经受和参与缔造的时代画风。所谓"实用主义",是用来形容当时一些画人运用绘画作为政治和商业宣传的做法,而"写实主义",则是指19世纪中期以来,部分岭南画人发展出来的写实与写生的花卉草虫蔬果绘画传统,而不论是前者或后者,都是以广州为中心,在一个中外文化交汇的语境里渐次形成的。

清季以降,政治宣传和童蒙教育图画在各通商口岸和大城市的出版物中陆续出现,不少掌握绘画技巧的读书人,但凡提倡改革或支持革命的,都会在利用文字之同时,运用他们的画笔作武器。比蔡守早一年为黄节编撰的《广东乡土格致教科书》(第一册,1908年出版)绘画插图的潘达微,就是在晚清初露头角,积极支持革命的广东画人之一。潘达微(1881—1929年)籍隶番禺,生于广州,名允忠,又名虹,字心微,号达微,别署景吾、大觉、铁苍等。其父潘文卿是广州士绅组织广仁善堂的创始人之一。潘早年曾师从番禺名家居廉学画,其后参加兴中会,又先后担任《广东日报》、《有所谓报》等报刊的笔政,针砭时弊,批评政府。潘这种文人、善士、报人、政论家的多重身份,使他在绘画方面也颇能开风气之先。1905年,他以赞育善社社员名义,筹款创办《时事画报》,创刊前设茶会,召集画界学界200多人,演说图画与社会之关系;更亲自编绘《小儿滑稽习画帖》,借美术讽刺时事,同时又传播美术教育。潘达微最为人所乐道的事迹,是在广州黄花岗之役后,以慈善名义收葬革命党人尸骸72具于黄花岗,并撰文绘图叙述经过。入民国后,潘达微继续积极参加各种政治活动,在绘画、摄影和广告设计方面,非常活跃。1925年参加国画研究会,翌年在香港设立分会,发扬旧传统,研究新画理。1929年病逝于香港①。

蔡守与潘达微二人似乎交往甚殷,他们既同时为《广东乡土格致教科书》绘制插图,极有可能早就认识。入民国后,潘达微在1914年出任南洋兄弟烟草公司广告美术设计主任,蔡守也曾为南洋兄弟烟草公司编制日历,每日编一故事,配以一画。1918年,潘达微为纪念

---

① 黄大德:《黄花心灯慰忠魂:潘达微小传》、《潘达微年表》,载于广东省政协文史委员会、广东美术馆编:《魂系黄花:纪念潘达微诞辰一百二十周年》,广东人民出版社,2001年,第254—275页;陈滢:《岭南花鸟画流变:1368—1949年》,世纪出版集团、上海古籍出版社,2004年,第407页。

袁世凯密令龙济光杀害的广东警察厅厅长陈景华,在广州办《天荒》杂志,蔡守亦有参加主编工作①。1923年,潘达微在香港开设宝光照相馆,举办"时人书画展览",蔡守也有参展②。

跟潘达微类似的例子是与他共同创办《时事画报》的高剑父(1879—1951年),也就是后来被称为"岭南画派"的画坛阵营的领军人物。同蔡守一样,高剑父在清末民初也绘画过一些博物图画。高剑父本籍番禺,少居于广州,曾拜居廉为师。1900年在澳门格致书院求学,从中接触到西画的知识,课余跟一个法国人学习炭笔素描。1906年前后,曾东渡日本游学,此后数年多番赴日,在各种美术院或美术团体设立的研究所学习到博物学、雕塑、西洋画和日本画的一般知识,回国在广东美术界引进西方美术展览会制度,又在《时事画报》开辟"画学研究科",介绍西方写实的素描画法。高于1906年在日本加入中国同盟会,两年后回到同盟会香港分会登记,直接参与当中的军事行动,策划暗杀。广州光复初期,他在陈炯明担任会长的"广东军团协会"里担任干事员,未几又赴上海办《真相画报》,"监督共和政治,调查民生状态,奖进社会主义,输入世界知识"。民国初年,高剑父热心于陶瓷实业,曾在江西筹创"中华瓷业公司",拟改良制瓷,唯计划未有得到具体落实。1920年底,高出任广东工艺局局长兼广东甲种工业学校校长,未几因学潮辞去上述职务。1923年在广州创办"春睡画院",培养学员,也就在这个时候,高剑父和以他为首的艺术家阵营,与潘达微等人的广东国画研究会在中国画的问题上公开论战,美术史界一般归纳为"新"(即高剑父所代表的"折中派"或"岭南画派")"旧"(即广东国画研究会)之争③。

以研究艺术史见长的陈滢注意到高剑父早年热衷绘画博物图

---

① 郑逸梅:《南社丛谈》,第263页。
② 广东省政协文史委员会、广东美术馆编:《魂系黄花:纪念潘达微诞辰一百二十周年》,第163页。
③ 关于高剑父的生平和绘画风格,见陈滢:《岭南花鸟画流变:1368—1949年》,第八至九章。

画,认为他"以这种科学图画为参照,对中国古典的院体花鸟画从自然中写生、格物究理的传统作重新发现与诠释,开始其'艺术革新'的探索"①。晚清画人学习博物图画的技法的另一个来源是日本。18、19世纪时,日本上下对博物学也产生了浓厚的兴趣,绘制和出版了大量的动植物图谱,其中以江户中后期出版的彩色图谱尤为精巧②。高剑父在1906年留学东瀛,曾到过东京的"名和靖昆虫研究所",在那里临摹动植物的标本与图谱,又到过日本的帝国博物馆、帝室博物馆和帝国图书馆临摹动物、植物的标本和图谱。高剑父在这个时期遗存下来的临摹和写生稿包括《日本鳞翅类泛论》、《木蠹虫蛾科》、《鳞翅类—幼虫模型图》、《落花遗蕊》、《梅树头木菌》、《落花遗芬·正、反面各一》等。据陈滢考,高剑父1912至1913年间在《真相画报》"题画诗图说"专栏上发表过有关昆虫、植物的研究文章,也旁征博引了许多古今中外的著述,对蝉、梅、菊三种生物的属性、形态及生长规律作出详尽的说明③。高剑父和蔡守在博物绘图这方面的投入几乎没有两样——他们接受传统的绘画训练,吸纳源于西方的博物知识和绘图技巧,通过现代的媒体特别是画报来复制传播。可以说,蔡守、潘达微、高剑父等晚清民国的画人的历程是非常相似的,并且有很多叠合之处。随着新型的出版物、媒体和展示手段——教科书、杂志、画报、广告、摄影术、公共画展——的出现,他们同时承担着许多任务,为不同的目的创作不同种类的艺术品,其中所涉及技巧和知识既不尽相同,又相互影响。

尽管后来高剑父代表的折中派或岭南画派与潘达微和蔡守参与的广东国画研究会在言论上呈舌剑唇枪之势,但从画作看来,两派其

---

① 陈滢:《岭南花鸟画流变:1368—1949年》,第427页。
② 详见〔日〕西村三郎:《文明のなかの博物学:西欧と日本》,东京纪伊国屋书店,1999年,第2章。
③ 见李伟铭:《旧学新知:博物图画与近代写实主义思潮——以高剑父与日本的关系为中心》,载中山大学艺术史研究中心编《艺术史研究》第4辑,中山大学出版社,2002年;陈滢:《岭南花鸟画流变:1368—1949年》,第473—474页。

实有许多共通的地方。正如陈滢指出,广东国画研究会虽被划为"传统",但其成员也有许多写实和具有现代感之作,高剑父虽被视作趋新,但他某些作品也有"文人画"的味道,力图展示他也具有深厚的传统功力;而双方个别成员的关系也一直十分好①。

更有意思的是,高剑父和潘达微都曾经拜过番禺画家居廉(1828—1904年)为师,而居廉和他的堂兄居巢(1811—1865年),又是以绘画岭南自然物产著名的。研究者认为,清中叶以降,岭南画坛以居巢、居廉二人为代表,越来越多以岭南的花卉、虫鱼和蔬果为绘画对象,兴起了绘画题材"本土化"之风,影响了几代岭南画人②。居巢对所描绘的花果鱼虫,均作过深入的观察,并每每在图上加上详细的描述③。居廉客居东莞可园,主人张鼎铭④雅好其画,"每日令人搜集奇花异卉,和各种昆虫,请为图写",据高剑父忆述,当时居廉曾经运用类似制作昆虫标本的方法作画,他说:

> 师写昆虫时,每将昆虫以针插腹部,或蓄诸玻璃箱,对之描写。画毕则以类似剥制的方法,以针钉于另一玻璃箱内,一如今日的昆虫标本,仍时时观摩。复于荳棚瓜架,花间草上,细察昆虫的状态。⑤

二居的花卉草虫蔬果绘画,不论在选材或画法上,都被认为是极具岭南色彩的。在选材方面,他们把南粤的蔬果鱼虫和各种土产入

---

① 陈滢:《岭南花鸟画流变:1368—1949年》,第412、554—555页。
② 参见张素娥编:《居巢居廉年谱》,广州出版社,2003年。
③ 陈滢:《岭南花鸟画流变:1368—1949年》,第325页。
④ 即东莞可园创建人张敬修的侄儿张嘉谟,嘉谟又建有道生园,居廉曾在张敬修军中担任幕僚,与嘉谟交往甚密,嘉谟建道生园,居廉曾在道生园住了达18年之久。有关二居与东莞张氏之关系,参见杨宝霖编:《可园张氏家族诗文集》,东莞市政协文史资料委员会,2003年。
⑤ 高剑父:《居古泉先生的画法》,载于《广东文物》,1941年,上海书店,1990年影印出版,第696页。

画,数量品种之多,前所未有;就方法而言,其绘画建立在写生的基础上,又创立"撞水"、"撞粉"技法,讲究"物情"、"物理"和"物态",在重视写真和写实的同时,亦追求掌握神韵①。居廉作为高剑父和潘达微的师傅,其绘画风格对他们的博物绘画或格物插图是否发挥过什么影响呢?蔡守虽然不是居廉的弟子,他是否也受这种岭南绘画的风气感染?如果二居的画风真的如此有别于由宋及清的花鸟画传统,他们这种"本土特性"是在怎样的环境中滋生培育的呢?要回答这个问题,我们不妨把眼光转移到18、19世纪存在于广州的"另类艺术"——外销工艺品——上去,其中和本文的讨论最直接相关的,莫过于此时一些广州画人在外国人指导下绘制而成的一系列岭南动植物画。

按照西方自然科学的要求绘制动植物画,在广州至迟可追溯到18世纪末。18世纪是欧洲自然科学发展最为蓬勃、知识体系摆脱中世纪的桎梏转向近现代发展的年代。当时学科分工并不如后来分明,欧洲文士(literary man)之理想典型,是既对文、史、哲、艺术、音乐等人文知识娴熟非常,也热衷于探索宇宙法则,或深或浅地从事自然科学的研究。绘画博物图画(natural history drawings),恰恰是最能够把人文和科学合二为一的一种训练和活动。这种理想"文士"形象,也是欧洲的商人或从事其他专业和贸易的人士所追求的。18至19世纪来广州从事贸易活动的欧洲人,教育程度可能不如欧洲的上层贵族,在祖家的社会地位也不一定很显赫,但不少对动植物学和博物绘图都趋之若鹜。他们来到广州这片异土,对当地的动植物都特感兴趣,或希望移植祖家,或希望搜集标本,或至少绘制成图,带回本国,丰富世界的博物知识。

关于这类来自英国的博物学家18至19世纪在中国的活动,Fa-ti Fan 的 *British Naturalists in Qing China:Science, Empire, and Cultural Encounter*(《英国博物学家在清代中国:科学、帝国与文化

---

① 陈滢:《岭南花鸟画流变:1368—1949 年》,第 6 章。

碰撞》),为我们提供了相当全面的分析。其中第二章"Art, Commerce, and Natural History"("艺术、商业和自然史"),更专门探讨了当时在广州活动的商人如何指导广州画人绘画博物图画的情况①。Fa-ti Fan 指出,最初,这些在广州活动的欧洲商人只是随便找人帮他们绘画中国植物,结果得到的,往往是抄自《本草纲目》的绘图,或者完全是出于画者的印象及其仅有的传统绘画技能而绘制的画作,十分粗制滥造,与欧洲人要求的科学绘图相去甚远②。其后,在英国东印度公司的雇员的指导下,部分广州画匠学习绘制符合欧洲人的要求的动植物画。当时,广州已经有大批画匠从事各种外销工艺品的制作,东印度公司的雇员要找愿意为外国人画画、具备基本的使用西洋颜料和纸张绘画的知识的中国画匠,并非难事。18 世纪中后期,英国东印度公司的商务总监 John Bradby Blake(1745—1773 年),便延请了一个画匠到东印度公司设在广州的洋行,教导他解剖植物,使用铅笔起稿,运用水彩颜料,绘画了一批植物图画③。1803 年,在英国皇家学会主席 Joseph Banks 的支持下,英国皇家植物园(Kew Garden)的园丁 William Kerr(? —1814 年)来到广州搜集植物样本,也延聘了一些中国画匠画了大批植物画。这些图画大多按照科学绘图的标准绘画,都有植物的整体,加上枝、叶、花、果、种子等局部,以及花朵和果实的剖面④。

另一个差不多同时在广州延聘画匠绘画博物图画的英国人是在

---

① 以下数段的讨论主要参考 Fa-ti Fan, *British Naturalists in Qing China: Science, Empire, and Cultural Encounter*, Cambridge [Mass.]: Harvard University Press, 2004, Ch. 2。
② 笔者在伦敦的大英图书馆、自然史博物馆(Natural History Museum)和皇家医生学院(Royal College of Physicians)也见过这类 18 世纪在厦门和广州由中国人摹画的《本草纲目》的画册。
③ John Bradby Blake 指导绘画的这批植物画,现藏于伦敦自然史博物馆。关于其如何指导广州画师解剖植物作画的情况,可见于"Memoirs of John Bradby Blake", *Gentleman's Magazine*, 1776, pp. 348—351。
④ William Kerr 指导绘画的植物画,大部分现藏于英国皇家植物园(Kew Garden)。

东印度公司任职茶叶检查员的 John Reeves(1774—1856 年),在他的指导下,几位广州画匠画出了一批精美绝伦的动植物画,令外国人赞叹不已,题材遍及各种花卉蔬果、哺乳类动物、鱼类和其他海洋生物。他的儿子 John Russell Reeves(1804—1877 年)继承了他茶叶检查员的职位同时,也延续了他绘画博物画的活动,聘本地画匠画了一批昆虫绘画。这些画在当时就全部运回英国,今藏于英国各大博物馆,有时亦散见于拍卖市场①。当时英国的殖民地遍布全球,同样的博物画绘制活动,也可见于印度和东南亚等地。有材料显示,一些在东南亚从事绘制博物画的画师,是来自澳门的②,而当时所谓在澳门工作的画师,实际上和广州的画师是同一个群体。

虽然这批在 18 世纪末至 19 世纪中期在广州绘制的动植物画,全部运回英国,没有留在广州;这些曾经参与过绘制动植物画的中国人,也是寂寂无闻,在中国甚至岭南正统的绘画史没有留下半点痕迹,但我们很难相信,当时广州的文人和画人会对这类画毫不知情。种种外文资料显示,行商与外国商人相交甚殷——事实上,上文提到的 William Kerr 的大部分花卉搜集活动,都是在行商的花园里进行的——而行商与当时的中国官员、文人、画人的交往又那么频繁,中国画人是绝对有可能见过这些在外国人指导下完成的动植物画的。何况,在同文街和靖远街摆卖的以外国顾客为对象的工艺品,当时俯拾即是,就连两广总督阮元某次经过布政司街,也"见酒馆立板画西洋馆式",只是,正在处理鸦片问题而要"严夷夏"的他,认为此等西洋艺术属"被髪祭野也,谕府县立拆毁之"③。也许正是官员文人这种

---

① Reeves 父子指导及延聘广州画师绘画的大批动植物画,主要藏于伦敦自然史博物馆及皇家植物学会(Royal Horticultural Society)。

② 这里主要是指英国派往东南亚各地经营殖民地,被誉为"新加坡的创立人"的 Thomas Stamford Raffles (1781—1826 年)的博物学兴趣和活动。据资料显示,他于 1810—1811 年间在马六甲聘请绘画博物绘图的画师,是来自澳门的,见 C. E. Wurtzburg, *Raffles of the East Isle*, London, 1954, p. 113。

③ 阮元:《小暑前坐宗舫船游北湖南万柳堂宿别业用庚午年雨后游京师万柳堂五律韵为七律》,载阮元:《揅经室再续集》卷 6。

态度，使得广州在这个时期生产的不中不西的艺术品，几乎没有一件留在本土，而全部流转到海外去，但我们很难相信，当时本地的画家完全不与从事绘制外销艺术品的画家交往，对这些外销艺术品可以视而不见。居巢和居廉活跃的年代，恰恰就是广州出产最多外销艺术品的18至19世纪，我们不禁要问，他们"写真、写实"的画风，某一程度是否会受当时这些不中不西的外销艺术品耳濡目染的结果？

让我们回到蔡守等人在20世纪初绘制的博物图画上去。陈滢认为，蔡守和高剑父的这类作品"依稀可见18、19世纪外销欧美的岭南植物画的影子"①，且特辟一章，专门讨论外销欧美的岭南植物画。有关这个问题，笔者在1995年见到绘画在通草纸上的植物画时，亦曾作此猜想。2000年有机会在英国与陈滢及其他广州博物馆同仁一道，在英国自然史博物馆和维多利亚阿伯特博物院看到馆藏18、19世纪外销欧美的岭南植物画时，亦谈及此，彼此均有同感。知道这位专治艺术史的学者也有此见，令笔者更相信可循此思路作进一步的探究。惜因笔者阅历尚浅，虽曾试作钩沉，一时未能发现可资论证的直接材料。最关键的问题是，由于这些18、19世纪在广州绘制的动植物画，几乎一无例外地全部被带到外国去，我们可以估计，蔡守和高剑父等人是无缘见到这批画的。这批运回欧美的动植物画以及千千万万的外销工艺品，如果留下什么流风遗韵，影响到一个20世纪初绘制博物图画的岭南画人的话，中间的媒介很有可能就是像居巢、居廉这些承上启下的大家。我们也许可以把18至20世纪初几块历史碎片这样联系起来——蔡守和高剑父等人刻意学习的博物知识，是源自19世纪末的欧美和日本的，但他们有意或无意秉承的绘画传统，却有很大部分是出自本土的，然而，我们必须认识到，这个"本土"的传统，在18、19世纪的时候，是极有可能掺杂了许多外来的成分的，只是在那个"严夷夏"的年代，这些交流都罕有见于文字，使我们难以拼砌出更完整的历史图像。

---

① 陈滢：《岭南花鸟画流变：1368—1949年》，第427页。

结语：知识体系的裂变

《国粹学报》第 82 期（1911 年 9 月 12 日）刊登了蔡守最后一幅博物图画后，也在同年改名为《古学汇刊》①，宣布完成了它的历史使命。这似乎也暗示着，"国学"这个概念，无法涵盖源出西方的知识分类和体系，只能缩小或退回到"古学"的范围。从有限的资料所见，蔡守自 1911 年后虽然没有停过绘画，但他似乎没有再像在 1907—1911 年这段期间那样大量绘制图文并茂的博物图画。1924 年，蔡守画《蟹珠岩图》一幅，是用寥寥数笔的写意手法，把他 17 年前在合浦游历所见的奇岩古刹和白云红树忆记下来②。他又是否记得，当年在合浦，更让他着迷的是那棵小小的食蝇草和那只其貌不扬的软体动物"结士筹拨士"呢？进入民国时期，蔡守更以之为标榜他的文人身份的，是他"尝创立考古学院，鉴定故宫法物，一器到手，如波斯老胡，辄能穷其源流，辨其真赝"的才能③。蔡守身故后，其妻谈月色为他出版《寒琼遗稿》，其中有黄宾虹作叙，提到他们在 1909 年在上海相识，当时正值黄节邓实刊辑丛书，蔡守共襄其事。黄宾虹对这位故友的称许也是"蔡君研究古籀文字，诗学宋人，书画篆刻，靡不涉猎"④，完全没有提到他绘画博物图画的事迹。20 世纪头 10 年的蔡守，就好像 18 至 19 世纪的欧洲文士，把对博物学的兴趣和艺术的兴趣合而为一，做了一阵短暂的业余科学家。然而，进入民国后，知识分工通过教育制度得到较严格的确立，同许多民国文人一样，蔡守选择了金石书画之学，来定义自己"中国士大夫"的身份与角色，他在晚

---

① 参见《国粹学报》，总第 75 期，1911 年 2 月 18 日广告。
② 香港中文大学文物馆藏品，蔡哲夫《蟹珠岩图》，编号 93.341。
③ 参见《顺德蔡哲夫先生花甲之庆征求著述刻资启》，1939 年，南社、国学会同人启。此材料承蒙王贵忱先生见示。
④ 见《寒琼遗稿》，黄宾虹叙。

清传播百科的使命也就正式宣告结束了。蔡守走过的这段历程,或许不只是一种个人的选择,多少反映了在晚清至民国的知识转型过程中,许多文人学士的一种共同取向。

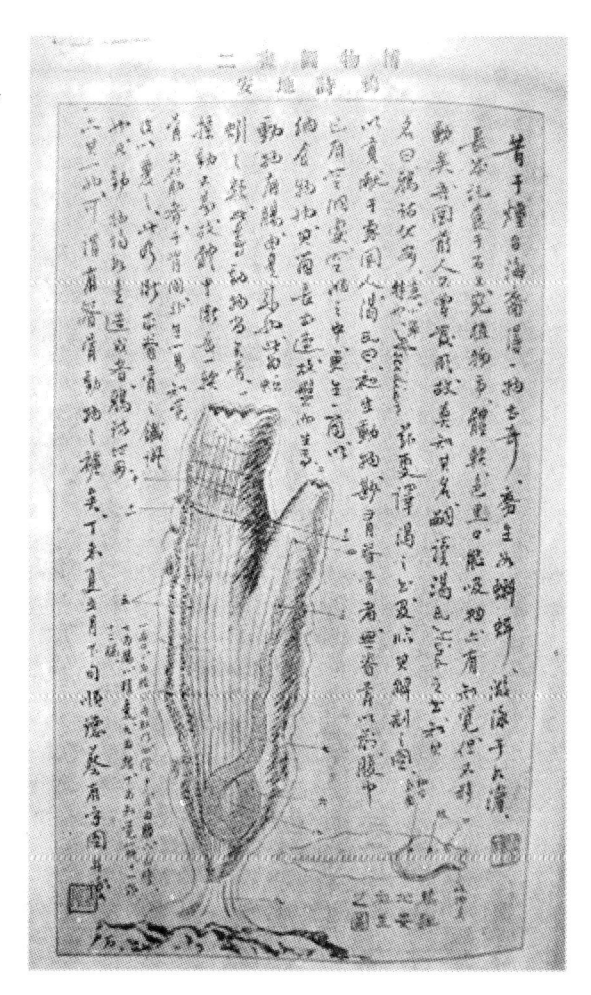

图1:蔡守绘《雅诗地安》图,《国粹学报》,总第31期,1907年7月,其解剖图应该是临摹自其他书籍的。

图 2:《世界》第 1 期(1907 年)插图

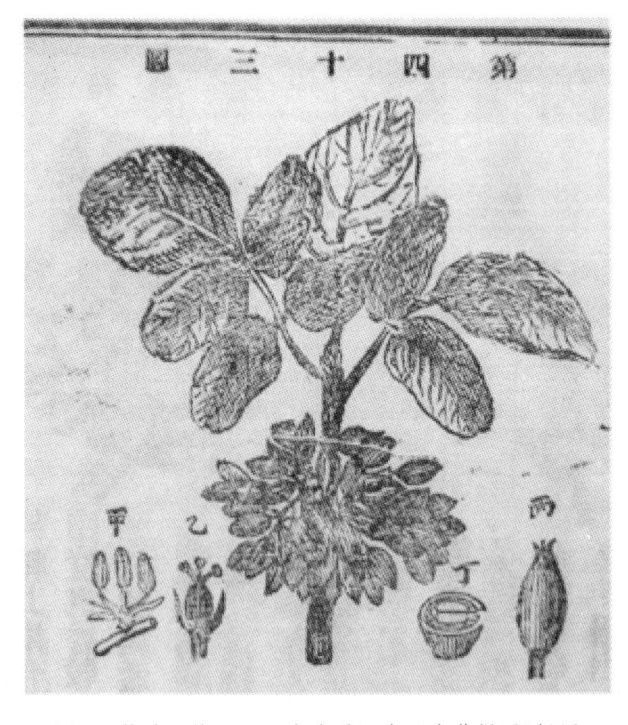

图 3:《格致汇编》(1890 年冬季)《泰西本草撮要》插图

图 4：蔡守绘《龙眼》图，《国粹学报》总第 48 期，1908 年 12 月

图 5：蔡守绘《余甘子》图，《国粹学报》总第 82 期，1911 年 9 月

图 6：蔡守绘《鲎鱼》图，《国粹学报》总 32 期，1907 年 3 月

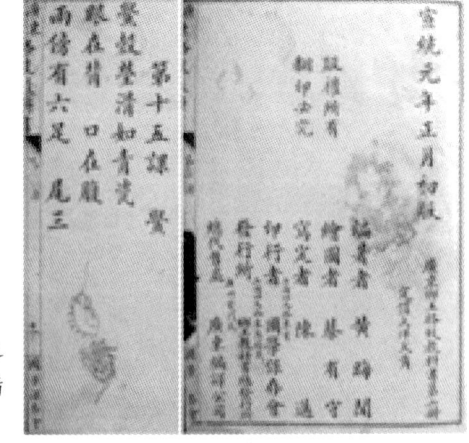

图 7：蔡守为国学保存会出版之《广东乡土格致教科书》绘画之插图（1909 年）

"智性直观"概念的基本含义及其在东西方思想中的不同命运

中山大学哲学系 倪梁康

一

在百余年来西学东渐的过程中,德国哲学对东方思想的影响不仅可以说是"广泛",而且也堪称"深入"。这两方面的例证俯拾即是,从康德、黑格尔、马克思,到尼采、弗洛伊德、胡塞尔、海德格尔等等,他们的思想始终在东方文化的各个层面起着或者显赫,或者潜隐的作用。

当然,这些纷繁复杂的作用和影响大都是通过各种概念、观点、口号与问题而具体地得到体现。德国哲学中的"智性直观"(intellektuelle Anschauung)①概念是其中一个较为典型的例子,它在理论深层所发挥的作用展示着一个文化交流的奇特景观。

历史地看,"智性直观"概念在德国古典哲学中曾一度成为一个

---

① 这个概念在中文翻译中从未得到过一致的译名:在康德那里被译作"智性直观"或"知性直观",在费希特、谢林和黑格尔那里被译作"理智直观",在西田几多郎那里被译作"知的直观",在牟宗三那里则被称作"智的直觉"。(吴汝钧还译作"睿智直觉")笔者这里随蓝公武将此概念译作"智性直观"。因为"Intellectus"一词,在德国古典哲学中既不同于"Verstand"(康德的"知性"、黑格尔的"理智"),也有别于"Vernunft"(理性),所以这里一概译作"智性",以区别于前两者。与此相关的形容词"intellektuell"和"intelligibel"则分别译作"智性的"和"悟性的",名词"Intelligenz"(原意是觉知、明察)则译作"智识"。以下在引用中译本时会据此而作出改动。

富于魔力的口令。人们通常认为,在康德那里,"智性直观"在纯粹理性的作用圈内是作为一个"语词矛盾"而被提出来的,但是现在已经可以确定,在实践理性的领域中康德已经试着用它来解决"哲学的最高点"①问题;在此之后,费希特试图依据"智性直观"来证明他的哲学出发点:"自我";而在谢林的哲学中,"智性直观"更是被称之为"一切超越论思维的官能"②。"智性直观"与"超越论哲学"在这里得到了有机的结合。

然而随着德国古典哲学的进一步展开,或者也可以说,随着超越论哲学在谢林之后的式微,"智性直观"的功能很快便受到了遏制。它首先受到黑格尔的质疑和拒绝:"智性直观"被看作是一种过于轻巧的方式:"把知识设定在任何偶然碰巧想到的东西上面"③,是"知识空虚的一种表现",是"黑夜","在黑夜中所有的牛都是黑的"④。而在黑格尔的同时代人和对手叔本华那里,它更被看作是"瞎吹牛和江湖法术"的代名词。⑤ 这是在叔本华和黑格尔之间难得听到的几个和声之一。在此之后,黑格尔—马克思的阵营中的卢卡奇把谢林的"智性直观"视为"荒唐的神秘性",并将它打上"非理性主义的最初表现形式"乃至"前法西斯的非理性主义"⑥的烙印。

而与此形成鲜明对照的是,"智性直观"在东方思想中产生了深层次的影响。本世纪东方文化圈中两位最重要的思想家,即日本的

---

① 康德:《纯粹理性批判》,B 135。中译文参照蓝公武译本(商务印书馆,1982年)和韦卓民译本(华中师范大学出版社,1991年),下同。

② 谢林:《超越论唯心主义体系》,梁志学、石泉译,商务印书馆,1983年,第3页。

③ 黑格尔:《哲学史讲演录》第四卷,贺麟、王太庆译,商务印书馆,1981年,第347页。

④ 黑格尔:《精神现象学》上卷,贺麟、王玖兴译,商务印书馆,1981年,第10页。

⑤ 叔本华:《作为意志和表象的世界》,石冲白译,商务印书馆,1982年,第13页。

⑥ 卢卡奇:《理性的毁灭》,王玖兴等译,山东人民出版社,1997年,第109、168页。

西田几多郎和中国的牟宗三,都在各自的哲学中接受了这个概念,并附以自己的理解。西田几多郎把"智性直观"理解为对"生命的深刻把握"①;而牟宗三在"智性直观"概念中看到了中国哲学的根本,认为"儒道释三教都肯定人有智性直观",他甚至相信这个概念是"构成中西文化差别的一个重要观念"②。而在东方思想研究方面素有心得的海德格尔,在这个问题上也表现出对西方哲学的背离和与东方哲学的亲近。他把"智性直观"理解为一种对歌德、胡塞尔等人所提到过的"原现象"(Urphaenomen)的把握,或者说,对"存在者的结构"的把握,对"绝对的存在者"的把握③。

这两种对待"智性直观"问题的态度指明了一个十分值得思考的文化现象。换言之,"智性直观"在东西方文化中所承受的不同命运,实际上在很大程度上代表着这两种思想各自的特质。

二

"智性直观"这个概念最早是否由康德所提出,这个问题应当可以说是无关紧要的④。重要的一点毋宁在于,即使这个概念不是由康德本人提出,也是在他这里第一次成为哲学的核心问题。

康德本人对"智性直观"的论述虽然零碎而不一贯,但仍可以从中发现三个基本的内容,这三个因素最终都可以回溯到康德对"智性

---

① 西田几多郎:《善的研究》,何倩译,商务印书馆,1997年,第32、34页。
② 牟宗三:《四因说讲演录》,卢雪昆录音整理,上海古籍出版社,1998年,第195—196页。
③ 海德格尔:《谢林论人类自由的本质》,薛华译,辽宁教育出版社,1999年,第68页(译文参照德文有所改动,以下均同)。
④ 黑格尔指出在康德的同时代人雅可比那里便有关于"智性直观"的论述,它被用来标识直接的宗教启示(参见黑格尔:《哲学史讲演录》第四卷,第249页)。事实上在德国浪漫派那里就已经在"直觉"或"灵感"的标题下讨论过"非感性直观"或"智性直观"的问题。

的"这个表述的理解上。

首先,康德所理解的"智性"就是指"知性"(Verstand),即在经验范围内对已有直观进行联结的官能①。他认为,"智性的是指通过知性得来的认识,这些知识同时也达到我们的感性世界"。与这个意义上的"智性"相对立的一方面是"悟性"(Intelligibelia)。所谓"悟性的",便是指"只能通过知性来表象的对象,这些对象是我们任何一种感性直观都达不到的"②。康德把这种"悟性的对象"也称作"本体"或"物自体"③。可以说,在经验范围内作为**现象**的联结原则起作用的是"智性",超出经验范围而无法为直观所及的**本体**是"悟性"。④ 在这种与"悟性"概念相对立的使用上,"智性"概念在康德那里具有积极的意义。

当然,如此理解的"智性"与"直观"是无缘的,因为一旦"智性"试图提供感性领域以外的直观,即"非感性直观"或"智性直观",那么这时的"智性直观"对象便是所谓非直观的"本体"或"悟性"了。所以,在严格的意义上,"智性直观"更应当是"悟性直观"(intelligible Anschauung)⑤,而这个概念本身就是一个语词矛盾,类似于胡塞尔所说的"木质的铁"⑥。康德在《未来形而上学导论》中认为它既"毫无

---

① 但康德原则上区分"智性"和"知性",参见康德:《纯粹理性批判》,B 313。
② 以上参见康德:《未来形而上学导论》,庞景仁译,商务印书馆,1982年,第88页。
③ 虽然康德并不认为"物自体"、"本体"或"超越论对象"是同义词。
④ 至少是从《纯粹理性批判》B版起,在康德那里,唯有认识才被称作"智性的",而这个或那个直观方式的对象则被称作"悟性的"。(参见康德:《纯粹理性批判》,B313)也就是说,"智性的"与认识活动有关,"悟性的"与认识对象有关。
⑤ 康德本人也的确在这个意义上使用过这个概念。参见《纯粹理性批判》,B 836。但他更多还是用"intellektuelle Anschauung"这个词。
⑥ 胡塞尔在《逻辑研究》中是针对"普遍直观"这个表述而言:"这个表述对于一些人来说听上去并不比木质的铁这种表述更好"(《逻辑研究》,第二卷第二部分,倪梁康译,上海译文出版社,1999年,A 634/B_2 162)。

用处",也"毫无意义"①,在《纯粹理性批判》中认为它"不是我们所具有的方式,我们也无法明察它的可能性"②。

这是"智性直观"在康德那里所包含的第一个因素。在这个意义上的"智性直观"是康德所拒绝的。他力图使自己有别于哲学自古以来就有的那种传统,即把世界分为感性的存在者或"现象"(phaenomena)与知性的存在者或"本体"(noumena);把前者看作是感性直观的对象,把后者看作是知性思维的产物。③ 他自己认为,《纯粹理性批判》曾对此进行了两方面的"枯燥探讨":其一,感性直观并不提供"本体"意义上的对象;其二,知性思维只能规定已有的直观,而无法思维经验以外的东西。至于"本体"概念,它虽然是"必需的",但充其量只是一个"界限概念"(Grenzbegriff),它被用来"限制感性的骄横,因而只有消极的用途"④。

后人对康德"智性直观"概念的理解,基本上依据康德这方面的论述,即把"智性"理解为"知性"(在经验范围内对**现象**的联结)或"悟性"(超出经验范围以外的**本体**)。例如海德格尔在讨论"智性直观"时便指出,"对于康德来说,并不存在什么离开感性直观的东西,只有那些通过感官被给予的对象才是可认识的"⑤。

三

然而在康德那里,"智性直观"概念还包含着第二个因素。这个因素在《纯粹理性批判》中的出场顺序甚至被排在前一个因素之前。与这个因素相关的"智性直观"被康德等同于"对自身行动(Selbst-

---

① 参见康德:《未来形而上学导论》,第88—89页。
② 参见康德:《纯粹理性批判》,B 307。
③ 参见康德:《未来形而上学导论》,第 88 页,以及《纯粹理性批判》,B 311。
④ 康德:《纯粹理性批判》,B 311。
⑤ 海德格尔:《谢林论人类自由的本质》,第 68 页。

taetigkeit)的直观"①。这个说法初看起来有些费解,但只要与康德对与"智性"相关的"智识"(Intelligenz)概念的理解相联系,事情就变得清楚起来:"智识"在这里就是指"自我"(Ich)或"心灵"(Seele)。康德在《纯粹理性批判》中对这个意义上的"智识"有不同的表达,例如,"我是作为智识而存在"②以及"智性的实体"就是"心灵"③,如此等等。他还进一步说明,我们之所以能够把自己称作"智识",乃是因为我们意识到自己的思维活动具有自发性:"正是这种自发性才使我把自己称作智识。"换言之,我的此在(智识)是通过"我思"的行为而被规定的。④

这样,"智性"的第二个含义便涉及到思维的自发性⑤,或者说,主体的自身活动。简言之,它涉及到笛卡尔以来主体性哲学的基本原理,涉及到"自身意识"这个"最高的哲学点"。康德极为重视这个意义上的"自身意识",他认为,"所有对知性的使用本身,甚至全部逻辑学,以及超越论哲学都必定与这个最高点相联结,其实,这个能力也就是知性本身。"⑥

而与这个意义上的"智识"相关的"智性直观"主要是对主体自身的"直观"。如果第一个意义上的"智性直观"意味着"以知性方式进行的直观",那么第二个意义上的"智性直观"还应当是指并且主要是指:"智识对自己的直观。"

这第二个意义上的"智性直观"概念显然也影响了康德以后的哲学家如费希特和谢林,他们把"智性的本质"理解为"观看自己",把

---

① 康德:《纯粹理性批判》,B 68。
② 康德:同上书,B 68,B 158,还可以参阅:B 156:"自我作为智识和思维主体。"
③ 康德:同上书,B 403。
④ 参见上书,B 158。
⑤ 康德:同上书,A 158。
⑥ 康德:同上书,B 135。

"直接的自身意识"理解为"智性的回返运动"或"智性直观"。① 牟宗三以及西田几多郎的"智性直观"概念也含有这个方面的意思,或者是在"生命直观"的标题下,或者是在"意志直观"、"良知直观"等等标题下。

然而康德本人实际上还没有走那么远。在他对作为"智识"的"自我"的进一步思考中,他区分对自身活动的意识和对自我的思维。严格地看,前者属于直观,后者属于思维,换言之,自身活动(思)是"感性直观地"被给予我的,但自我(我)只是"知性思维地"被设想,却并未显现出来。这样,在"我思"(cogito)中,作为现象的"自身活动"与作为本体的"自我"便被分离开来。"思"的活动被意识到,但"我"的主体却未被认识到。在这个意义上,康德说,"自身的意识还远远不是自身的认识"②。

于是,在外感知中的感性直观与知性思维之对立现在以变换了的方式又被引入到内感官中。自我与世界同属非直观的自在者。用康德的话来说,"如果关于外感官的确定,我们承认只在我们外部受到刺激的限度内才认识对象,那么关于内感官,我们也得承认只在我们内部受到我们自己刺激时,我们才由内感官直观到自己;换句话说,对于内感官而言,我们只是把自己的主体认识为显现,但却不是根据它自己本身之所是(nach dem, was es an sich selbst ist)来认识它"③。

按照这个说法,对思维的自身活动的直观可以是严格意义上的直观,是对现象的经验,而对这些活动背后的主体自我的直观,即"智性的自身直观",同样也是一个语词矛盾,它同样也是"悟性直观"

---

① 例如参见,费希特,*Wissenschaftslehre nova methodo*, a. a. O., S. 34,以及费希特,《费希特著作选集》,第二卷,梁志学等译,北京,1994年,第761页;还可以参阅文德尔班:*Lehrbuch der Geschichte der Philosophie*, Tuebingen 1957, S. 500.
② 康德:《纯粹理性批判》,B 158.
③ 康德:同上书,B 156.

(intelligible Anschauung),是对并不显现出来的本体的思维。这时我们便可以理解,为什么康德把"主体"的特征定义为"悟性的"①,它意味着,就像自在的客体世界不是在感官对象上自身显现出来,从而是形而上的一样,自在的主体自我也不是在感官对象(思维活动本身)上自身显现出来,从而是心而上的(meta-psysisch)。所以康德说,"在我思中的自我概念",即在被我意识到的我的所有表象中的"自身"概念,"并没有告诉我们任何东西",因为严格地说,"在这个自我表象中的我的自身意识根本不是直观",它"丝毫不具有直观的谓项";也就是说,对自我的表象或自身意识所提供的并不是关于客体的知性概念。②

但主体作为"思维主体"亦即"智识",在他看来仍还具有"经验的"特征,即我们意识到、直观到的思维自身的活动,它被看作是属于主体的:思维是**我的**思维。

据此,自身思维意义上的自身意识和通过自身直观进行的自身认识在康德这里已经泾渭分明:前者是自我的**显现的存在**,后者是自我的**客体的存在**。我们还可以说,自身意识只是将一些相关的行为看作是"我的",而自身认识则涉及"什么是我"的问题。

后一个问题,亦即对本体的认识问题,在康德看来是无法通过人类知性来解决的。但他并不排除解决这个问题的可能性。我们只是无法明察这种可能性。③ 而用文德尔班的话来说就是,"〔智性直观〕这样一种能力的可能性几乎是无法否认的,正如它的现实性几乎是无法承认的一样"④。

---

① 康德:《纯粹理性批判》,B 566—567。
② 参见上书,A 401,B 278,B 407。
③ 参见上书,B 307。
④ 文德尔班:*Lehrbuch der Geschichte der Philosophie*, a. a. O., S. 470 u. S. 487。

四

康德最终是把这个可能性归给了上帝。这便是"智性直观"在他那里所具有的第三个因素:"本原直观。"①所谓"本原直观"(intuitus originarius),是指"本身就能够给我们以其对象的存在的直观"②。与"本原直观"相对立的是"派生直观"(intuitus derivativus)。康德认为,无论是内直观还是外直观,在严格的意义上都不是"知性直观"或"悟性直观",而是感性直观,因而也都是"派生直观"。而"智性直观"是"属于原存在者(Urwesen)的直观",是"本原直观"③。"本原"在这里是"本原地构造着的"意思。我们也可以把这种直观称之为"创造性直观",因为它一方面并不是一种被动接受的直观,而是在直观的同时也通过直观而确定了被给予对象的存在;另一方面,它也不是主动自发的思维,因为它不像对本体的思维那样仅仅是单纯的预设,并且不告诉我们任何经验以外的东西,而是在创造着它的相关项。这也是牟宗三对康德"智性直观"概念的主要理解:"它不是个认知的能力,而是个创造的能力"、"是个兴革的能力"④。

这里还需要注意的是:康德时而也把这种"本原直观"意义上的"智性直观"解释为处在感性与知性之间的"想象力"(Einbildungskraft),更严格地说,"创造性的想象力"⑤。由于"想象力"的基本定义

---

① 康德在其他地方也将它称作"本源的知性"(intellectus archetypus)或"神的知性"(goettlicher Verstand),"它不仅表象不被给予的对象,而且通过它的表象,对象自身同时也被给予"(参见康德:《纯粹理性批判》,B 723,B 145)。
② 康德:《纯粹理性批判》,B 72。
③ 同上。
④ 牟宗三:《四因说讲演录》,第 195 页。
⑤ "创造性的想象力"不同于"再造性的想象力",前者是纯粹的,后者是经验的,前者属于超越论哲学的领域,后者属于心理学的领域。(参见康德:《纯粹理性批判》,B 152)

在于:"在直观中表象一个哪怕不当下存在的对象的能力"①,因而它被康德(至少在《纯粹理性批判》的 A 版中)纳入到"智性直观"范畴中,它意味着一种将知性概念与感性直观联系在一起的"人类灵魂的基本能力"。②

当然,这里的问题在于:想象力在何种意义上是直观? 如果像康德所说,正是通过想象力,知性的概念才与感性的直观发生联系,那么想象力本身就不应当是真正意义上的"直观",而更多是介于知性与感性之间的东西。它既不是一种知性盲目的"思",也不是一种感性空泛的"观"。它毋宁说是一种"精神的观看"以及通过这种观看而进行的创造,或者说,一种观看的创造和创造的观看,类似于梅洛—庞蒂所说的"第三只眼"以及相关的"精神图像"③。在这里,"智性直观"仍然是"创造的"、"本原的",但不再是"神"的活动,而是"人"的活动。

尽管康德本人以及后来的费希特都在"想象力"概念上做足了文章,他们的相关阐释都不能说是充分清晰的。但这恰恰为后人提供了解释的余地。到了谢林那里,这个意义上的"智性直观"已经与"艺术直观"没有区别了。在康德那里几乎丧失了的"艺术直觉"与"智性直观"的联系,在谢林这里又得到了恢复。以后的西田几多郎把"智性直观"理解为"美术家和宗教家等所具有的那种直觉"④,恰恰是受到了谢林的影响。

如果我们现在来总结一下,那么康德的"智性直观"概念至少含有以下三个基本因素:

1. 在外直观方向上对某种非对象的、不显现的"超越论对象"的"悟性直观",例如对"世界"或"自在之物"的直观。"智性的"在这里

---

① 康德:《纯粹理性批判》,B 151。
② 同上书,A 124。
③ 对梅洛—庞蒂、胡塞尔、海德格尔、叔本华在这方面的相关思想论述可以参阅笔者在《南京大学学报》2001 年第一期上的文章:"图像意识现象学"。
④ 西田几多郎:《善的研究》,第 30 页。

首先意味着"朝向客体本体的"或"与客体本体相关的";这个意义上的"智性直观"可以简要地诠释为"形而上的直观"。

2. 在内直观方向上对某种非对象的、不显现的"超越论对象"的"悟性直观",例如对"自我"或"意志自由"的直观①;"智性的"在这里首先意味着"朝向主体本体的"或"与主体本体相关的";这个意义上的"智性直观"可以简要地诠释为"心而上的直观"。

3. 在"本原直观"意义上的创造性直观或创造性的想象力。"智性的"在这里被理解为"具有创造能力的"。但原则上只有神才具有它。在人这里,它相当于"想象力"。这个意义上的"智性直观"可以简要地诠释为"创造的直观"。

在这些不同含义中,前两个"智性直观"的概念都是限制性的,也就是消极的概念。唯有第三个才是积极的概念。以后在东西方思想中对"智性直观"的接受和展开,基本上都立足于它在康德这里所获得的这三个原本含义之上,例如胡塞尔和海德格尔的"范畴直观"与"智性直观"的第一二个含义相关;谢林的"智性直观"则涉及第三个含义;牟宗三主要是对康德"智性直观"的理解主要基于它的第二个和第三个含义;而西田几多郎的理解则与它的第三个含义有关,如此等等,不一而足。②

五

如上所述,"智性直观"(intellektuelle Anschauung)概念通过康德而获得了三个不同的基本含义。我们可以将它们概括为:形而上的直观、心而上的直观和创造的直观。紧随康德之后的几位德国古典哲学家所理解和关注的首先是"智性直观"前两个含义。这

---

① 关于对"意志自由"的智性直观可以参见康德:《实践理性批判》,第56页。
② 笔者会在后面对此问题作进一步的论述。

或许是因为,它们在主体主义方向上的实证论和形而上学之间以及在客体主义方向上的实证论与形而上学之间划定了一条明确的界限,从而使以往隐而不现的问题得以暴露出来,最先成为后人关注的焦点。

费希特对康德的批评便主要是针对这两个含义而发。他反对康德把"智性直观"视为"语词矛盾"的做法:"康德否认智性直观,他如此地规定直观概念,以至于它只能是感性的,因此他说,这种感性直观不可能是智性的。"但费希特同时也敏锐地看到:"康德具有智性直观,只是没有去反思它;康德的整个哲学都是这种直观的结果,因为他申言,必然的表象是理性生物行动(Handeln)的产物,而不是理性生物受动(Leiden)的产物。他只能通过直观来获取这一点。自身意识在康德那里已经形成;在时间中的直观意识;他如何达到这一点的?只能是通过一种直观,而这显然就是**智性直观**。"①

费希特在这里是通过推理而得出康德主张并运用了"智性直观"的结论:由于康德在原则上区分主动的思维和被动的直观,因此对这种区分本身的把握(自身意识)应当指示着另一种既不同于思维,也不同于直观的可能性。我们可以在类似的意义上理解海德格尔的说法:"德国唯心论不久便有理地指出康德使时间和空间在直观中给予我们,这种直观绝非感性的,绝非感觉,而是如康德自己说的'纯粹的'直观,亦即非感性的直观。"②

这个意义上的"智性直观"的确与康德的理解相当接近,尤其是与康德赋予"智性直观"的第二个含义相关③。它意味着一种非感性的,但却是直接的对自身的直观方式。黑格尔以后对此评论说:"费希特哲学体系的基础是智性直观,纯粹自身的思维,纯粹自身意识

---

① 费希特:*Wissenschaftslehre nova methodo*, Hamburg 1982, S. 31f.
② 海德格尔:《谢林论人类自由的本质》,第 68 页。
③ 即在内直观方向上对某种非对象的、不显现的"超越论对象"的"悟性直观",例如对"自我"或"意志自由"的直观。对此可以参见拙文"康德'智性直观'概念的基本含义"的具体论述。

'自我＝自我，自我存在'。"①而用费希特的原话来说则是："我们再直接地直观我们的直接直观本身；这也就是对直观的直接直观。因而，一种对作为主体—客体的自我的纯粹直观是可能的。由于这样一种直观自身不具有感性材料，因此它合理地叫做智性直观。"②

这个意义上的"智性直观"，与康德赋予它的第二个含义相近。但康德基本上把它理解为一种"心而上"的直观，它只具有消极的意义。这里的"心"，是指无法直观到的主体—本体。当然，康德并非不愿意接受这样一种"智性直观"的概念，而是他从一开始就意识到，一旦采纳这个概念，他就必须面对一系列的问题。这也是他在此问题上犹豫不决、反复琢磨的原因。而在发掘和采纳康德的"智性直观"概念的同时，费希特也不得不继承康德所面临的两难问题："智性直观"所要把握和所能把握的究竟是什么？

从上面的费希特引文来看，答案在他那里可以有两个：就智性直观是对自身的直接的把握而言，费希特所说的**智性直观是一种"自身意识"**，即对自身活动的意识到，这种意识到是对显现(现象)活动的非对象的意识；而就"智性直观"是对直观自身的直观而言，这种**直观又相对于反思而没有本质差异**，它是对直观者的关注的、对象性的反思。这个趋向在费希特所特别强调的 个定义中得到明确的表露："所有意识都为一个直接的自身意识所伴随，它被称作智性直观，而且只有在这个自身意识的前提下人们才思维。但意识是行动，而自身意识尤其是智性的回返行动，或者说，是纯粹反思。"③

今天我们已经可以明白无疑地确定一个事实："自身意识"与"反思"并非一回事。除了上面提到的区别以外，它们之间的另一个主要区别在于：前者是"直接的"，后者是"回返的"，两者不能同日而语；除非我们赋予"自身意识"或"反思"以另一种新的意义，换

---

① 黑格尔：《费希特与谢林哲学体系的差别》，宋祖良、程志民译，商务印书馆，1994年，第34页。
② 费希特：*Wissenschaftslehre nova methodo*, S. 31。
③ 同上书，S. 34。

言之,除非我们把"自身意识"理解为一种"反思";或者我们反过来把"反思"理解为一种"自身意识"。从总体上看,费希特基本上选择了第一种可能性;即是说,他基本上是从康德赋予"智性直观"的第二个含义出发来运用和展开这个概念:它意味着对自我的一种反思的审视。

这样,费希特在"智性直观"概念上所面临的两难实际上便与他在"自身意识"概念上所遇到的问题别无二致。而所有这些问题最终都会归结到"自我"概念的含义上去,或者说,在"自身意识"和"智性直观"概念中包含的问题最终都会与费希特对"自我"的理解和规定发生关系。"自我"能否意味着一个在智性直观或自身意识中被把握到的对象?

费希特本人对此的回答应当是否定的。他一再强调,作为他的整个知识学体系之起点的"自我",是只能直观而不可说明的:"我想告诉人们的是一些既不能言传,又不能意会,而只能被直观的东西"①;它"并不是某个东西(它没有任何谓词,并且不能有任何谓词);它直截了当地就是它所是的东西,而这个东西是不能进一步说明的"②,如此等等。他甚至也像康德一样,把这种"直观"("智性直观"或"反思的直观")等同于"想象力":"我的哲学的入口始终是不可理解的,这使得我的哲学很费解。因为它只能用想象力去把握,而不能用理智去把握。但这正保证了它的正确性。任何可理解的东西都以一个更高的领域为前提,它在这个领域中被理解。所以正因为它可以理解,它才不是最高的。"③

在这里,费希特显然面临某种程度的困境:如何用理论来解释和说明作为其哲学入口与基础的"原现象"。它是否真的是黑格尔所说

---

① 费希特:《激情自我——费希特书信选》,洪汉鼎、倪梁康译,商务印书馆,2001年,第141页。

② 费希特:《全部知识学的基础》,王玖兴译,商务印书馆,1986年,第26—27页(中译文根据德文原文有所更动)。

③ 费希特:《激情自我——费希特书信选》,第142页。

的"黑夜","在它之中所有的牛都是黑的"?① 费希特本人最终已经看到,他至少无法从一个唯一的原则出发去无矛盾地展开整个"自我",所以从他一生对其知识学所做的论述中可以发现各种不同的原则及其论述。

就此而论,"自我"在费希特哲学中与其说是一个知识学的起点,不如说是一个本体论的起点,或者说,一个本体论上的假想点。它应当与自我的自身意识还没有发生任何联系,换言之,它是一个空泛的、自己尚未意识到自己的自我。用谢林的话或许还可以说:一个无意识的自我。但一个未意识到的东西如何会成为反思的对象或课题,这个问题仍然是悬而未决的。

正因为如此,费希特的这个观点以后受到谢林的反驳,后者认为"自我不可能在直观的同时又直观它进行着直观的自身"②。而在费希特这方面的反批评则是:谢林不像康德那样合乎理性,他属于这样一类人,"他们先是将智性直观*演绎*出来,而后又对它加以否认"③。但从总体上看,费希特与谢林在"智性直观"问题的分歧并不是原则性的。

六

谢林属于弘扬"智性直观"的哲学家行列。毫无疑问的是,谢林并不像费希特在上面所说的那样否认"智性直观",而只是否认康德赋予它的某个含义。

然而谢林与费希特一样没有看到康德在实践理性领域中对"智性直观"的特别规定。持相同做法的还有黑格尔,他把"智性直观"概

---

① 黑格尔:《精神现象学》上卷,贺麟、王玖兴译,商务印书馆,1981年,第10页。
② 谢林:*Ausgewaehlte Schriften*, Frankfurt a. M. 1985, Bd. 1, S. 471.
③ 费希特:*Wissenschaftslehre nova methodo*, S. 32.

念的提出完全归诸于费希特和谢林,并且指出,"哲学的绝对原则、唯一实在的根据和坚定立场,不仅在费希特哲学中而且在谢林哲学中都是智性直观……即主体和客体的同一性"①。以后的海德格尔似乎也接受了谢林和黑格尔的说法,认为谢林超出康德的步骤就在于他提出的"智性直观"②。总的看来,海德格尔的说法具有一定的合理性,这主要因为海德格尔在谢林那里还看到"智性直观"的另一层含义。

我们先来看"智性直观"在谢林哲学中的第一层含义。在 1800 年的《超越论唯心主义体系》中,谢林将"智性直观"理解为一种**把握绝对本原的行为**。他在该书结尾处的"附论"中做过一段概括的论述:"整个哲学都发端于,并且必须发端于一个作为绝对本原而同时也是绝对同一体的本原。一个绝对单纯、绝对同一的东西是不能用描述的方法来理解或言传的、是绝对不能用概念来理解或言传的。这个东西只能加以直观。这样一种直观就是一切哲学的官能。但是,这种直观不是感性的,而是智性的;它不是以客观事物或直观事物为对象,而是以绝对同一体、以本身既不主观也不客观的东西为对象。这种直观本身纯粹是内(inner)直观,它自己不能又变成客观的;它只有通过第二种直观才能变成客观的。而这第二种直观就是美感直观。"③

在谢林的这段论述中,"智性直观"的含义与费希特所提出的"智性直观"概念基本上一脉相承④。就这一点而论,海德格尔的说法具有一定的合理性,他认为德国唯心主义思想家所理解的哲学就是:

---

① 黑格尔:《费希特与谢林哲学体系的差异》,第 83 页。
② 参阅海德格尔:《谢林论人类自由的本质》,第 66—68 页。
③ 谢林:《超越论唯心论体系》,梁志学、石泉译,商务印书馆,1983 年,第 274 页(中译文根据德文本有所更动)。
④ 实际上也是与康德赋予"智性直观"的第三个含义有相通之处。

"哲学是对绝对之物的智性直观。"①

实际上,如果说谢林对"智性直观"的理解的确与前人的理解有所不同的话,那么这种变化与其说是"智性直观"的含义的改变,不如说是谢林对"智性直观"所把握的"绝对之物"的理解有所变化。因为在《超越论唯心主义体系》中,谢林把"绝对之物"理解为"绝对的主体—客体的同一体"或"绝对的自身意识",亦即绝对活动的原始起点;而两年之后的谢林则把"智性直观"的相关项扩展到人的本质(自由)上②,然后进一步扩展到上帝、世界上,即扩展到存在者的整体上。谢林在1802年的著作《从哲学体系出发的进一步阐述》中甚至说,"智性直观""是在特殊东西中见到普遍东西,在有限东西中见到无限东西,并见到两者结合为有生命统一性的整个能力。……在植物中见到植物,在官能中见到官能,简言之,在差别中见到概念或无差别,只有通过智性直观才是可能的"③。这个意义上的"智性直观"显然已经不再是对"绝对同一体"的直观,而几乎就是胡塞尔意义上的"本质直观"了!

海德格尔在《谢林论人类自由的本质》的讲座中正是根据这个理解而将谢林的"智性直观"解释为"本质直观"。他认为"智性直观"的

---

① 海德格尔:《谢林论人类自由的本质》,第66页(中译文根据德文有所更动)。海德格尔在这里特别把康德排除在"德国唯心主义"以外,他认为,正是在"智性直观"问题上,"我们会认识到体系问题以何种方式与康德相区别而变成了德国唯心论"。在此之前他还明确地说,"康德很少占有德国唯心主义本身的基本地位,德国唯心主义曾远远超过康德"(见海德格尔:《谢林论人类自由的本质》,第55页)。海德格尔对康德的贬低,很可能在相当大的程度上是针对当时盛行的新康德主义而发。

② 正是借助于"智性直观"概念,谢林认为,"只有唯心主义才把关于自由的学说提高到了这一学说唯一可理解的境况。"(谢林:*UEber das Wesen der menschlichen Freiheit*, Frankfurt a. M, 1975. 中文本:《论人类自由的本质》,作为"附论"载于:海德格尔,《谢林论人类自由的本质》,第301页)(中译文根据德文有所更动)。

③ 谢林:*Fernere Darstellungen aus dem System der Philosophie*, in: ders., *Ausgewaehlte Schriften*, Bd. 2, S. 77—168, Frankfurt a. M. 1985. 转引自:海德格尔,《谢林论人类自由的本质》,第69页。

知识是与数学知识相对应的,并以此来说明"智性直观"的特征:思维(被思考的概念)与存在(对象)的相即性①。但这实际上并不适用于谢林在《超越论唯心主义体系》中曾加以纲领性论述的"智性直观"。海德格尔实际上也看到了谢林"智性直观"概念所具有的前一种含义:一方面,"智性直观"的相关项,亦即它的直观对象是绝对之物,同时它"本身表明自己为绝对的本质,绝对之物的同一性的本质"②。这个意义上的"智性直观"是符合谢林在《超越论唯心主义体系》中所赋予"智性直观"的基本含义的:他认为"智性直观"就是"自我":它不是别的,只是"一种同时创造它自身(作为客体)的知识行为","只是一种把自身变成自己的客体的创造行为"③。

这样一种意义上的"知识行为"在谢林看来至少具有三个基本特征:1)它是**绝对自由的**(原本的、起源的)行为;2)它是**创造自身的**(同一的、独立的)行为;3)它是**智性的**(非感性的、非对象的)行为。④

而一旦将"智性直观"理解为"本质直观",那么它的含义便要发生根本的改变。首先是"自身意识"因素将消失殆尽,这在前面所引的谢林文字中已经体现出来。其次,它的相关项将会有相当大的扩展。海德格尔的一段解释指明了这一点:"如果说由看到所设想的理念(上帝、世界、人)不应是纯粹的梦幻,它们的真理性除了通过一种知识〔智性直观〕外还能通过另外什么来证明呢,且是这样一种知识:它自然必须知道它在那里不应是认识对象,而是认识那样一种非对象的东西,但却终究不是无的东西。"⑤这样一种"智性直观"所把握的对象与其说是非对象的自身,不如说是非感性对象的理性理念。所以海德格尔也把这种"智性直观"标识为"理性直观"⑥。

---

① 海德格尔:《谢林论人类自由的本质》,第 69 页。
② 谢林:*Fernere Darstellungen aus dem System der Philosophie*,转引自:海德格尔,《谢林论人类自由的本质》,第 69 页。
③ 谢林:《超越论唯心主义体系》,第 34—35 页。
④ 参阅上书,第 34 页。
⑤ 海德格尔:《谢林论人类自由的本质》,第 68 页。
⑥ 同上。

除此之外还显而易见的是,这个意义上的"智性直观"的基本特征已经不在于"原本性"和"同一性",而是更多地在于它与其对象的"相即性"和"统一性",具体地说,智性直观所思考的对象与存在的对象的"相即性",在智性直观中的思维与存在的"统一性"。

从这个角度来看,虽然谢林赋予"智性直观"的第二个含义远不能代表它的主导概念,但它却指明了一个的确有别于康德哲学的新方向:这个方向指向一个在知性思维和感性直观之间的间域。康德在现代哲学中所受到的一个主要批评便是他对这个间域的忽略。他曾经描述过"超越论理念"及其把握方式的基本特征。他虽然认为这些理念"具有一种极好的、实在是必需而不可或缺的限定性使用,即指导知性指向一定的目标",并且"除了给知性概念以最大的扩展以外还可以给它们以最大统一";但是它们在康德看来最终不过是"理性臆构的概念"(vernuenftelnde Begriffe),是"想象的焦点"(focus imaginarius),因而最终是一种"欺瞒"(Taeuschung)或镜子中的"幻象"(Illusion)①。

而谢林本人在《从哲学体系出发的进一步阐述》文中则把这种"智性直观"所把握到的东西称之为"一切明晰性中的明晰性"、"一切真理性中的真理性"和"一切被知东西中的纯粹被知东西的统一性"②。当然,谢林在多大程度上领悟了这第二个意义上的"智性直观"并将它付诸运用,这是一个需要进一步讨论的问题。我们现在还没有充分的理由把作为上个世纪现象学运动之标志的"本质直观"的原本性追溯到谢林哲学的最初创作上。③

但通过谢林的分析和理解,"智性直观"的特征得到了进一步的

---

① 参阅康德:《纯粹理性批判》,B 672。
② 谢林:*Fernere Darstellungen aus dem System der Philosophie*,转引自海德格尔:《论人类自由的本质》,第 69 页。
③ 现象学运动的创始人胡塞尔在本质直观问题上以及在整个哲学思想上几乎没有受到谢林的影响。对此可以参见:耿宁,*Husserl und Kant-Eine Untersuchung ueber Husserls Verhaeltnis zu Kant und Neukantianismus*,Den Haag 1964,S. 37 f.

充实,这是毫无疑问的。这里同时还需要指出的是:除了前面提到的三个特征以外,"智性直观"的另一个基本特征在于:"智性直观"本身不是客观的,即不是客体化的行为,它自己没有对象,并且"只有通过第二种直观才能变成客观的。而这第二种直观就是美感直观"①。——我们后面还会回到关于美感直观或审美直观的问题上。

七

德国唯心主义哲学对"智性直观"的不断提升趋势似乎很快就在黑格尔哲学中遭到了遏制。黑格尔十分清楚"智性直观"在费希特和谢林哲学体系中的核心地位。他认为,"在以自我为超越论哲学的基础这一点上,谢林是和费希特一起工作的。""谢林哲学是与费希特相联系的较高的纯正形式。"②这里所说的"自我"并不是通常意义上的"主体",而是主体和客体的同一性。它在费希特和谢林那里都意味着"纯粹活动"、"纯粹行动"③。对这个"同一性"或"纯粹活动"的直接意识就是他们所说的"智性直观"。黑格尔也把这个意义上的"智性直观"称作"使自身成为客体的产生作用"或"一种产生它的对象的作用"④。我们在谢林所确定的"智性直观"的三个特征中可以发现这个含义,它显然也与康德赋予"智性直观"的第三个含义相关:即它是"创造性的"。

但黑格尔恰恰在这一点上批评费希特和谢林,尤其批评后者的"智性直观"概念。首先是在《精神现象学》中,黑格尔把"智性直观"称作是"空洞的可能性",是"知识空虚的一种幼稚表现",是"所有的

---

① 谢林:《超越论唯心论体系》,第274页。
② 黑格尔:《哲学史讲演录》第四卷,第340、346页。
③ 在康德本人那里也已经可以发现类似的思想,例如"智性的概念就是行动"(AA XVIII,447)等等。
④ 黑格尔:《哲学史讲演录》第四卷,第347页。

牛在其中都是黑的那个黑夜"①；此后我们在《哲学史讲演录》中还可以读到黑格尔的另一批评："就智性直观的形式而论，它是以最方便不过的方式来设定知识——把知识设定在任何偶然碰巧想到的东西上"②，如此等等。

这个导致了黑格尔与谢林关系破裂的批评实际上涉及到黑格尔与费希特—谢林在哲学风格上的根本差异。从某种程度上看，黑格尔对"知识"的理解远比费希特和谢林更为严格一些。他曾经说，"如果智性直观真正是智性的，那就要求它不仅仅是像人们所说的那种对永恒事物和神圣事物的直接的直观，而应是绝对的知识"③。这种绝对的知识在他看来不应该只是"在绝对中一切同一"这样一个空洞的命题，而应具有丰富、具体的内容。而谢林等人的"智性直观"不是知识，并且不能告诉我们知识，在它之中，"区别与规定被抛入于空虚的无底深渊"④。也正是在这个意义上，黑格尔指责它是"知识空虚的"。

确切地说，黑格尔的"知识"概念还基本上保留着近代认识论意义上的"知识"特征，即对象性认识意义上的"知识"。在这种知识中包含着各种具体明确的区别和规定，因此它绝不应当是"单调和抽象的普遍性"，不应当是"非现实的空洞形式"或"无差别的可能性"⑤。所以，康德在"智性直观"上面临的问题此时依然有效：如果它的相关项并不显现出来，那么它究竟还有没有权利被称之为"直观"或"知识"？

在这个问题上，黑格尔本人在他的第一篇哲学论文《费希特与谢

---

① 黑格尔：《精神现象学》上卷，第 10 页。
② 黑格尔：《哲学史讲演录》第四卷，第 347 页。
③ 同上书，第 376 页。
④ 黑格尔：《精神现象学》上卷，第 10 页。
⑤ 这个思想实际上也为早期的马克思所接受，他原则上也否认"非对象的存在物"（Wesen）："非对象的存在物是一种〔根本不可能有的〕怪物（Unwesen）。"（参见马克思：《1844 年经济学—哲学手稿》，刘丕坤译，人民出版社，1979 年，第 121 页）

林哲学体系的差别》中曾在某种程度上认可"智性直观",他认为"思辨就是直观"①,但以后他越来越偏离这个看法,最终还是把"智性直观"界定为:"美的思想,但不是知识。"②

我们在这一点上可以比较清楚地感觉到东西方思想之间的一个基本差异。黑格尔对"智性直观"概念的批评,事实上典型地代表了西方理论——知识传统的思维方式和思维角度。这个批评与他对东方哲学的总体评价也是一致的。他认为东方哲学的一个基本特征就在于,它是"渺茫无限的崇高境界,在这境界中一切事物都消失于无形了",因而没有能够达到科学的理解,缺乏持久性。③ 以后的胡塞尔出于与黑格尔基本相同的立场而把东方思想看作是"非哲学的"。当然从东方思维的角度来看,这种看法恰恰有可能反映出一种过于执著于形相事物、过于执著于现象界的思维态度。——对这个问题,我们后面在阐释牟宗三时还会进一步说明。

然而,如果"智性直观"真的像黑格尔所说的那样不是知识,或至多只是一种"无论怎样说来说去,都不能离开原地而前进一步"④的知识,那么为什么仍然有如此多的哲学家(包括西方的哲学家)在锲而不舍地谈论它呢? 它是否恰恰表明了一种在许多思想家那里都或多或少保留的"诗学残余",一种对人类理性之有限性的确认,以及对处在理性彼岸的虚妄之境的本能向往呢?

对这个问题,黑格尔对"智性直观"的另一种理解——也可称作"积极的理解"——为我们提供了一个可能的答案。如所周知,黑格尔试图将他自己的哲学体系构建为科学与哲学的统一。因此他所理解的"哲学",不仅仅是希腊意义上的"对知识的爱",而就是"真实的

---

① 黑格尔:《费希特与谢林哲学体系的差别》,第 27 页。
② 黑格尔:《哲学史讲演录》第四卷,第 376 页。——这个观点与谢林对"艺术直观"的理解有相应之处。但如前所述,谢林是把"艺术直观"视为有对象的"智性直观",即客体化的、制作着客体的直观。
③ 黑格尔:《哲学史讲演录》第一卷,贺麟、王太庆译,商务印书馆,1981 年,第 118 页;也可以参见:《哲学史讲演录》第四卷,第 374—376 页。
④ 黑格尔:《精神现象学》上卷,第 20 页。

知识"①本身。而所谓真正的"知识"(Wissen),在德文中也就是"科学"(Wissenschaft),亦即知识的体系。黑格尔哲学所具有的强烈历史意识和体系意识,使他最终得出"真理"是"全体"这样一种真理观。这里的所谓"全体",是指"通过自身发展而达于完美的那种本质"②。因此,"绝对之物"在费希特—谢林那里是知识学和哲学的出发点和开端,是抽象而单一的绝对;而在黑格尔这里,"绝对之物"则"本质上是个结果,它只有到达终点才真正成为它之所以为它"③,因此它是丰满的、完美的、充实的。这也说明了在黑格尔眼中哲学家为何不是清晨报晓的公鸡,而是在一天结束后在傍晚才起飞的猫头鹰的缘故。

据此,黑格尔所追求的哲学知识,除了在内容的丰富性方面不同于费希特—谢林的知识以外,还有一个最根本特征:它是一种历史的知识、发生的知识,是将各个发展阶段纳于一身的总体。他认为《精神现象学》所描述的,就是"一般的科学或知识的形成过程"④,而在《哲学史讲演录》中他也再一次说明,"我曾试图发展出一系列的哲学精神形态的进展过程,并指出它们之间的联系,提供你们思索参考。"⑤

正是因为黑格尔赋予"哲学知识"以这样一个基本含义,才使得他能够在现代思想中也占有一个重要位置。而与这种与历史、发生的哲学知识相关的是另一种"智性直观"的概念,即积极意义上的"智性直观"概念。它在黑格尔那里只是偶尔出现,例如当他认为,"智性直观是被认识到的,首先由于对立的东西,尽管每一方面是从另一方面分离开的,一切外部的现实是被认识到作为内在的。如果每一个(外在对立中的)东西是按照它的本质像它本身那样被认识到,那就会表明它是没有持久存在的,它的本质就是向对方过渡的运动,这一

---

① 黑格尔:《精神现象学》上卷,第3页。
② 同上书,第12页。
③ 同上。
④ 黑格尔:同上书,第17页。
⑤ 黑格尔:《哲学史讲演录》第四卷,第379页。

认无物静止的赫拉克利特或怀疑论的原则应该表明为对每一事物都是适用的"①。这也是黑格尔所说的"真正的智性直观"。后来的海德格尔也看到了黑格尔哲学体系的这个特征,他把黑格尔的整个《精神现象学》都看作:"智性的直观,绝非梦幻,而是精神本身在其自身进行劳作。"②

简言之,"智性直观"在这个意义上不再被看作是主体对客体或主体对自身的横向的认知;而更多被看作是一种对理性或观念或精神本身运动过程和发展脉络的纵向的把握。用牟宗三的话来说,它是一种"纵贯的知"。在这一点上,黑格尔可以说与东方哲学思想取向已经相当贴近。或许正是出于这个理由,叔本华和海德格尔都把黑格尔看作是"智性直观"的倡导者而非抵御者。③

八

"智性直观"问题在世界思想史上所引发出来的最大效应,至今为止无疑是在牟宗三的思想体系中表现出来的。牟宗三较晚时期完成的《智的直觉与中国哲学》和《现象与物自身》两部著作,对康德的整个哲学体系作了总体的阐发,尤其是对"智性直观"问题作了深入的分析。④ 他看到康德之全部洞见的重大意义,同时认为"此中重要

---

① 黑格尔:《哲学史讲演录》第四卷,第 377 页。
② 海德格尔:《谢林论自由的本质》,第 71 页。
③ 所以海德格尔怀疑黑格尔对"智性直观"的拒斥是否出于真心(参阅《谢林论自由的本质》,第 16—19 页)。而叔本华也不无合理地把黑格尔哲学看作是宣扬"智性直观"的所谓"江湖法术"(参阅叔本华:《作为意志和表象的世界》,第 13 页)。但叔本华与海德格尔在这个评价上有别于卢卡奇,后者为了维护黑格尔的理性主义形象而不惜牺牲他的积极的"智性直观"概念。
④ 对此可以参阅牟宗三在《智的直觉与中国哲学》(台湾商务印书馆,2000 年,第 145—146 页)以及《现象与物自体》(台湾学生书局,1996 年,第 102—103 页)中对康德的"智性直观"概念的四个特性和三种表述的详尽说明。

的关键即在智的直觉之有无"①。

牟宗三相信,"智性直观"概念是"构成中西文化差别的一个重要观念"②。他试图由此出发来进一步接受、理解和改造康德的"智性直观"。牟宗三希望,"我们由中国哲学传统与康德哲学之相会合激发出一个浪花来,见到中国哲学传统之意义与价值以及其时代之使命与新生,并见到康德哲学之不足。"③而实现这个希望的首要依据就在于对康德的"智性直观"概念的理解和展开。

如今我们已经有理由说,"智性直观"概念是牟宗三借助于康德来诠释中国传统思想的一个根本切入点。正因为此,它也为我们把握牟宗三思想体系提供了一个根本切入点。

牟宗三在《智的直觉与中国哲学》中的相关考察,主要基于康德赋予"智性直观"概念的第二个和第三个含义。从第二个含义(即"心而上的直观")来看,康德的定义是消极的。因此牟宗三也把自身不显现的主体自我或心灵等同于"物自体",把主体的被意识到的活动看作"现象"或"心象"。在他看来,这里形成的二元对立在于:一方面是"心象观",它意味着"思时思起,不思时思灭";另一方面则是"自体观",它是"动而无动,思而无思"④。"心象"与"心自体"这两者是通过何种方式而得到沟通的呢?康德认为没有办法回答。因而牟宗

---

① 牟宗三:《现象与物自体》,第3页。牟宗三不赞成将德文的"Anschauung"译作"直观","因为中国人使用'观'字很神妙,观照也是观,玄览也是观",所以他主张用"直觉":"直觉就是直接觉到,不管是我看到、我听到、我嗅到、我尝到、我触到,都是我直接觉到。"(牟宗三:《四因说讲演录》,第196页)但"直觉"的译法和用法会误导读者把"直观"仅仅理解为"知觉"(Wahrnehmung),而忽略了其中的"想象"和"回忆"的成分。
② 牟宗三:《四因说讲演录》,第196页。
③ 牟宗三:《现象与物自体》,第3页。
④ 牟宗三:《智的直觉与中国哲学》,第132、136—137页。——"自体"实际上是无法做任何规定的,但牟宗三在这里仍然试图去规定它,因而犯了与康德同样的错误。但这里并不是批判牟宗三相关思想的合适地点。需要捎带说明的只是:牟宗三对"自体"所做的这些描述很容易使人联想到佛教唯识学中所说的禅定时的"定中意识",即没有感觉意识(前五识)的伴随,而只有缘境的意识。

三指出,"全部困难就是关于一个主体如何能内部地直觉它自己。"①

对于这个困难的解答,牟宗三寄希望于一种特殊的认识方式,即被康德所否定的"智性直观"。他赋予这个概念以积极的意义,并认为用这个概念可以解释全部中国哲学的精妙所在:"如若人类不能有智的直觉,则全部中国哲学必完全倒塌,以往几千年的心血必完全白费,只是妄想。"②而西方哲学,由于缺乏积极意义上的"智性直观"的传统,"所以虽以康德之智思尤无法觉其为可能。"③

这种"智性直观"的认识方式,或者被牟宗三以莱布尼茨—康德的概念称作"统觉"、"神感神应",或者以中国哲学的概念将它称作"乾知大始"、"知体明觉"等等。显而易见,牟宗三在"智性直观"的标题下所理解的内容是纷繁杂多的,它几乎包含了中国哲学所有方法特质,因而除了上面的表述以外,他还把"智性直观"称作是"无知之知"、"静观"、"独觉"、"圆觉",有时也说成是"彻知"、"证知",如此等等。

如果将这些内涵加以概括和整理,那么在牟宗三所理解的"智性直观"概念中大致可以获得几个不同的基本成分。尽管他自己对此似乎并未明确地作出区分,但我们从他自己的阐释中至少可以看到有这样三个虽然相互联系,但却最终无法再被还原的本质因素:

一、"本原直观",或"根源直观"(相对于作为"次级直观"的"感性直观")④。牟宗三认为这个意义上的"智性直观"也就是《易传》中所说的"'乾知大始'那个'知'",是"对万物之大始的直观"。在对这个"智性直观"概念的含义解释上,牟宗三借助于王阳明的"良知"概念,即所谓"良知是乾坤万有之基"。换言之,"乾知"被看作是"良知",而"大始"则意味着"天地万物之基"。⑤

---

① 牟宗三:《智的直觉与中国哲学》,第132、142页。
② 牟宗三:《现象与物自体》,第3页。
③ 牟宗三:《智的直觉与中国哲学》,第2—3页。
④ 参阅牟宗三:《智的直觉与中国哲学》,第146页;《中国哲学十九讲》,台湾学生书局,1983年,第421、431页。
⑤ 牟宗三:《四因说讲演录》,第196页;《现象与物自身》,第93页。

这个意义上的"智性直观"也就是指对康德所说的"道德形而上学基础"的把握。这种把握既是"天心"也是"神发",即所谓"天心之神发也"。中国哲学中的"天"与西方哲学中的"神"在这里达到了一致。它们都指明一个"超越的根据"。牟宗三也将它说成是孟子的所谓"性善"的"性",或康德的"自由自律"①。通过这个意义上的"智性直观"所获得的是"天命、天性、天心、天人",用康德的话来说则是"神圣的命、神圣的性、神圣的心、神圣的人"②。——与此相关的"智性直观"的基本特征可以概括为:**源始的、原生的**,或者说,**神造的、天性的**。

二、"纵贯直观"(相对于作为"横列直观"的"感性直观")③。"智性直观"的这个含义常常被牟宗三等同于前一个含义,或至少被他与前一个结合在一起来阐释。④ 但在"纵贯"中明显含有不同于"本原"的意思。在《现象与物自身》中,牟宗三曾谈及"彻天彻地、贯古贯今。要皆一知以显发而明通之者也"⑤。在以后的《四因说讲演录》中,牟宗三说,"这个'知'是纵贯意义上的'知',通过它贯下来"。而"认知意义的知是横列的,有主客对立"⑥。

这里的"纵贯",首先是**创造生成**的意思,所以牟宗三说"智性直观"是"创造原则,而非认知原则"⑦。他认为儒家的学说在纵贯系统上最具代表性:"从人这里讲起,开出'性体'的观念。"⑧其次,"纵贯"

---

① 牟宗三:《中国哲学十九讲》,第431页;《现象与物自身》,第101页。
② 牟宗三:《现象与物自身》,第97页。
③ 参阅牟宗三:《四因说讲演录》,第196页。
④ 例如他认为:"假如我们对儒、释、道三家的基本观念有确定的了解,知道其最后的问题所在,便知道这三个系统都指向最后的、究竟的层次。""我们笼统地说它们都是纵贯系统。"(牟宗三:《中国哲学十九讲》,第421—422页)在这一页上他还说:"凡是指向终极的形态这个层次的,都属于纵贯系统。"
⑤ 牟宗三:《现象与物自身》,第96—97页。
⑥ 牟宗三:《四因说讲演录》,第196页。也可参阅《中国哲学十九讲》,第441页。
⑦ 同上书,第195页。
⑧ 牟宗三:《中国哲学十九讲》,第435页。

还包含"发展"、"贯通"的意思,即所谓"存在的呼应"、"慧命之相续"。这个意义上的"纵贯",主要意味着"我们的生命之源、智慧之源、道德创造之源"的流通贯彻。虽然牟宗三对黑格尔的思想体系评价甚低,但在历史发生意识方面却有相合之处。——与此相关的"智性直观"的基本特征可以概括为:历史的、发生的、生命的,也可以说是时间性的、存在着的。

三、"如相直观",也可以说是"真如直观"(相对于作为"对象直观"的"感性直观")。牟宗三主要是用海德格尔的"内生的自在相"来说明这个意义上的"智性直观"。但此做法并不合适,它与海德格尔的基本立场不符。或许用胡塞尔的"本质直观"来解释更妥帖些,因为胡塞尔正是用这种方法来把握纯粹意识的基本因素和结构。而牟宗三也认为,"我们由'统觉'作用意识到一个常住不变的'自我',此即灵魂心体之自己,亦可以说是真主体、真我"①。"要想直觉到这真我自己,这直觉必须是理智的,而不是感性的。"②这里还应注意牟宗三与胡塞尔相通的另一点,即他主张,这里所说的"真我"并不是个体自我,而是胡塞尔所说的"绝对自我"或"纯粹自我":"'心'主要是指绝对普遍的心,万古长存,只有一个。"③

牟宗三把这个意义上的"心的自在相"称作"如相"④。它并不显现出来,不是"心象",而是佛教意义上的"实相"。或者也可以说,是"如在"(Sosein)而非"此在"(Dasein)。如果"智性直观"有"对象"的话,那么这个对象是一种"无直觉相"、"无认知相"。牟宗三认为"知性之存有论的性格之不可废"⑤。但此种"存有"并不一定是可以直观到的存有。因此所谓"智性直观",乃是"无对象的直观":"盖此种直觉只负责如如地去实现一物之存在,并不负责辩解地去理解那已

---

① 牟宗三:《智的直觉与中国哲学》,第145页。
② 同上。
③ 牟宗三:《中国哲学十九讲》,第443页。
④ 牟宗三:《现象与物自身》,第98、100页。
⑤ 同上书,第3页。

存在者之曲折之相。此后者是知性、感性之事。"①——与此相关的"智性直观"的基本特征可以概括为：本质的、如在的，是无相的，同时又是实相的。

当然，从总体上看，所有这三种"智性直观"的相关项在牟宗三眼里都代表了同一个东西，因此他并不对这些相关项做进一步的区分，至多只把它们看作是同一个东西所具有的三种性质而已。这种做法显然奠基在他的儒家立场上。他认为："在中国，儒家以道体代替上帝，心体和道体又通而为一，结果只剩下一个。你要说上帝，这就是上帝；你要说自由，这就是自由；你要说不灭的灵魂，这就是不灭的灵魂。"②

因此，如果总结一下"智性直观"概念在牟宗三哲学思想中的作用，那么我们可以说，这个概念的确为牟宗三考察中国哲学乃至全部中西哲学提供了一个全新的视角，或者如前所说，提供了一个新的切入点。它使牟宗三能够在视域的开阔以及分析的缜密方面大大地超出许多不谙西学的思想家。但牟宗三根本上所采取的仍然是一种以中学为体、西学为用的方法。"智性直观"概念只是方便的工具，是指明道路的路标，而不是道路本身。③

最后还应提到的是，如前所述，牟宗三对"智性直观"的阐发带有两个基本的目的：一方面试图用它来重新阐释中国文化中儒、释、道思想的基本特征；另一方面则是意欲依此来弥补康德哲学乃至整个西方哲学之不足。④ 后一个意图略有牵强，因为在西方思想中，"智性直观"的思想虽不占主导，却并不缺失，例如在费希特—谢林那里，

---

① 牟宗三：《现象与物自身》，第 100 页。
② 牟宗三：《中国哲学十九讲》，第 433 页。他同时认为，这也是黑格尔哲学所含有的倾向。
③ 如牟宗三所说，"我们承认了智的直觉，我们也未扩大我们的知识"（《中国哲学十九讲》，第 441 页）。
④ 牟宗三认为，康德哲学若不接受中国的传统，再进一步，则"不能通畅，西方的文化生命中终不能落实，它将始终摇摆不定"（《中国哲学十九讲》，第 437 页）。

我们已经可以略见一斑。西田几多郎对"智性直观"的理解便主要基于谢林的阐释。

九

在论述谢林的一节中已经提到,"智性直观"的一个基本特征在于:它本身不是客体化的行为,它自己没有对象,因为"绝对的同一"不是对象或客体。并且我们可以说,一旦"智性直观"具有对象,它便不再是"智性直观",而是"艺术直观"或"美感直观"了。谢林自己认为,"智性直观的……客观性就是艺术本身。因为美感直观正是业已变得客观的智性直观"①。在这个问题上,卢卡奇也曾指出,"谢林比费希特更进一步地把美学和以智性直观为基础的哲学联系起来了"②。

西田几多郎就是在这个将美学与哲学相结合的方向上展开他对"智性直观"的理解。从总体上看,西田在这个问题上所受的影响更多是来自谢林,而不是来自康德。康德对直观与思维的严格区分在谢林那里虽然被接受下来,但也通过"智性直观"而得到了调和。这一点也体现在西田对"智性直观"的理解中。他在《善的研究》中认为"智性直观"与普通的知觉属于同一种类,"在它们中间不能划出明显的界限"③,因为它们都是构成性的。也就是说,"智性直观"在他看来与一般直观一样,是客体化的、对象化的意识活动。这个观点与胡塞尔现象学的构造分析有许多相近之处,可能是受胡塞尔影响所致。

---

① 谢林:《超越论唯心论体系》,第273—274页(中译文根据德文本有所更动)。

② 卢卡奇:《理性的毁灭》,王玖兴等译,山东人民出版社,1997年,第131页。卢卡奇认为,谢林可能在这点上受到费希特的影响,因为费希特在《伦理学体系》中说过:"艺术'把超越论的观点变成了普遍的观点。哲学家煞费苦心所得到的东西,美学家却并不想去规定它'。"(卢卡奇:《理性的毁灭》,第130页)但我们在这里同样无法深究这个思想的原创性究竟属于谁。

③ 西田几多郎:《善的研究》,何倩译,商务印书馆,1997年,第30页。

"智性直观"概念的基本含义及其在东西方思想中的不同命运　　183

按照胡塞尔的分析,无论是感性直观,还是本质直观,都具有构造的性质,即"意识总是关于某物的意识"。在这个意义上,感性直观与本质直观在胡塞尔那里的确带有共同的特征。而用西田的话来说就是,"所谓智性直观,和知觉一样,是意识的最统一的状态"。①

但西田同时认为,"智性直观"要比一般知觉更丰富。他所理解的"智性直观",确切地说是指一种"理想的,即通常所说的经验以上的那种直觉,也就是对可以辩证地加以认识的东西的直觉。例如美术家和宗教家等所具有的那种直觉"②。他举例说,音乐家对一个长的乐谱的总体直观、画家在作画时所感受到的动力、宗教家对彼我合一的直觉,均与"智性直观"认识方式有关。

西田显然是在"智性直观"概念中读到了他想读的东西。作为东方思想家,他所循的思路与牟宗三有所不同。我们在他这里可以看到东方思想的另一个基本特质:把建基于艺术—宗教直观上的美学—宗教与建基于"智性直观"上的哲学紧密地结合在一起。从这个立场出发来理解的"智性直观",具有"直觉"或"灵感"的基本含义。事实上它也是康德之前的哲学浪漫派代表人物所理解的"智性直观"。西田对它的解释,最终是把康德所力图摒弃的东西重又恢复了起来。当然,这个恢复的趋向无论在谢林那里,还是在同时代的叔本华那里,都已经有所表露。例如虽然叔本华曾蔑视"灵感"之类的说辞,并在《作为意志与表象的世界》的"序言"中把"智性直观"称作是"瞎吹牛和江湖法术"的代名词③,但他在该书的正文中却以"纯粹直观"的标题重又肯定了有对象的智性直观或客体化的智性直观:艺术直观。④

---

① 西田几多郎:《善的研究》,第 32 页。——但《善的研究》初版发表于 1911 年。此时胡塞尔的构造思想尚未公开表露。
② 同上书,第 30 页。——引文中"理想的"一词,应当是指"观念的"。还须指出的是,西田在这里对"智性直观"的"辩证"解释,也是与康德本意不符的。
③ 叔本华:《作为意志和表象的世界》,石冲白译,商务印书馆,1982 年,第 13 页。
④ 参阅上书,第 273—279 页。

但西田所主张的"客体化的智性直观",并不是对主客体认知模式的重新确立。他在这里强调的是一种"我构造对象—对象为我所构造",意向活动—意向相关项完全同一的状态,或者说,"主词中包含宾词—宾词中含有主词"的状态。西田将它们称之为一种"主客合一"、"彼我合一"、"物我相忘"、"知意融合"的境界。① 从这个角度来看,"智性直观"又不是客体化的行为,不是对象性的行为。

这种看似矛盾的说法可以通过西田多次使用的"辩证的认识"概念而得到消解:西田几多郎所说的"构成",并不是一般所理解的"实在客体通过直观而得到构造",而是在"对生命的深刻把握"意义上的"构成"②。西田曾描述说,"我现在正在看着的事物,并不是看着它现在的样子,而是借助于过去经验的力量,有说明性地看着。这种理想的因素不是单纯来自外部的联想,而是构成知觉本身的因素,知觉本身就是通过它而变化的。"③正是在这种"理想地看"的意义上,主客体的对立被化解为物我的一体。

当然,这种对"直观"乃至"智性直观"的理解并不与西方近代的思维传统的发展同步,因为在近代西方哲学中,主客体关系的确立是通过反思完成的,在主体性哲学与反思哲学之间存在着内在的联系,笛卡尔的主体理论已经清晰地表明了这一点。西田对"统一的直观"以及"浑然一体"的强调,乃是要求回返到反思前的境界,这个主张当然同时就意味着:要求苏醒后的主体意识重新回到沉睡的状态。

我们在这里并不想对这个基本主张作出评判,因为这个评判将会涉及到当代一大批思想家的努力。我们在此需要指出的只是,由于反思立场的放弃,康德"智性直观"中的"心而上的直观"之含义在西田几多郎这里不复存在,而"形而上直观"的含义则得到特别的突

---

① 西田几多郎:《善的研究》,第 31—33 页。
② 同上书,第 33 页。
③ 同上书,第 30—31 页。

出。它也导致西田几多郎对"体悟"、"领会"、"慧觉"方法的重新启用与强调。例如在被描绘的事物中不是感知到事物，而是体悟到绘画所要表达的精神，在宗教音乐中不是感知到声音，而是领会到神圣的和谐与情操等等。西田甚至认为，"学者之得到新思想，道德家之得到新动机，美术家之得到新理想，宗教家之得到新觉醒"，都是以这个意义上的"智性直观"为基础的。①

西田几多郎的这个"智性直观"概念，与前面提到的谢林对"智性直观"的理解还有几分相似之处，后者意味着"在特殊东西中见到普遍东西，在有限东西中见到无限东西，并见到两者结合为有生命统一性的整个能力"②。但在西田几多郎所认同和主张的"智性直观"与牟宗三的相关看法之间，就明显存在着本质差异。更确切地看，实际上无论是在认同和倡导"智性直观"的思想家之间，还是在对这种直观持有怀疑态度的人之间，以及这两组人彼此之间，对"智性直观"的理解都不尽相同。

十

我们在这里似乎可以对至此所作的讨论做一个总结：西方哲学发展到康德，两条基本的线路已经得到清晰的显露，一条是形上学说的线路，一条是实证理论的线路。康德通过消极的"智性直观"概念的提出，将这两条线路梳理得泾渭分明。正因为如此，近代东方思想家能够依据康德的这个概念，明确地看到问题之根本所在。康德哲学的魅力也正在于：清楚地指出问题之所在。

---

① 这里显然可以看到叔本华"纯粹直观"概念的影子。这里可以参阅西田几多郎对叔本华的相关论述。见西田几多郎：《善的研究》，第32页。

② 谢林：*Fernere Darstellungen aus dem System der Philosophie*, in: ders., *Ausgewaehlte Schriften*, Bd. 2, S. 77—168, Frankfurt a. M. 1985. 转引自海德格尔：《谢林论人类自由的本质》，第69页。

一方面,对形上学说的坚持,最终会导致神秘主义,这曾经是几乎所有形而上学家的最终归宿。而另一方面,对实证学说的贯彻,最终会导致任何道德形上理论的崩溃,这正是人类目前面临的困境。康德曾竭力要避免这个两难。以后的西田几多郎认识到了这一点,牟宗三也清楚看到了问题的根本。他们都以各自的方式对这个问题做出了自己的抉择,或是偏向形上学说,或是偏向实证理论,但他们都没有能消解掉这个两难。

在"智性直观"问题上的最近一次较有成效的尝试是由现象学家提供的。当现象学家接手这个问题时,他们已经可以看到自己所面对的任务:如果积极的"智性直观"概念能够成立,如果在形上学说和实证理论之间的第三条道路是可能的,那么它必须能够满足三方面的要求:其一,它必须具有立法者的功能,即具有自己提供本原基础的功能;其二,它必须超越主客体认识模式的束缚,即必须放弃经验实证的立场;其三,它又必须是明晰的洞见,即必须摆脱神秘主义的色彩。

现象学的创始人胡塞尔首先在《逻辑研究》中触及这个问题。他仍然愿意在"直观"的标题下进行工作,但把"直观"从"素朴的"扩展到"普遍的"。具体说来,胡塞尔区分"感性直观"和"超感性直观",后者也被称作"本质直观"或"范畴直观"。现象学的意识分析方法,使胡塞尔有可能在所有直观行为中都区分出"含义指向"和"含义充实"这两个本质因素。他也形象地将这两者称作"瞄向"和"射中"。当我们的意识接受到一定的感觉材料时,它总是会具有将它们加以综合、统摄的意向,把它认作是一个对象,例如一张桌子。而这种意向会在进一步丰富的感觉材料中得到充实。感性对象的构造始终循着这个路径进行。

现在,在涉及"智性直观"时,情况将会如何呢?胡塞尔在这里进一步区分"含义指向"中的"感性材料"的因素(材料意向)和"范畴形式"的因素(形式意向)。他认为,"单纯的感性永远无法为范畴意向提供充实,更确切地说,永远无法为含有范畴形式的意向提供充实"①；他所指明的这个事实可以解释，范畴直观为什么是没有对象的行为：这是因为，在范畴意向如"存在"、"和"、"或者"等等在进行的同时，它们总是无法在感性材料中得到充实。即是说，范畴直观或形式直观仍然是奠基在感性直观之中的直观，但却是无法在感性材料中得到充实的直观。就像符号 A，它虽然必须借助于写出的文字或发出的声音这类感性材料，但它的含义却永远无法在这些材料中得到充实。

于是我们可以这样来定义"智性直观"：它是**一种其范畴意向须以感性材料为基础，但却无法在感性材料中得到充实的直观**。换言之，在智性直观中是有某种形式的东西直接被意指，但它并不能够在感性材料中得到充实。事实上我们的确无法想象一种脱离开任何感性材料而存在的范畴形式，即使这些形式范畴像"存在"或"时间"、"空间"那样抽象。胡塞尔此后也把这种范畴直观扩展到一般的本质直观的领域。像"一"、"红"、"桌子"等等本质或观念，都涉及到一些从感性材料出发，但不能在感性材料中获得充实的观念意向。至此，胡塞尔有理由申言，"对素朴直观与感性直观与被奠基的直观或范畴直观的划分使**感性**与**知性**之间的古老认识论对立获得了我们所期待的最终澄清"②。

这个意识分析的结果也影响了以后的另一位现象学家海德格尔。他看到了胡塞尔所指明的"范畴直观"的特殊性质，并把它与时间直观和存在直观联系起来。依据对康德之后的哲学家的分析，海德格尔就已经明察到，康德虽然区分感性和知性，并且否认"智性直观"，但他对时间、空间之直观形式的确认本身，却既不是知性的，也不是感性的，因为时间和空间是无法感性地被直观的，但同样不属于知性的范畴。故而必定存在着一种可以称作"智性直观"的东西。正是出于这个理由，海德格尔在《康德与形而上学》一书中极为强调康

---

① 胡塞尔：《逻辑研究》Ⅱ/2，A 477—478/B$_2$ 5—6。
② 同上。

德的"想象力"概念,把它看作是一种构建的力量(Bildende Kraft),既是"接受的",也是"创造的"能力。① 同时,从胡塞尔《逻辑研究》的对这种直观的解释中,海德格尔获得对他毕生关注的存在问题的一个切入角度:"这里所发掘出的感性直观与范畴直观之间的区别在其对于规定'存在者的多重含义'的作用方面向我揭示出自身","通过现象学态度的昭示,我被带上了存在问题的道路。"②

海德格尔对胡塞尔"范畴直观"思想的接受具体表现在,他认为,一方面,"在理念中被表象的东西不可能是自由想出的,它自身必定是在一种知识中被知道";这种知识从根本上说是"直观","是在其存在着的自我在场性中对被意谓东西的直接表象",它"朝向上帝、世界、人的本质(自由),即朝向存在东西的整体"。③ 而另一方面,这些知识,例如关于"自由的事实"的知识,又不是实证的知识,它并不能够像"透视片上胃溃疡的病灶"那样得到指证;对于这个事实,我们既看不到,也听不到;既触不到,也嗅不到和尝不到。④ 这种知识因而是一种"非对象的知识",它"所欲知的不是别的,而是存在者的结构,这种结构现在不再作为一种对象在某处与知识对立,而是在知识中形成本身,这种形成为其自身,是绝对的存在者"。海德格尔的这个说法很容易使我们联想到牟宗三在"智性直观"上的观点。同样是在这个意义上,海德格尔说,"理念只是

---

① 参阅海德格尔:*Kant und das Problem der Metaphysik*,Frankfurt a. M. 1991, S. 44 ff., S. 129. 甚至可以说,海德格尔的这本所谓"康德书"主要是在讨论这个与"智性直观"或"纯粹直观"相关的"知识"问题。此外还可以参阅海德格尔:《谢林论人类自由的本质》,第 68 页。海德格尔在这个 1936 年讲座中延续他 1928 年接替胡塞尔讲座教席后的一贯作风,只字不提"现象学",但我们可以看出,他对"智性直观"的分析仍然遵循胡塞尔《逻辑研究》第六研究所指明的路径。

② 参阅海德格尔:《面对思的事情》,陈小文、孙周兴译,商务印书馆,1999年,第 95—96 页。

③ 海德格尔:《谢林论人类自由的本质》,第 66—67 页。

④ 海德格尔:同上书,第 25 页。海德格尔同样依此来理解"世界直观"的概念。参阅《谢林论人类自由的本质》,第 28—30 页。

发现的指导,但本身不是发现物"①。这种分析和描述同样出现在海德格尔对存在与存在者关系的把握上:存在无法离开存在者,它"总是某种存在者的存在",但存在本身却又并不是存在者,也不是存在者的整体。②

我们在这里还可以提到另一位现象学代表人物舍勒。他对"人格"的规定也是在同一个方向上进行的:人格(Person)永远不能是"对象",永远不能作为客体被给予我们,但它却又是伦理学讨论的最高问题;③舍勒甚至比胡塞尔更明确地对"直观"一词做了新的界定:它所指的"并不必然是内容的形象性",而是指"在对象的被给予状况中的直接性"④。这种意义上的"直观",无异于一种对在生活中对生活本身的直接体悟。按照这个理解,中译名中"直观"一词的重音就应当是在"直",而非在"观"上。舍勒也将它称之为"对生活的'生活体验'(Er-leben)",它与对"活过的生活"(gelebtes Leben)的"感知"相对立,前者的相关项是第一性的,后者的相关项是第二性的⑤,以及如此等等。舍勒在这里对"情感的生活体验(Er-leben)"与"感知的生活体验"的区分也很容易使人联想到牟宗三对"纵向直观"和"横向直观"的区分。可以说,"智性直观"在舍勒这里正是以"生命直观"的形式出现。正如海德格尔在后期曾公开承认他自己在存在问题上受到胡塞尔"范畴直观"分析的启示一样,他也在早期的《存在与时间》中就明确指出,舍勒在这个"非对象的人格"问题上所强调的就是胡塞尔所提示的东西。⑥

---

① 海德格尔:《谢林论人类自由的本质》,第 68—69、64 页。
② 海德格尔:《存在与时间》,陈嘉映、王庆节译,北京三联书店,2000 年,边码 6—9。
③ 参阅舍勒:*Formalismus in der Ethik und die materiale Wertethik*, Bern/Muenchen 1980, S. 103.
④ 同上书, a. a. O. S. 176.
⑤ 同上书, a. a. O. , S. 206—207.
⑥ 海德格尔:《存在与时间》,边码 46—47。除此之外值得注意的是,海德格尔本人受舍勒的影响也不可低估,这种影响不仅表现在思想内涵中,而且也表现在语言表达形式中。

我们对此无法再展开详细的论述,这里只需首先确定一点:"智性直观"问题在现象学中得到了进一步的澄清,并且也成为贯穿在整个现象学的血脉之中的基本因素。

从以上的分析来看,现象学在"看"和"描述"的方面的确比德国古典哲学前进了一步。对于在"智性直观"方面存在的两难问题,它提供了一个较有说服力的解决方案,这个方案既没有放弃直观的明察,也没有将形上学说神秘化,并且以此而指出了一条在形上学说和实证理论之间可能的中间道路。同时,胡塞尔现象学的构造分析,还赋予了"智性直观"的相关项以与感性直观的相关项同等的权利:它们都是原本的被构造者。换言之,即使例如自由的事实无法在感性材料中得到充实,它也仍然具有知识的地位,甚至是第一知识的地位。就此而论,现象学对"智性直观"的解释能够在一定程度上满足前面所说的三个方面的要求。

当然,"智性直观"至此仍然不是一个可以解决所有哲学难题的秘诀,这样的秘诀也根本不可能存在,但现象学的分析表明,它已经成为一个沟通形上学说与实证理论的可能桥梁。因而莱维纳斯有理由说,"由于放弃了描述的方法、类别的构成和概念的持守,传统的思辨方法跳越过了许多研究领域。现象学的无可争议的贡献在于要求,在'回到实事本身'的过程中进行系统而耐心的、当然只是暂时的描述。因此,现象学既有利于实证主义者,也有利于形而上学家"①。

---

① E. Lévinas, *Die Spur des Anderen. Untersuchungen zur Phaenomenologie und Sozialphilosophie*, Freiburg/Muenchen 1983, S. 53.

论张颐的黑格尔伦理学说研究

中山大学西学东渐文献馆　黄见德

1947年,贺麟在给张颐60寿辰的献词中写道:"张真如先生是中国学界专门研究西洋古典哲学的先驱,是北大哲学系多年来注重客观研究哲学史及哲学名著的朴实学风的范成者,也是中国大学里最早专门地、正规地讲授康德哲学及黑格尔哲学的第一人。"[①]这就是张颐在西方哲学东渐史上的重要地位。其中,他对黑格尔伦理学说的研究及其为推动黑格尔哲学在中国的传播,更是西方哲学东渐史上的精彩篇章。然而,这位为西方哲学东渐作出过多方面开拓性贡献的学者,研究黑格尔哲学用英文撰写的著作却长期没有译成中文出版,给这一学术成果带来了不应有的损失。作为补救,本文将着重论述张颐对黑格尔伦理学说的研究及其影响。

一　张颐研究黑格尔伦理学说的经过与起点

张颐(1887—1969年),字真如,四川叙永人。先生出生在一个贫苦农民的家庭。早年就读于永宁中学堂,受业师影响,加入同盟会。辛亥革命前后,他积极地投入了四川保路爱国斗争。1913年出国留学,先后在美国密歇根大学、英国牛津大学与德国爱尔朗根大学

---

① 贺麟:《张颐论黑格尔》"译序",四川大学出版社,2000年,第3页。

学习与研究西方哲学达 10 年之久。其间,撰成"黑格尔的伦理学说"一文,通过答辩分别获得密歇根与牛津两校哲学博士学位。1924 年回国,曾任北京大学、厦门大学、四川大学与武汉大学教授(兼任过系主任、文学院院长、校长等职),讲授西方哲学史、康德哲学与黑格尔哲学,是我国西方哲学研究与学科建设的奠基者之一。

谈到他的黑格尔伦理学说研究时,需要从他出国留学的求学目标说起。在国内时,他原来选择的是理科。但投身辛亥革命的人生体验,使他把探索的重点转到社会与人生问题上来。他写道:"余自与闻革命以还,常有注视他人意向之必要;辛亥后,于人丛中混迹一载,又于人类行事,亦略有观察。故其兴趣,遂转注于人之心性,及其彼此相与间,心心相接,一感一应之关系;而尤注重于确定人类一切行为之思想。换言之,即倾心于哲学是也。"①因此,到达美国后念本科时,他"即注重哲学"②,并以极大的热情先后听了逻辑、哲学概论、普通心理学、哲学史、政治哲学、现代哲学、教育哲学、伦理学、数理逻辑、知识论、形而上学、美学、康德与黑格尔哲学及其对英美哲学的影响等课程。在这些课程中,温莱教授讲的"康德与黑格尔哲学及其对英美哲学的影响",由于讲述"提纲挈领、引人入胜"③,且课外根据布置选读了一些康德与黑格尔的著作以及当时有关学者的研究成果,不仅引起了他的极大兴趣,而且使他"由早遂醉心于此派哲学,而不能再有变更"。④ 因为在他看来,"其他各派所持论,对于宇宙与人生整个问题,或则零星琐碎,无关宏旨,或则游移闪烁,不中肯綮,或则自掘坟墓,了无归宿,不若此派之能认定要点,针锋相对,冲破难关,鞭辟入里也"。⑤ 就这样,张颐便从此走上了终身以研究黑格尔哲学为职志的学术道路。

---

① 张颐:《六十自述》,第 18 页。系张颐手稿,未公开发表,现存其子张文达处。
② 同上书,第 19 页。
③ 同上书,第 21 页。
④ 同上。
⑤ 同上。

由于学术上的这种追求,进入密西根大学研究院后,除补修了本科时未修的一些课程外,他主要研习了柏拉图哲学、亚里士多德哲学、欧洲大陆哲学、康德哲学、黑格尔哲学。在研习过程中,一边听有关教授的讲授,一边钻研了这些哲学家的著作。消化后他写到,对于"所研究诸大师,皆有所取,然亦不以任何一家之言为尽善尽美。比较而论,则以所取于柏拉图、亚里斯多德、斯品诺莎、康德及赫格尔诸家为最多"。① 就是通过这些听课、研习、消化与思考,他不但形成了一套哲学信念,而且在这个基础上着重对黑格尔哲学的伦理、政治、经济、法律与社会学说,进行了全面的探讨,撰成论文"黑格尔伦理的意义及其局限",后于1919年夏通过答辩取得密西根大学哲学博士学位。

然而,他对于黑格尔哲学的研究并没有因此感到满足。相反,由于"在美数年,株守一校,殊嫌固陋"②,限制了他的研究视野。因此,为了充实与深化对黑格尔哲学的研究,他决定趁热打铁,"著鞭前进"③,"迁地转校"。④ 先到英国牛津大学,后来出于探寻"康德赫格尔辈哲学原委"⑤,还赴德国爱尔朗根大学,利用那里优越的学术条件把对黑格尔哲学的研究向前推进了一步。

在这两个地方,在原先密西根研究的基础上,系统地选修了一批著名教授,如史密斯、开尔德、约阿钦、林则、罗士、白龙锡德与亨塞尔等的专题课,主要是有关康德黑格尔哲学的专题讲授;大量地阅读了康德黑格尔的著作与西方学者研究康德黑格尔哲学的文献,其中特别精读了黑格尔的著作,如《论自然法的科学研究方法》、《伦理体系》、《精神现象学》、《哲学入门》、《精神哲学》与《法哲学》;拜会了当时一些研究黑格尔哲学的权威学者与著名的哲学传媒,如编辑《黑格

---

① 张颐:《六十自述》,第23页。
② 同上书,第27页。
③ 同上。
④ 同上。
⑤ 同上书,第38页。

尔全集》的拉松博士与《康德研究》编辑部。并在这个过程中,他还经常与教授们交流阅读心得,切磋探索体会,其中"得力于史密斯教授指导尤多"①,使他较为全面地了解了欧美研究黑格尔哲学的历史和现状,更使他对黑格尔哲学的研究取得了重大的进展。于是,他便着手运用这些取得进展的成果对密西根时期的论文,从内容到表述进行了较大的补充、提炼、加工与修订,使之阐述的论题更加集中,论述的观点更加深入。这就是他用英文撰写的"黑格尔的伦理学说——其发展、意义与局限"(*The Development Significance and Some Limitations of Hegel's Ethical Teaching*)一文,并于1923年春通过答辩,获得牛津大学哲学博士学位。

研究黑格尔伦理学说的这个过程,说明张颐这篇博士论文,是他经过长期的深入钻研与反复探索后完成的,充分体现了作者学术上精益求精的态度。而且,要指出的是,他在研究黑格尔的伦理学说时,还把当时国际哲学界取得的进展作为起点向前推进。主要表现是,在研究的过程中,张颐有趣地注意到,所有黑格尔的重要著作,从来没有一本冠以《伦理学》或《道德学》的名称。虽然在他的早期著作中有一本《伦理体系》,然而那是一本既没有完成,在他生前又未公开出版的著作。因此,局外人很容易提出一个黑格尔是否有伦理学的问题。而在张颐看来,篇目名称上没有,不等于黑格尔没有伦理学说。相反,黑格尔不但有伦理学说,而且,"他对伦理学的论述是如此透彻和有独创性"。② 问题只是,这些伦理思想在黑格尔那里,"不是呈现为一个单一的部分,而是混合着或分散于心理学、经济学、政治学、法学、美学、宗教学和思辨哲学的论述中"。③ 张颐认为,黑格尔伦理学说中出现的这一现象,"是不可避免的"。④ 因为对于黑格

---

① 张颐:《黑格尔的伦理学说——其发展、意义与局限》,张桂权译,见《张颐论黑格尔》,四川大学出版社,2000年,第11页。
② 同上。
③ 同上。
④ 同上书,第11—12页。

来说,"对伦理学的基本论述不能够与对生活的其他部分的论述分离开。也就是说,人类经验的全部过程都必须考虑到。一方面,个人必须以自然存在和社会存在作为基础;另一方面,一个人作为精神存在,期待着与绝对精神——神性、上帝、天国、道、梵,随你叫它什么——的某种统一。由此观点看来,一篇伦理学专著一方面必须深入到日常生活领域——自然的和社会的生活,另一方面又必须超出日常范围,进入绝对精神的王国,进入审美凝视、深思和纯粹的思辨活动中"①。这样一来,伦理的东西便"不能同伦理下的与伦理上的东西或者伦理前的与伦理后的东西分离开来"。② 所以,黑格尔伦理学说的观点及其对这些观点的论述,便散见于他的许多著作或论文中。

研究黑格尔的伦理学说,就必须通过深入的钻研与反复的探索,把它们从与其他问题纠缠在一起的观点中清理出来,在分别阐明各篇中所包含的伦理观点的基础上进一步把它们综合起来,以便从整体上对黑格尔的伦理学说作出判断,对它的价值作出批评性的评价,使之得到升华与发展。在这一方面,西方有些学者曾经进行了一些研究,并有若干著作问世。如在莫里斯(G. Morris)的《黑格尔的历史哲学》中,有一部分内容是对《法哲学》的解释;在斯特里特(M. Sterritt)译出的《黑格尔的伦理学》中附有介绍性的说明;在瓦莱士(W. Wallace)译出的《精神哲学》的"译者前言"中,采用了黑格尔《伦理体系》的材料;在雷伯恩(H. Reyburn)同一论题的著作中,阐述了黑格尔的《精神哲学》与《法哲学》。不过,张颐指出:"就我所知,到目前为止,还没有专门论述贯穿在黑格尔各种著作中的伦理学说和对其价值作出批评性评价的著作。"③因此,张颐在研究黑格尔的伦理学说时,他决定要以这些西方学者研究取得的成果作为起点,通过他的进一步研究,一方面,"鸟瞰黑格尔的伦理学说从早期到成熟期的

---

① 张颐:《黑格尔的伦理学说——其发展、意义与局限》,第12页。
② 同上书,第10页。
③ 同上。

全部发展"。① 另一方面,"对他的学说的价值作出批评性的评价,而不只是单纯的解释"。② 这是张颐对自己研究黑格尔伦理学说提出的要求,或者说是努力的目标。他的博士论文就是依据这个要求或目标精雕细刻地撰写出来的。

二 对《黑格尔的伦理学说》评析

张颐如此这般浇铸成功的《黑格尔的伦理学说》,全文共有9章。可以把它分为两大部分:前5章是对黑格尔伦理学说的阐释,后4章是对黑格尔伦理学说的评论。

首先,在前5章中,张颐以时间先后为序,分别考察了黑格尔阐述伦理学说的有关著作和论文。一方面,勾勒了从1802到1821年黑格尔的伦理思想从早期到成熟期的发展过程;另一方面,运用流畅与明白的语言阐明了黑格尔在这些论著中提出与论述的伦理学说的主张与观点。

其中,在"论自然法的科学研究方法"中,认为黑格尔主张把伦理哲学"建立在活生生的民族生活的完满的全体性之上"③,并简述了他的绝对伦理观。在"伦理体系"中,认为黑格尔以综合的方式发展了前面提出的观点,并通过一个三段式,即"自然伦理"—"放肆或侵犯"—"绝对伦理"表达出来。在"精神现象学"中,认为黑格尔"试图展开和展现精神的发展步骤,……并指出从低级的感性确定性到高级的绝对知识的解放和升华的道路"。④ 不过,张颐在这里,只是着重阐明了体现客观精神领域的三个环节,即"伦理"—"教化"—"道德"中的伦理观点。在"哲学入门"与"哲学百科全书"

---

① 张颐:《黑格尔的伦理学说——其发展、意义与局限》,第10页。
② 同上书,第21页。
③ 同上书,第36页。
④ 同上书,第59页。

中，认为前者指出了黑格尔表达的意志理论，后者确立了伦理学在黑格尔哲学体系中的准确位置；具体说来，伦理生活是精神的体现，而精神是在由群体关系提供的社会环境中起作用，因此，"伦理的范围是在主观精神与绝对精神之间"。① 最后，在"客观精神"与"法哲学"中，依据客观精神发展的三个阶段，即"抽象法"（所有权—契约—违法与犯罪）—"道德"（目的与责任—意图与福利—善与良心）—"伦理"（家庭—市民社会—国家），具体地阐发了黑格尔在这几个环节中的伦理学说。

到此，张颐指出，"客观精神的讨论引向了绝对精神的领域，绝对精神是伦理体系的基础。对于人类精神的更大范围的生活来说，伦理生活是有机的；对于绝对和永恒的精神的生活与工作来说，伦理生活也是有机的，并且是依赖于绝对的和永恒的精神作为它们的内容。它们的区别在形式上，而其内容是相同的"。② 这段带有总结性的话，说明在阐述黑格尔的伦理思想时，张颐是忠实于黑格尔思想的。具体是，他在这里肯定了黑格尔的伦理学说与其绝对唯心主义体系内在联系的合理性，认为前者是以后者为基础而产生，并以后者为内容而表现出来的。但是，在这个前提下，由于张颐对黑格尔进行哲学思考的背景与环境，对黑格尔伦理学说基础的广度与深度，对黑格尔伦理学说内容与日常经验的密切关系，对黑格尔思辨眼光涉猎的广阔领域，一句话，他对黑格尔在西方哲学史上的地位、认识与把握得那样的深入、全面、娴熟、了如指掌，因此，在阐释黑格尔著作中的具体思想时，他在黑格尔的伦理学说中自由驰骋，既有原汁原味的解释，又有满腔热情的评论，使构成黑格尔哲学体系重要组成部分的伦理学说，被视为当时西方国家一种处理国家、社会、家庭、人与人关系的进步学说真实而全面地展现出来了。从字里行间反映了作者的人生理想，及其把它引进中国来的拳拳思考。

---

① 张颐：《黑格尔的伦理学说——其发展、意义与局限》，第84页。
② 同上书，第121页。

其次,在后 4 章中,是张颐对黑格尔伦理学说的评论。如果说,前面在阐述黑格尔的伦理学说时,作者主要是邀请黑格尔自己说话,即运用自己的语言把黑格尔的思想客观地表达出来,那么进展到现在,则主要是由作者自己对黑格尔的伦理学说又评又论了。这是最能体现作者学术功力及其探索精神的部分。主要表现在:

1. 论述了黑格尔伦理学说的形而上学基础

张颐指出,在黑格尔那里,"任何科学都不能独立于形而上学而被论述。在他的哲学生涯中,他始终不渝地遵循这条原则"。[1] 因此,他在阐述自己的伦理思想时,便"常常用他的形而上学作为其伦理主张的基础"。[2] 在张颐看来,这对黑格尔来说,"完全是对的"。[3] 原因在于,伦理生活的"实现、完成和现实化的过程,是从渴望领域或绝对精神王国开始并由它推动的,是通过人的思想和活动或者通过人对终极存在的解释和人在社会生活中的有理智的行为来进行的,是通过人的精神与自然王国、与渴望领域的建设性的调解来完成的。这种调整的目的,是使人生活于其中的自然界、社会和渴望所有这三个领域进入理智的与和谐关系中,由此帮助实现作为一个整体的宇宙的完善"。[4]

这段话十分明确地阐明了黑格尔伦理学说的形而上学、即哲学基础是绝对精神,以及它们之间的关系。张颐指出,任何一种理论,包括伦理学说,它对一切问题的回答,就是说,要成为一种完全恰当的理论,必须要有一种坚实的形而上学基础,使它"在一种形而上学体系中找到其正当的理由,得到解释"。[5] 否则为此作出的一切努力,都将付诸东流。反之,一旦获得了这个基础,就像这里黑格尔的

---

[1] 张颐:《黑格尔的伦理学说——其发展、意义与局限》,第 121 页。
[2] 同上。
[3] 同上。
[4] 同上书,第 122 页。
[5] 同上书,第 123 页。

伦理这样,那么,它对伦理方向的选择,对伦理学说的形成,对伦理生活合法性的解释等,就会产生巨大的影响。"首先,形而上学提供了一些伦理学在其理论的形成中必须使用的原则。……其次,对整个宇宙的构成的解释和对终极实在本性的洞见,可以使人联想到某种可能的新伦理秩序,可以唤起人的更高尚的精神生活的渴望。通过这种方法就会形成某种新的人生观,逐渐形成一种更真实的生活态度,得到一种正确的生活方式。再次,一种在形而上学真理中得到证明的伦理理论可以因此而巩固,成为强有力的和经久不衰的理论。"① 张颐指出,黑格尔正是基于这种认识,因而自觉地把他建立在绝对精神之上的哲学体系作为基础,运用到他的伦理学说的研究中去,使他的伦理学说有崇高的目标,使人们的伦理生活有宽广的境界。这些评述虽然反映了张颐和黑格尔一样具有相同的哲学立场,但也表现了他对人生理想的探索与追求。

2. 阐明了黑格尔伦理学说的一般特征

张颐认为,"贯穿于黑格尔伦理学说的最显著的特征是道德伦理与现实的统一"。② 表现在合理的东西与实在的东西的统一,理想的东西与现实的东西的统一,以及意志和自由的唯理智论等。他指出,在黑格尔看来,首先哲学的任务不是创造乌托邦,"而是分析权利、义务和道德的现存体系,以便为他们提供可理解的和能以某种方式证明是正当的理由"。③ 例如,在"法哲学"的序言中,他提出了一个著名的命题,即"合理的就是实在的,而实在的就是合理的"。④ 其目的"不是想设计理想社会和道德秩序,而是想理解和解释存在的现实,即指出现存形式中的合理的方面,从而尽力地使人们适应现实"。⑤

---

① 张颐:《黑格尔的伦理学说——其发展、意义与局限》,第88页。
② 同上。
③ 同上。
④ 同上。
⑤ 同上书,第92页。

又如谈到自由的唯理智论时,黑格尔认为"有理智的意志本质上是自由的"①,但真正的意志自由不同于放纵的、专断的与任性的自由;"真实意志的真正自由是既自由又受限定的"②,或者说,"真正的自由是自我意欲的必然性"③。张颐的这些介绍说明,黑格尔的伦理学说与他的整个哲学体系一样,都是为普鲁士国家服务的。因此,当时便遭到一些人的质疑。

然而,在张颐看来,"黑格尔关于合理与实在、理想与现实的统一或一致的观点,不是任意的或无充足理由而提出的"④。为此,在阐述上述特征表现的基础上,他使用了不少篇幅论述了形成黑格尔伦理学说的根源。认为在理论上,除接受了希腊文化的影响外,还指明了他的形而上学根据。他写到,在这一方面,"黑格尔主张实在性与理想性没有什么区别,以致实在性就是指某种东西的表现符合它的本质特征,或者某种东西与它的概念相符"⑤。就是说,"理想性不是在实在性之外和实在性无关的东西,理想性的概念正在于它是现实性〔或实在性〕的真理。当现实性明白地表达了或可能实现理想性隐含的东西时,马上就可看出现实性应该是理想性"⑥。所以,在黑格尔的伦理学说中,伦理和现实是没有任何分离的,由是,理想与现实、合理与实在便这样高度统一起来了。

不过,值得重视的还是,张颐把黑格尔的伦理学说与当时欧洲的历史情况联系起来,以鲜明的态度阐明了它产生的社会历史根源。他写道:"德国曾被拿破仑征服。解放战争只是成功地摆脱了法国的枷锁,德国仍然缺乏民族统一、民族实力和民族智慧。对自由生活的模糊的渴望,伴随而来的浮夸的热情和瞬间的冲动,在黑格尔看来都无济于事。他确信只有形成一个强大的、统一的、由贤明统治的国

---

① 张颐:《黑格尔的伦理学说——其发展、意义与局限》,第 93 页。
② 同上书,第 93—94 页。
③ 同上书,第 88 页。
④ 同上书,第 88—89 页。
⑤ 同上书,第 89 页。
⑥ 同上书,第 90 页。

家,才能拯救日耳曼民族。也就是说,民族的、理念的、精神的自由除了借助于现实立即建立起制度化的生活以外,是不可能实现的。"① 对这段话作出进一步的解释,就是:黑格尔的伦理学说是适应日耳曼民族的发展产生的,是为他的国家走向繁荣服务的。这对于理解他的伦理学说,以至他的整个哲学体系的进步本质,都具有重要意义。张颐突出地把这一点加以强调,是有其针对性的。

3. 消除了一些人对黑格尔伦理学说的误解

黑格尔的有关论著问世后,由于他在伦理学说中主张实在与合理、理想与现实的统一或一致,因而招来社会上一些人对他的责难。例如有的因此谴责他的这种主张是把现存的社会制度看成是最终的社会制度,宣称如果像黑格尔这样接受或崇拜"现实主义",那么对于道德进步来说,将是毁灭性的。然而在张颐看来,显然这是对黑格尔伦理学说的误解。因为从黑格尔"自己的话中可以很明白地看到,他绝没有假定或暗指过道德的停滞"②;相反,在他的"精神哲学"与"法哲学"中阐明的观点却是,由于"任何民族或时代的制度化的生活受到地理环境和暂时条件的限制"③,因此,"作为有限的或受到限制的东西,每个民族或时代必须经过辩证过程。在这个辩证过程中,每个民族或时代能够且实际上必须通过相互的调解,为促进道德和伦理生活以及为促进人类的一般文化的共同财富作出贡献,而每个民族或时代都不能独自希望达到完善和终点"。④ 张颐认为,这不仅是黑格尔在其早期著作中有重点地论述过的主张,而且实际上也是他始终坚持的观点,即"认为只有通过现实理念才能实现,而这是与'崇拜现存的实在性'完全不同的"⑤。因此,张颐指出,可见,"上面对黑格

---

① 张颐:《黑格尔的伦理学说——其发展、意义与局限》,第90页。
② 同上。
③ 同上。
④ 同上。
⑤ 同上。

尔的责难不能是公正的"①。

又如，同样是因为黑格尔前面的主张，还有人指责他忽视了"在现存世界中存在许多不合理的和不能令人满意的甚至确实就是坏的东西"②。对此，张颐的解释是，在黑格尔的伦理学说中，"被认为是实在的东西必须对它的概念来说是真实的，而不仅仅是在短暂的现象中显现出来的实在或具有实在的（与想象相对的）存在"③。具体说来，"各种事物根据真理的程度或它们各自的概念的符合程度而不同，因此就产生了实在性的程度，更确切些说是对概念的符合性。只有真正实在的东西才是完全合理的。实在性是与整体有关的合理性。合理性的暗示和迹象在自然形式和可理解的事物中，同样在人的思想、行为、关系、制度和创造物中随处可见。但是这并不意味着各种完全不同的实在的细节都同样合理"④。由此可见，黑格尔并没有忽视被人指责他的那些社会现象。因此，张颐认为，通过这些材料以及对它们的辨析，"足以挫钝上述批判的锋芒"⑤。所有这些解释都是有根据、有说服力的。

4. 批评了黑格尔伦理学说中存在的局限性

虽然张颐推崇黑格尔及其哲学，但在评论其伦理学说时，与听教授们的讲课和读哲学大师们的著作一样，并不认为是尽善尽美的。因此，在确定对待它的态度时绝不盲从，而是从自己的哲学信念出发，有肯定、有批评、有发展，始终坚持具体分析的态度。其中，在批评黑氏伦理学说的局限时，指出"它在哪些方面是不能令人满意的"⑥，就是最好的证明。

例如，在介绍绝对伦理部分把国家的社会等级分为三等，以及它

---

① 张颐：《黑格尔的伦理学说——其发展、意义与局限》，第 90—91 页。
② 同上书，第 91 页。
③ 同上。
④ 同上。
⑤ 同上。
⑥ 同上书，第 13 页。

们各自享受的伦理地位后,张颐指出,"在黑格尔看来,绝对伦理只是第一等级——自由人——的平等中才得到实现。市民阶级符合相对的伦理性,而农民只具有无机的伦理性。在这方面,黑格尔是很不公正的"①。原因在于,市民和农民辛勤地为国家整体的物质需要和满足进行劳动、改造职责、创造财产和财富,可是,他们这种为国家增强实力的伦理行为却没有得到足够的估计。张颐对此进行了严肃的批评。在他看来,不同的等级虽然在为国家所作贡献的重要性方面会出现某些差别,"但是,就所有等级都发挥了必不可少的功能而言,任何等级的伦理价值都绝不能否认。而且,开始坚持认为绝对伦理是存在于整个国家中的和整个国家具有的遍及所有等级的精神,然后又把绝对伦理放在第一等级,这在逻辑是自相矛盾的"②。在这里,揭露了黑格尔平等观上的偏见与表述上的前后不一贯。

除此之外,张颐还批评了黑格尔伦理学说中绝对精神对人类个性的压抑,及其民族主义与文化霸权主义的倾向,甚至对其辩证法也进行了辩证,认为他没有把伦理学中的特殊辩证法与其体现绝对精神的一般辩证法区分开来,等等。所有这些批评,既是针针见血的,又是十分公正的,充分显示了张颐研究黑格尔哲学的勇于探索的精神。因为从这里可以看到,他把黑格尔伦理学说中永恒的东西与由于其来源的特殊环境而形成的,几乎是偶然的、即使还没有死亡但确实是垂死的东西区分开来了。所以,这些批评既是对黑格尔进行哲学创作时留下的理论困难与教训的总结与反思,又是通过自己的进一步研究对这些困难与教训的克服与超越,因而使黑格尔的"哲学进展了"③。

总之,这些评论说明,一方面,张颐把黑格尔的伦理学说视为西方的一种进步的哲学理论加以研究与引进,因此,在基本倾向上他给它以充分的肯定与有力的辩护。但是,另一方面,他对其中某些局限

---

① 张颐:《黑格尔的伦理学说——其发展、意义与局限》,第23页。
② 同上书,第24页。
③ 史密斯:《黑格尔的伦理学说》"序",见《张颐论黑格尔》,第8页。

性,不但有理有据地进行了严肃的批评,而且还运用自己的研究成果去纠正它与克服它,充分表现了张颐研究黑格尔哲学的开拓精神。

三　影响与遗憾

张颐的博士论文《黑格尔的伦理学说》,是中国学者研究黑格尔哲学最早撰成的一部专著。张颐回国后,先于1924年以英文原文发表在《学艺》杂志第6卷第1至3期与第6期上,后于1925年仍然用英文由商务印书馆出版,次年还再版过一次。

这也是中国学者研究黑格尔伦理学说出版最早的一部著作。当它以英文在中国付梓问世时,当时英国研究黑格尔哲学的著名学者,即负责审定张颐博士论文的史密斯教授为该书作序。在序中,他称这是张颐"对有关材料进行耐心而透彻研究的成果,也是对我们能自由使用的有意义的论据及其相互联系深思熟虑的成果"①。认为在这本书中,张颐向他的同胞"介绍的是西方关于人类行为与生活的高水平的思想"②,并指出他在介绍时,不但把黑格尔伦理学中永恒的东西与偶然的东西区分开来了,而且还公正地揭示了这位大师的世俗品质,"既指出其力量,又指出其软弱"③;尤其在论述黑格尔关于家庭及家庭与国家的关系时,"他不只批评了黑格尔,而且考察了一般西方思想与制度所依据的偏见"④,并在吸取黑格尔教训的基础上,提出了纠正它的主张,从而"对哲学的进展作出了贡献"⑤。因此,在他看来,"这项成就不只是对张博士的辛劳和眼力的高度赞扬,而且必定会受到许多人的欢迎"⑥,甚至对于促进东西方相互了解的

---

① 史密斯:《黑格尔的伦理学说》"序",见《张颐论黑格尔》,第7页。
② 同上书,第8页。
③ 同上书,第7页。
④ 同上。
⑤ 同上书,第8页。
⑥ 同上书,第7页。

发展与巩固,也会发挥大家都希望看到的积极作用。这是当时一位对张颐这项研究知根知底的西方学者对其成果的全面而精到的评价。

当它出版后,立刻引起了西方学术界的重视与好评。例如,1927年英国的墨铿惹(S. Mekenzie)教授在美国芝加哥大学的《国际伦理》杂志上刊出了他对张著的书评。在评论中,除了热情地表达了对该书出版的欢迎态度外,还郑重地表示一定要大力地把它推荐给西方的哲学界。因为在他看来,读过这本书后,可以消除一些西方人对黑格尔伦理学说以至整个黑格尔哲学的许多误解。又如,1928年德国著名的黑格尔研究专家拉松(Georg Lasson)在柏林的《康德研究》第33卷上评述张颐的著作时,认为其中对黑格尔的评论要比许多德国学者中肯与公正。具体说,发生在哲学史家费歇尔著作中的那些弊病,在这本书中便难以发现。除此以外,还有一些西方学者采用其他方式,也表达了对张著的高度关注。其中,有的虽然不是哲学家,如习尔熙(E. Hirsch)教授,却在德国莱比锡大学的一份杂志上撰文评述张著,这充分反映了张著出版后在西方学术界引起的热烈反响;有的因种种原因没有写出书评,如英国的白莱德(B. Baillie)教授,却致信张颐,以真挚的态度给它以充分的肯定。 部中国学者研究黑格尔哲学的著作,如此受到国际哲学界的广泛关注与积极评价,这在西方哲学东渐史上是不多见的。

同样,它也得到了中国学者的热情欢迎。其中,贺麟的态度具有代表性。本文开头引证他的那番话,可以说是他对张颐在西方哲学东渐史上重要地位的总体评价。不过,在此之前的1945年,在其《当代中国哲学》中谈到西方哲学在中国传播时,便不但提到了张颐的这部著作,而且认为由于他主持北京大学哲学系,系统讲授康德与黑格尔哲学,使"中国才开始有够得上近代大学标准的哲学系"[①]。后来,1982年,在《康德黑格尔哲学东渐记》中,他还相当全面地阐述了张

[①] 贺麟:《五十年来的中国哲学》,商务印书馆,2002年,第25页。

颐研究西方哲学的过程、活动与成就,其中突出地强调了他的博士论文在西方学术界的影响。然而,由于这部著作仍然没有译成中文出版,使他深感不安。他写道:"半个多世纪过去了,先生的这部主要著作一直未能在故土翻译出版,实为憾事。"① 因为在他看来,"张真如先生在西方哲学、康德和黑格尔哲学传播于中国哲学界的过程中作出了不可磨灭的贡献"②,而其贡献的主要表现除主持北大哲学系与讲授康德黑格尔哲学外,主要体现在这部著作中。他认为,书中张颐论述的观点,直到现在仍然"是富有教益和启发性的"③,就是说,它"在今天仍然是有独特价值的"④。他指出,如果把它译成中文出版,那么,"必将对我国的黑格尔哲学研究,特别是伦理学说、政治学说的研究,产生积极的推动作用"⑤。因此,他念念不忘此事。而且正是由于他的多方奔走与努力,经张桂权翻译,这部著作才于 2000 年由四川大学出版社付梓同读者见面了。不过,这时离张颐用英语撰写此书已整整过去 73 年,使这一重要学术成果的积极作用长期没有充分地发挥出来。令人遗憾!

---

① 贺麟:《张颐论黑格尔》"译序",第 5 页。
② 同上。
③ 同上。
④ 同上。
⑤ 同上。

寻找入世的真理[*]
——以章太炎、太虚与欧阳竟无的观点为例

中山大学哲学系　李兰芬

近现代佛教研究面临的最大问题,莫过于解脱与入世的关系问题。西方文化对东方世界的冲击,不仅改变了东方世界人的生活方式,而且撼动着东方世界古老的价值信念。东方世界的宗教如何面对来自西方文化的世俗性挑战,及如何重新调整自己原有的信念,以维持其对东方世界人心灵的作用?对佛教而言,原先为解脱而具的出世情怀,除必须增加济世的慈悲外,还必须为这种"人乘法"[②]寻找出世的真理及正确的方式。[③] 其中,哲学的真理能否与佛学的真如相提并论,是佛教研究中理性地理解佛教当代使命的一个关键问题。

本文企图通过比较中国近代佛教复兴运动中的三位思想家的观点,提出当前的佛教研究仍需关注哲学与佛学的关系问题。

---

[*] 本文专为韩国东国大学"世界化时代人文学的定位和作用"国际学术研讨会(2006年11月)而作。题目中的"真理"喻意与哲学智慧相关的、被欧阳竟无先生坚称的佛学中的"真如"。本文曾发表于《现代哲学》,2007年第2期。

[②] 太虚大师的话。

[③] 龚隽在《近代佛学从经世到学术的命运走向》(《哲学研究》,1997年第5期)一文中,仔细分析了近代学者从其对当时中国社会命运的自觉担当中,企图从佛学中不仅寻找救世、救人心的资源,而且寻找应对与西方物质文明相伴的精神文明挑战的理性资源。

一　从章太炎先生的问题说起

佛教在当代的使命问题为何必须牵扯佛学与哲学的关系问题，在近代中国的学人及佛学大师那里有充分的自觉。①

在中国近代佛教复兴运动中，首次将佛教发展及当代使命与哲学自觉相关起来的是章太炎先生。②

在其著名的讲演稿"论佛法与宗教、哲学以及现实之关系"中，首先，章太炎先生不仅提出了佛教尤其是佛法与宗教及哲学的关系问题，而且更明确地将问题的讨论放在现代背景下，强调这是与佛教"世间法"或"佛法应务"有关。③

其次，他注意到中国佛教与印度佛教的差别，明显地体现在由于"精细的研求"不足，以致中国佛法的理论较为粗糙。而来自印度传统的佛法原本是讲求"智"、"觉"，首先求得"理论极成"，尔后才是"圣智内证"。④ 因而，重新说佛法偏哲学而不为"宗教"，主要体现在对佛法理论的精确要求。⑤

第三，章太炎先生同时注意中国佛法因吸收老庄思想，在入世情怀的体现上有比印度佛教更为圆融的地方。章太炎先生虽没有直接肯定哲理与现实的正确看待之间有密切关系，但从其认为中国佛法

---

① 参看圣凯法师：《"佛法非宗教非哲学"之辩——评近代中国知识分子对佛法、宗教及哲学的理解》(戒幢佛学教育网 http://www.jcedu.org/index.php)。
② 章太炎先生著名的讲演稿"论佛法与宗教、哲学以及现实之关系"，虽然题目是黄觉民先生整理时所加，但其讲稿内容充分展现了章太炎先生对此问题的认真及深刻思考。(参看黄夏年主编：《章太炎集、杨度集》，中国社会科学出版社，1995年)
③ 黄觉民对章太炎先生文章的重新命名，显然依据章太炎先生文章中的第四部分及"论佛法与宗教、哲学以及现实之关系"。
④ 参看氏文第一部分。
⑤ 参看氏文第三部分。

借中国传统思想而产生出"性起品"思想能更为明白地说明人的无明所生之缘,及其强调佛法在"应务"上须"与老庄和合"这两点上,可以看到章太炎先生实际认为,只有精确的哲理能使人真正断幻识,而体佛之"世间法"。①

但在这篇著名的文章中,"哲学"一词的含义不算十分明确。固然,哲学的理性色彩是章太炎先生始终强调的。章太炎先生正是从哲学的这一特色上,大致认为佛法与哲学没有太多的差异。"佛法只与哲学家为同聚,不与宗教家为同聚"。但当章太炎先生将佛法与具体的世间各种哲学理论相比较时,无疑他更强调的是二者的差异。首先,他看到世间哲学只讲理论而没有实践,而佛法则不只"理论极成",且"圣智内证"。如从宽泛意义上,章太炎先生将佛法比喻为"哲学之实证者"。② 其次,章太炎先生眼中的两种哲学理论,既包括来自以古希腊哲学为代表的、"据着道理的辩,总愈辩愈精"的西方哲学③,也包括中国不是"执着宗教的辩"、"愈辩愈劣",却是"直见万世的人情"、"救时应务"的老庄哲学④。这些类型的哲学对于"补苴"佛法"不圆满处"有"脱除障碍,获见光明"的作用。⑤

从上可见,尽管章太炎先生力图从佛法的现代改革角度上,重提与哲学相关的"智道解脱",强调佛法圆通"真谛"与"俗谛"及行"世间法",必须首先为自身寻找正确的入世真理。但在他的论述中,对于佛法与哲学关系问题的讨论,仍然留下了尚待进一步探讨的问题:虽然哲学理论内容上的"入世",有助于正确达到"物知"及"自然"⑥;哲学理论形式上的严谨,也有助于将高远的哲理通过"精

---

① 参看氏文第三及第四部分。
② 参看氏文第一部分。
③ 参看黄夏年主编:《章太炎集、杨度集》,第 7 页。
④ 同上书,第 7 页、16 页。
⑤ 同上书,第 7 页。
⑥ 同上书,第 6 页。

确的研求"而"通俗谛"。① 但哲学"纯靠理论,没有实验"的思辨特性②,是否能真正帮助佛法实现"救时应务"的历史使命?

此问题在另外两位精研佛法的大师中有不同的论述。

二 太虚大师的宽容

倡导"人生佛教"的太虚大师,对哲学与佛法的关系有极为清醒而且十分包容的看法。

对佛学发展有深刻影响的太虚大师,首先明确当代佛教的使命为"人乘法"③,指出佛教不应离世而实现解脱,而应在入世中"以无上正遍觉觉察万有真相","更详此所以察悟之法以教人",即"一则谈理、一则实验也"。④

其中,佛学必须自觉担当"为导人以'无上正遍觉'觉'万有真相'。"⑤(《人生佛学的说明》)当代佛学在太虚大师看来有两大原则:"一曰契真理;二曰协时机。"(《人生佛学的说明》)从具有中国传统特色的"体用"思想出发,太虚大师认为这两个原则,对于佛学的存在与发展缺一不可,"非契真理则失佛学之体,非协时机则失佛学之用。"(《人生佛学的说明》)

---

① 参看黄夏年主编:《章太炎集、杨度集》,第12页。
② 同上书,第6页。
③ 太虚大师在其《佛教人乘正法论》中,对佛教的五乘法有详细的分析,并肯定在当今世界中,佛教更应发挥的是自己所主张的"人乘法"。参看黄夏年主编《太虚集》。
④ 太虚:《人生佛学的说明》,黄夏年主编《太虚集》。
⑤ 按当代学者对佛教、佛学与佛教研究三个概念的简单分疏,便是"佛教、佛学与佛学研究是相互关联的三个概念,佛教是指佛(佛教创立者)、法(佛及其弟子所传一切教法)与僧(依佛法修行的僧团)的统一体,佛学是指佛教中的法这一部分,佛学研究则是指对佛法中所蕴涵的学理的探究。"(参看冯焕珍:《现代中国佛学研究的方法论反省》,拙风文化网,http://www.wenhuacn.com/zhexue/fojiao.asp)

为着"契真理",太虚大师指出第一得明白何为"真理","佛学之真理即为宇宙万有之实相,无始常新"①。或"真理即佛陀所究竟圆满觉知之'宇宙万有真相'"。(《人生佛学的说明》)第二必须明白"真理"在"时机"中呈现。那么,何为"时机"?"时机乃一方域、一时代、一生类、一民族各别之心习或思想文化。"(《人生佛学的说明》)

另外,为明确"真理"的"理",太虚大师强调,"真理"虽涵盖万事之真相,但"理"却既与"宇宙之根本"及求理有关。正是因为这种强调,太虚大师将"真理"着重在现代学术中的哲学的意义上讲。他这样看待佛学与哲学的关系:"佛学即是觉了人生宇宙实事真理之学,是转迷启悟的、破除无明长夜黑暗的。"②"'理',理由教出,谓闻法受教之人,起研究心,问答辩难,分条析理。""中西哲学,虽名派不同,然以探究人生宇宙根本而作概括说明者为哲学,大致无疑。""佛法之理,不舍一法,故无法不说,无微不至。即如印度小乘学有二十支流,虽各别不同,而对于万有之理无不尽量发挥;大乘亦然。所以从'理'之研究说,亦可名哲学。"③

尽管太虚大师凭着宽容的态度,仔细考量和肯定了当代各种思想及学术理论。坚信"文化,无论属于宗教、哲学、科学等任何方面,他本身的使命,是改善人类生活向前进步的,但采取方法和手段是可有各不相同方面的,所以,结果也成为各式各样的文化"。当今的佛学,"须研究各民族文化生活相异点和相同点,彼此能完全了解,将以前的互相异视隔膜的情形无形消灭,把世界各民族的特长文化,综合起来构成为世界人类的文化,此为将来世界人类文化重要的意义。"④

但太虚仍然指出佛法、佛学与世俗学术,特别是与哲学不能等同,"佛法基本的'空'观实乃对世学不抱任何成见在胸的'法尔如

---

① 太虚:《佛学概论》,http://www.unc.edu/~zhaoj/buda/taixu/index.html。
② 太虚:"什么是佛学",黄夏年主编《太虚集》。
③ 太虚:《佛学讲要》,http://www.unc.edu/~zhaoj/buda/taixu/index.html。
④ 太虚:《佛学在今后人世之意义》,http://www.unc.edu/~zhaoj/buda/taixu/index.html。

是';但佛法更以般若智慧超越凡俗层次,达到对现实存在的真正把握,因而是超越成为现代学术主流的各实证主义、现实主义派别的'真'现实主义。佛法之真现实主义'镜涵万流,含容一切',对现代科学、哲学及一切物质的、精神的现象与问题,均能'圆满'解释。"①佛学"其所依教,既从修正到之果流出,而研究后又须趋向于行果,故亦非其他哲学可比例"。(《佛学讲要》)

问题仿佛又回到了章太炎先生原先疑虑那里去了。学术形态的哲学在"知"上,有值得当代佛学可比拟及借鉴的地方,但在"行"上,当代哲学是否又能再为佛法、佛学提供不同的思想资源呢?对于各种哲学学说有深刻理解及评判的太虚大师②,这样概述了佛学与哲学的异同:"哲学虽与佛学的同一说明人生宇宙,而实与佛学不同。佛学之出发点,由于修养所成圆觉的智慧,观人生宇宙万有真理了如指掌,为了悟他而有所说明;所以佛学虽可称哲学而又不同哲学。且佛学不过以解说为初步的工作,他的目的在实行气盛的事实,如度一切众生皆成佛道,变娑婆秽土而为极乐是。"③

学问的目的不同,分辨了世俗哲学与佛学的功用;而学问眼光的不同,又导致世俗哲学与佛学在学问内容上的深浅程度不一。真正能了世间真相,而体学问之真入世功能的,果真与哲学无关吗?

欧阳竟无对此是作了肯定的回答的。

三 欧阳竟无先生对哲学的拒斥

掀起近代中国佛学研究中关于"佛法是哲学非哲学"争论的人,

---

① 参看邓子美:"二十世纪中国佛教智慧的结晶——人间佛教理论的建构与运作",载《法音》1998年第6期。

② 太虚大师有专门的文章(参看其《西洋中国印度哲学的概观》、《佛学与宗教哲学及科学哲学》及《什么是佛学》中的第二部分"佛学的适应"等)及名著《真现实论》,对各种学问,尤其是对各种哲学理论作了概述及评判。

③ 太虚:《什么是佛学》,黄夏年主编《太虚集》。

正是欧阳竟无先生。①

欧阳竟无先生在中国近代以来的佛学发展中,以理性研究佛法而著名。② 其创立的支那内学院对中国佛学的发展,尤其是对复兴唯识学研究,起过巨大的作用。

但令人费解的是,欧阳竟无先生却极力主张佛法与哲学划清界线。原因何在?欧阳竟无先生自己是这样陈述的:

首先从概念含义上说,佛法与哲学毫不相干。"何谓佛?何谓法?何谓佛法?按:佛家有所谓三宝者,一、佛宝,二、法宝,三、僧宝。佛宝指人,法宝指事,僧者众多弟子义。宝者,有益,有用之义,言此三者能利益有情,故称为宝。……法,则范围最广,凡一切真假事理,有为、无为,都包括在内。但包含既如此之广,岂不有散乱无章之弊耶?不然。此法是指瑜伽所得的。瑜伽者,相应义,以其于事,于理,如如相应,不增不减,恰到好处,故称为法。此法为正觉者之所证,此法为求觉者所依,所以称为佛法。""宗教、哲学二字原系西洋名词,勉强比附在佛法上面。但彼二者,意义既各殊,范围又极隘,如何能包容得此最广大的佛法?正名定辞,所以宗教、哲学三名都用不着;佛法就是佛法,佛法就称佛法。"③在这里,欧阳竟无先生至少从三个方面界定了佛法的含义:一是事与理,有为与无为;二是其获得方式是于事于理如如相应的瑜伽;三为正觉者所证,所依。

那么,哲学如何又表现出与佛法的意义殊异,并此范围极隘呢?

---

① 从广泛意义上,欧阳竟无先生将哲学与佛法的关系问题,与佛法与宗教的关系问题放在一起来讨论。实际上,太虚大师关于佛学与哲学、佛法与宗教及哲学关系的许多看法,是针对欧阳竟无先生的"佛法非宗教非哲学"的断定来说的。

② 参看刘成有:"论20世纪中国佛学对科学主义的回应",载《首都师范大学学报》2000年第4期。龚隽在《欧阳竟无与"人间佛教"之比较——从佛教与政治、佛教研究法两方面看》(《江西社会科学》2004年第5期)一文中再次提到,欧阳竟无先生从理性角度强调佛法、佛学,仍然与其对当时中国社会命运的入世担当有关联。

③ 欧阳竟无:"佛法非宗教非哲学",载黄夏年主编:《欧阳竟无集》,中国社会科学出版社,1995年。

欧阳竟无先生从三个不同的方面来分析：

一、"哲学家唯一之求在求真理。"而"所谓真理者,执定有一个什么东西为一切事物之究竟本质,及一切事物之所从来者是也。"哲学家如何"执"呢？以西方哲学家为例,"对于世间一切事物,你猜过去,我猜过来,纷纭扰攘,相诽相谤。皆是执定实有一理"。

而"佛法但是破执,一无所执便是佛也,故佛之说法,不说真理而说真如。真如者,如其法之量,不增不减,不作拟议揣摩之谓。法如是,说亦如是,体则如其体,用则如其用,绝不以一真理范围一切事物,亦不以众多事物奔赴于一真理,所谓在凡不减,在圣不增,当体即是,但须证得,凡物皆然,瞬息不离者也。夫当体即是,何待外求？如彼所计之真理,本来无有,但属虚妄,何待外求？有则不必求,无则不可求,故云不求真理也"。（《佛法非宗教非哲学》）

如果说,不管所"执"何物,"执"仍为哲学之本性,那么,佛法又如何能因哲学所究是一切事物的本质,而不破其在"究"中所显之个人的"虚妄"之"执"呢？

二、"哲学之所探讨即知识问题。所谓知识之起源、知识之效力、知识之本质,认识论中种种主张,皆不出计度分别。"（《佛法非宗教非哲学》）

而"佛法不然；前四依中说依智不依识①,所谓识者,即吾人虚妄分别是也。所谓智者,智有二种,一者根本智,二者后得智。"（《佛法非宗教非哲学》）

欧阳竟无先生断定,无论独断论、怀疑论或积极论之哲学,都不离"执法尘"、"执一常",如此"独隤一知识,而求知识之来源、效力、本质绝不能得其真相也"。"是故哲学者,无结果之学也！"（《佛法非宗教非哲学》）

三、虽然"哲学家之所探讨为对于宇宙之说明",但"彼诸哲学家

---

① 在同篇文章中,欧阳竟无先生提到,佛人涅槃时教弟子"四依"：一者依法不依人；二者依义不依语；三者依了义经,不依不了义经；四者依智不依识。

所见所知于地不过此世界,于时不过数十年间,不求多问,故隘其量,故扁其慧"。

但相比而言,"彼诸佛菩萨自发起无上菩提心、广大心、无边心以来,其时则以一阿僧祇劫明此事,二劫见之,三劫修满而证之,然后随身现化,普度有情,以彼真知觉诸后起,其说为三世诸佛所共证,而莫或异;其地则自一世界至无量边世界而不可离。舍此不信,徒自暴绝,以萤火之光当日月之明,高下之辨不待言矣!"(《佛法非宗教非哲学》)

从对各种哲学家理论所取之证据来看,欧阳竟无先生讥讽哲学家不懂"牵一发而全身动","必知二阿僧祇劫然后知此一刹那","必知无量无边世界而后知此一世界"之理,更不明"人智原有高下之不齐","断不可用常情度高明之所知"。(《佛法非宗教非哲学》)

欧阳竟无先生清楚,自己也与科学家、哲学家一般,脱不了"同处梦中"、"智虑不齐"之嫌疑,是否能真正做到"以梦中人之妄测大觉者之真证"?(《佛法非宗教非哲学》)

对此问题的回答,欧阳竟无提出了耐人寻味的佛法批评方法问题:一是有根据才能批评,这取自于科学精神的要求。"如真欲斥佛法之迷妄者亦非不可,但必先读其书,先达其旨,而后始可从事。苟于彼之书,尚未曾读或尚未能读,而动以逸出常情相非难,且将见笑于科学家矣!"(《佛法非宗教非哲学》)二是即便如此,佛法仍自在,自有:"于佛法奚损毫发耶?"(《佛法非宗教非哲学》)

欧阳竟无先生从"执"与"破执"上,区别哲学与佛法,将太虚大师关于佛学与哲学虽相别但仍可相通的宽容观点,重新拉回振兴佛法的根本之道在何的问题上。站在理性的角度,欧阳竟无先生认同必须明万物之真相,但他刻意拒"真理"之说,而坚持"真如",目的是强调佛教自身就有理性之源。重倡唯识学,就是他挖掘佛教历史中的理性之源,以应对近现代以来理性主义思潮的挑战。

欧阳竟无先生的努力,合时宜吗?

四 佛法、佛学与哲学的不明朗关系

欧阳竟无先生鲜明态度所引起的哲学与佛法关系问题的争论，一直没有停止过。佛教内外的学者，都试图从不同角度回答此问题。[①]

从根本上说，这是有关佛教在当代社会如何入世而实现自己以解脱普度众生目的的大问题。选择何种普度众生的方式，如何运用所选定的普度众生的方式，从来就是佛教发展中必须面对及回答的问题。

章太炎先生、太虚大师、欧阳竟无先生，都不否认对理性的足够重视及对世俗理性成果，尤其是哲学理论的了解（在章、太看来还必须学习），是当代佛教特别是佛法得以弘扬的必需路径。佛教对"无明"破除的要求，及不能等同迷信的自觉，使三位思想大师都不约而同地希望为佛教的当代入世重倡智道。

有感于中国佛教发展过程中，对智道的逐渐淡漠，章太炎先生及太虚大师希望从哲学中学习与佛法相关的智道。如严谨的推理，及对事物之理和宇宙的精确把握。尽管两人都首先从哲学不具备济世功能这点上看到哲学"知"与"行"的相对分离，进而再从哲学所涵盖内容之偏隘上，强调哲学不可能是佛法本身。但他们仍然期待对哲学的重视，可以相对地弥补现代佛法特别是佛学自身存在的不足。

欧阳竟无先生对哲学却没有如此乐观的期待。他的批判，从文章看来，还只是限于理论形式及理论内容的抽象讨论上，但他对哲学坚拒的态度足以让人警惕哲学即使只是表现在理论本身的局限性。

[①] 参看圣凯法师：《"佛法非宗教非哲学"之辩——评近代中国知识分子对佛法、宗教及哲学的理解》(戒幢佛学教育网 http://www.jcedu.org/index.php)。

他一再提到哲学理论及哲学家的"执",确实点中了哲学的天生弱点。本来,人之有限,人的思想之有限,如欧阳竟无不敢妄言自己也是直通、全解佛性的注定缺陷一般,与人的眼光及能力之必然不完满有关。但欧阳竟无先生清楚地看到,佛法是时刻提醒人必须自觉限制自己对自己的妄动,而哲学、哲学家呢?

也许,苏格拉底所体现的古典希腊的批判精神"人当自知无知",在今天的哲学理论及哲学家这里已渐渐遗忘。世俗化的进程,带来的是也不能免俗的哲学家的日益狂傲,还有其哲学理论的日益"独断"。这些,是深谙当代学术的欧阳竟无先生担心传染给佛教,特别是传染给佛学研究者的。他对哲学的拒斥及划清界限,或许从极端意义上,又使佛法重新从其主动萌生的入世担当里退缩回佛法智道可能带有的"精微"及"玄远"中。

正是由于此,当代的佛学、佛教发展没有完全按照欧阳竟无先生的智道思想发展下去,或说,没有主要地按照欧阳竟无先生的智道思想发展。这当然是因为当代佛教已经不可能退回象牙塔,佛教入世的担当在如何走智道之路问题不算十分明确的情况下,将其直接转化为入世的践行。中国佛教日益蓬勃的人间佛教运动,就是佛教入世践行的最好体现。①

可回过头来看,佛法研究或佛学会否因为佛教践行的过分侧重,而又重回章太炎先生及太虚大师曾批评过的"粗糙",并导致佛教无法真正明了世间万事万物之真相,其入世的担当也可能建立在同样是人本身局限性而致的"虚妄"基础上呢?

与哲学的关系,该如何清醒看待,相信仍是当今佛学必须正视的一个大问题。

---

① 印顺法师从佛法研究的严格意义上,将原本太虚大师倡导的"人生佛教"更名为"人间佛教"。使佛教对现世人间的担当作用更为自觉及清楚。

谢卫楼与晚清西学输入

中山大学历史系 吴义雄

在晚清西学东渐过程中,基督教传教士发挥了重要影响,此为学界共知的事实。在这方面,迄今学界关注的重点,在于19世纪后期传教士与西学输入之关系。这是因为自20世纪初开始,由于西学输入的渠道逐渐拓展,传教士的重要性相对下降。而且,由于种种原因,传教士群体进行的西学输入活动在新的世纪也明显减弱,以往那种独领风骚的局面难以再现。但在20世纪之初,传教士输入西学的工作仍在延续,虽然19世纪后期那种名家辈出、名作纷呈的境况已难以再现,但仍有一些具有重要影响的传教士从事这方面的努力,并呈现出新的特点。其中,谢卫楼是一位很值得注意的人物。本文将以谢卫楼在清末10年间的相关活动为主,讨论他对中西文化问题之认识,以及他在近代中西学术文化交流史上之影响。

一

谢卫楼(Devello Zelotos Sheffield),字子荣,美国公理会来华传教士。谢卫楼于1841年生于纽约州的怀俄明县(Wyoming County)。他幼时在家乡上学,青年时代曾参加美国内战,战后返乡任教。1866年春,他"经历了一次宗教体验",不久进入本州的奥本神学院(Auburn Theological Seminary)学习三年。在神学院期间,他开始向往海外传教活动,在毕业前入了美国公理会的海外传教差会美部会(American Board of Commissioners for Foreign Missions),并被分派到该会华北传道团。他在1869年5月从神学院毕业,受按立为牧师,不久后就携新婚夫人赴华。①

谢卫楼在1869年11月底抵达直隶通州,成为美部会华北传道团通州传教站的一员。他在中国度过将近44年的时光,直到1913年7月1日去世。其间除到上海、南京、保定、东北等地参加会议或从事传教活动,以及大约5次返回美国短期休假外,他一直在通州,履行作为一个传教士的使命。在去世之前,谢卫楼是新教在华传教士中具有重要影响的人物。在1890年的来华新教传教士第2次全国大会上,他被任命为《新约圣经》汉语文理本修订委员会主席,在1907年新教来华传教百年大会时提交了《新约修订》本。他还被任命为《旧约圣经》修订委员会主席,由于健康原因,他在1912年完成自己分内的修订工作后才退出这个具有重要影响的委员会。② 1899年,谢卫楼成为"大学基督教青年会"主席之一。在他的晚年,他竭力促进华北地区新教各教派之间的合作,成为基督教合一运动的支持者。下文将会谈到,在相当大的程度上,他的思想和活动决定了华北协和书院的创立。

到通州后,谢卫楼除从事教务外,花费很大精力从事的一项工作,就是学习中文。据美国传教士明恩溥说,经过5年的努力,他在对外国人来说相当难学的中文方面取得长足进展,"被认为是华北地区最有前途的5个人之一"。③ 在漫长的传教士生涯中,娴熟的汉语水平使他成为"令人印象深刻的布道者"。1913年,美国基督教青年会的领袖人物、世界基督教学生同盟主席穆德(John R. Mott)来华

---

① Roberto Paterno, "Devello Z. Sheffield and the founding of the North China College", note 2, in Kwang-Ching Liu ed, *American Missionaries in China*, Cambridge, Mass: East Asian Research Center, Harvard University, 1966, p. 84.

② A. H. Smith, "In memoriam—Dr. Devello Z. Sheffield", *The Chinese Recorder*, 44:565.

③ Ibid., p. 565.

时,在北京和南京为他做翻译的就是谢卫楼。① 明恩溥在悼念文章中说,谢卫楼曾发明了一种"实用的中文打字机,并在纽约铸造了一台",但后因费用昂贵,未能普及。② 但由此可以看出,谢卫楼在中文方面是有相当造诣的,这为他后来的中文著述奠定了必要的语文基础。

虽然谢卫楼始终强调传教工作的首要位置,但他在中国为后人所知,却主要是因为他的教育活动。他到通州后不久,就接手该传教站所办的潞河男学蒙馆。他在来华前的教学经历,显然是他被推举为该校监督的主要原因。除花费相当大的精力管理这所规模不大的学校外,谢卫楼还在当地的一个神学校任教。谢卫楼投入很大精力的通州潞河男学蒙馆后来稳步发展,1886 至 1887 年间设潞河中斋(学),1893 年学校升格为潞河书院(North China College),但仍然保留潞河中斋。1900 年义和团运动期间,通州位处风暴的中心地带,所受冲击较大,潞河书院损毁严重。但 1901 年后,在谢卫楼和其他传教士的努力下,该书院重新恢复生机,并得到继续发展。在此过程中,谢卫楼一直担任监督之职。在经过数年的切磋和筹备后,1904 年,华北公理会与美国长老会、美以美会及英国伦敦会合作,成立"华北协和大学"(North China Union College),原来的潞河书院成为该校文理学院的基础,而谢卫楼则成为这所新成立的基督教大学的校长。③ 华北协和大学后来与汇文大学合并为燕京大学,后者在成立后发展迅速,成为中国基督教大学中最具学术声望的著名学府,而谢卫楼也被当

---

① A. H. Smith, "In memoriam—Dr. Devello Z. Sheffield", *The Chinese Recorder*, p. 567.

② Ibid., p. 568.

③ 关于谢卫楼的教育活动及通州公理会学校演变的情况,这里主要据 *The Chinese Recorder* 历年报道,以及约于 1893 年刊印于通州的一本小册子《潞河书院名册》之前言,佐以其他相关资料整理。另参考:Roberto Paterno, 前揭文;张建华:"传教士谢卫楼的教育活动",载《近代史研究》1993 年第 4 期;顾长声:《从马礼逊到司徒雷登——来华新教传教士评传》,上海人民出版社,2005 年,第 262—271 页。

作这所在近代中国教育史上极具影响的大学的先驱者之一。

谢卫楼在通州作为一个教师工作了 40 余年。他在 1909 年辞去华北协和书院院长之职,但担任教学工作直至 1913 年他去世之前。明恩溥评论说,"他最长久和最杰出的工作,就是做一个教师"。① 他在晚清基督教教育界影响甚大。1889 年,他是一个叫做基督教"实业教育委员会"(Committee on Industrial Education)的三位成员之一。1893 年,他成为基督教"中国教育会"(Educational Association of China)下属"出版委员会"秘书。其后,他又成为"出版委员会"及"地理与传记名词审定委员会"、"课程计划与敦促中国政府设立公立学校委员会"委员。

长期的教学使谢卫楼积累了丰富的经验,也编写了不少讲义,其中有些后来整理出版。如他在通州神学校的讲义后来被整理成汉语神学著作《神道要论》。1889 年,他又出版了《教会史记》一书,后来增订为《圣教史记》。② 他关于人文社会科学的几部中文著作,也是他在通州华北书院和华北协和书院教学过程中编订的,有关情况将在下文详细讨论。

二

谢卫楼与晚清西学输入的关系,可以 1900 年为界,分为两个阶段。

谢卫楼来华之时,正值洋务运动开始之际。但在 1900 年之前的大部分时间里,他似乎并未受当时传教士群起输入西学的潮流之影响。从 1869 年他初到中国后的 30 余年间,他所写作和刊刻的关于

---

① A. H. Smith, *op. cit*, p. 567.
② Cf. A. H. Smith, *op. cit*, p. 565; Roberto Paterno, *op. cit*, note 99, pp. 91—92.

西学的中文作品,除上面提到的神学和教会史著作外,就笔者所见,只有1882年上海美华书馆刊印的《万国通鉴》一书,和1896年他发表在《万国公报》上的"泰西之学有益于中华论"一文。

当然,从广义上来说,谢卫楼终生致力的基督教教育,也是传播西学的方式之一,并非只有著、译西学作品,才可算传播西学。不过,谢卫楼在19世纪后期之所以鲜有西学作品问世,并非因忙于教务和教学以致无暇兼顾,亦非因学术水平所限而力有未逮。他在30余年的时间里之所以中文著述稀少,是因为他有着与那些致力于西方学术文化输入的传教士不同的观念。

按照谢卫楼早期的观点,传教士的首要目标和主要工作,应该是"直接的传教活动",即通过向"异教徒"传播基督教教义、提供宗教服务等方法,吸引皈依者。为了达到这一中心目的,可以通过文字工作、教育、医疗等方法扩大基督教的影响,但这些不过是辅助手段,不能成为传教士工作的核心。在1877年5月第1次全国新教传教士大会期间,以及在此前后,在传教士中出现了关于教育与传教的关系的争论。"有些人支持(开办)学校,其他人则反对,甚至将之谴责为对募集资金的滥用,或是牧职的堕落"。① 美国长老会传教士狄考文(C. W. Mateer)认为,"新教传教机构应将教育作为其工作的重要组成部分",他从为基督教历史和基督教教育的实际效果都证明了这种必要性。② 而美国归正会传教士打马字(J. Talmage)则担心,尽管人们认为"教育是基督教的产物",但在实际执行过程中,会出现"将基督教作为教育的产物"这种"颠倒过来"的情形。③ 谢卫楼在会上"对教育工作表示完全的同情",但他具有和打马字"相

---

① C. W. Mateer, "The Relation of Protestant Missions to Education", in *Records of the General Conference of the Protestant Missionaries of China, Held at Shanghai, May 10—14, 1877.* Shanghai: Presbyterian Mission Press, 1877, p. 171.

② Ibid., pp. 171—180.

③ Ibid., p. 200.

似感觉",认为美部会50年的传教经验表明,"世俗的教育不会使人们自动地亲近基督;而且已经发现,受到简单的西方科学教育的人们比异教徒更难被福音所接触。"①他在会后写给差会的信中还评论说,那些热心于传播西学的基督教教育的人们没有充分重视这种工作的困难和缺陷,而他则"愈益感到传教士的力量太小,而且他们的时间太珍贵,若他们从事任何不能作为使人们的灵魂皈依基督的直接手段的教育工作,则实属不智"。他认为担任京师同文馆总教习的美国长老会传教士丁韪良(W. A. p. Martin)和在上海长期从事教育、文字工作的美国监理会传教士林乐知(Y. J. Allen)的经历表明,卷入此类以传播"西学"为主的活动将导致在传教方面无所作为。②

谢卫楼实际上长期从事基督教教育活动,但认为应将其目标严格限定在为传教事业服务方面,而不是为了传播西学。这种观点,在他与美部会另一名驻天津的传教士山嘉理(Charles Stanley)关于建立美部会华北高等教育机构之计划的争论中集中体现出来。关于这两位传教士的争论,已有学者进行过详细的研究。③ 概而言之,山嘉理希望将这所拟议中的学府(他称为英华书院 Anglo-Chinese College)建成"按照欧美高校标准教育中国青年"的学校,"其目标是提供全面的普通教育,为适应人们从事实际生活事务,或进行专门研究之需要打下宽广和坚实的基础,学生可凭借此基础建立兼具美感与

---

① C. W. Mateer,"The Relation of Protestant Missions to Education", in *Records of the General Conference of the Protestant Missionaries of China, Held at Shanghai, May 10—14, 1877*. Shanghai: Presbyterian Mission Press, 1877, p. 203.

② Sheffield to Clark, July 19, 1877, 转引自 Roberto Paterno, Devello Z. Sheffield and the founding of the North China College" note2, in Kang-Ching Liu ed, *American Missionaries in China*, Cambridge, Mass: East Asian Research Center, Harvard University, p. 52.

③ Roberto Paterno, "Devello Z. Sheffield and the founding of the North China College" note2, in Kang-Ching Liu ed, *American Missionaries in China*, Cambridge, Mass: East Asian Research Center, Harvard University, pp. 54—68.

实用性的崇高的知识结构。"①他显然想在天津建立一所普通的近代大学。谢卫楼对此大加反对,结果山嘉理的意见未获美部会采纳。在谢卫楼看来,当时在中国知识界还不存在"对西学的普遍需求",故尽管"我们可以而且应该激发和引导(中国人)对西学的需求,但不应让任何一个传教士放弃他的直接工作,而花费心力致力于中国人尚未准备好接受的世俗教育"。② 他心目中的教会教育的目的,不包括向中国学生传授世俗的西方学术文化,而应严格限于传教目的,即为传播宗教和培养当地的传教力量服务。在他看来,如果以提供世俗知识(即中国人眼里的"西学")为教学目的,势必会使学生为了获取谋生手段而进入基督教学校,而甚少以接受教义或服务教会为目的。在此思想指导下,他管理的通州公理会学校的教学宗旨,也就是"让各传教站遣送男生接受训练,以作为教会工作人员和传教士的助手"。③ 在数十年的时间里,学校不专设英语教学课程,因为谢卫楼坚信,英语教学将吸引到的学生大多希图借此获得谋利的"垫脚石",结果将会使学校偏离其宗教目的。

在这些似乎比较实际的看法背后,是谢卫楼对近代西方学术文化狐疑的、不信任的态度。他在1890年发表的一篇专门论述基督教教育的文章中说,"教育是一种曾经被利用,而且还在用来反对基督教的力量"。希腊和罗马的文化曾经就是基督教扩展的障碍。而作为教育内容的西方近代学术,"已被反基督教的精神污染到如此地步,以致利用其学识反对基督教的学者的人数不比运用知识保护基

---

① 山嘉理所拟计划书,转引自:Roberto Paterno, "Devello Z. Sheffield and the founding of the North China College"note2,in Kang-Ching Liu ed, American Missionaries in China, Cambridge, Mass: East Asian Research Center, Harvard University, pp. 55—56.

② Sheffield to Clark, June 16, 1884,转引自 Roberto Paterno, Devello Z. Sheffield and the founding of the North China College"note2,in Kang-Ching Liu ed, American Missionaries in China, Cambridge, Mass: East Asian Research Center, Harvard University, p. 60.

③ 同上书,p. 68.

督教的人数少"。他进而担忧,"基督教传教事业遭遇的最为严峻和长久的抗拒,来自如下形式的学问,这些学问会被异教哲学和宗教迷信盘踞以自卫;而且经验表明,在异教的教育体系中发现的真理越多,基督教遇到的反对也就越顽固。"而且,不少基督教学校的学生在学习那些"世俗学问"后,"对他们以前所学的更高的基督教真理变得全然漠视"。①

在1897年发表的题为"基督教教育:它在传教活动中的地位"一文中,谢卫楼相对来说比较肯定基督教教育在传教事业中的地位。但他仍然坚持这种观点:"教会活动的目的,不是提升人们的智识,而是陶铸人们的心灵;不是要让人们理解真理,而是让人们爱真理,并生活在真理当中",故世俗知识的教育绝不是教会教育应当注重的目标。教会学校的使命是让那些较少沾染"异教思想"的青少年,学习基督教真理,在教会的氛围中感受基督徒生活的经验。② 他仍然坚持,教会学校必须教授《圣经》、教会历史、基督教伦理,等等,而不应以传授西学为主要内容。他认为学生及其父母"通常指望在基督教之外学习西学,因为这些知识适合他们寻求并占据生活中想要的位置之目的"。③

由此我们可以了解,近代以来西方学术文化对基督教的威胁,是谢卫楼以及一批与他抱有相似观念的传教士对西学输入态度相对冷漠的原因。而对中国学生将西学作为提升社会地位和谋求经济利益之手段的戒心,则是他反对在教会学校中进行普通教育的基本原因。为了扩大基督教在华影响,一些传教士从学术文化事业入手,在19世纪后期造成蔚为大观的"西学东渐"潮流。但谢卫楼等另一类传教士却因无法预见"西学"的输入对基督教在华事业的真正影响而拒绝

---

① D. Z. Sheffield, "The Relation of Christian Education to Other Branches of Mission Work", *The Chinese Recorder*, 21:248.

② D. V. Sheffield, "Christian Education: its Place in Mission Work", *The Chinese Recorder*, 28:79—81.

③ Ibid., pp.126—127.

投入。故即使在新教传教士群体内部,对于西学输入的态度也不一致。这是值得我们在讨论近代中西文化交流的相关问题时加以注意的。

但同时,也应该看到,谢卫楼毕竟长期从事基督教教育工作,通州学校从潞河蒙馆到华北协和书院的演变,是近代各层次西方教育制度的一个缩影。在中国复制这种教育体制,亦为"西学东渐"潮流的表现形式和重要组成部分。谢卫楼本人关于教育的观念也在逐渐改变之中。他在 1889 年答复差会关于应将所属学校的教学严格限于基督教教育时强调,"知识就是力量",是可以用来"为基督服务",使信徒们的信仰免于异教思想文化冲淡的手段。① 虽然他对"世俗教育"或"世俗学问"抱着怀疑态度,但他在上述论述基督教教育的文章中也认为,基督教在华传教事业的一个明显缺陷,就是广泛播种,却收获甚少,原因在于播下的种子没有得到照顾,幼弱的生命因而缺乏生机。他认为传教士应该在播种之后为幼苗芟除芜秽,增加养料,教育则是一个重要途径。他认为基督教在华传教机构仍然应该重视教育问题,将学校作为其传教事业的代理机构。② 而这种教育,不可避免地要包括除基督教教义之外的"西学"内容。

在服务传教事业的大前提下,作为传教士创办、管理的学校,潞河诸校在教学中也必然地包含了西方近代学术文化的内容。这一点,可从笔者所见的一份记载潞河书院状况的《潞河书院名册》得到印证。据此《名册》可知,直至 1890 年代,潞河中斋的课程基本上包括三方面内容:

一、讲、读四书、五经,兼学鉴书、古文、时文、试帖、诗文、理论;

---

① Sheffield to Smith, April. 8, 1889,转引自 Roberto Paterno, p. 70.
② D. Z. Sheffield, "The Relation of Christian Education to Other Branches of Mission Work", *The Chinese Recorder*, 21:247—257.

二、讲、读两约《圣经》,考其事迹,究其蕴蓄;
三、学西国纲鉴、算法与格致各书。①

其中所谓"鉴书"指中国历史。从这几方面的内容来看,在潞河中斋的教学中,所谓西学也占有一席之地。在1893年5月,潞河书院正式创办前夕,华北公理会年会决定成立一个5人委员会,就书院的条例进行"详考修正",并确定了各传教站所设之蒙馆、潞河中斋、潞河书院的课程体系。兹将其整理成下表:

学校 年次	各地蒙馆	潞河中斋	潞河书院
第一年	念中、西《三字经》,念《真理问答》,念《上论语》,写、仿、认字	念《路加(福音)》上十二章,念《大学》、《中庸》,讲《上孟子》,笔算中,讲《旧约》	念《诗篇》(拣选),念古文,讲《诗经》,西国史记,形学,讲《使徒行传》
第二年	念《约翰(福音)》前十章,念《下论语》,心算(上),写加减表,地理初阶,写、仿、认字	念《路加(福音)》下十二章,念《诗经》,讲《下孟子》,地理志略,讲《旧约》,笔算下	讲古文,讲《书经》,中国史记,格物学,三角学,量地学,物证之神道
第三年	念《约翰(福音)》后十一章,念《上孟子》,心算(下),写乘除表,讲《上论语》,《旧约史记》,写帖认字	念《罗马书》,念《书经》,讲《大学》、《中庸》,代学,动物学,植物学,地质学	《易经》、《礼记》摘要(隔日讲),天文学,化学,活物学,体学,是非学
第四年	念《马可(福音)》,念《下孟子》,讲《下论语》,笔算上,《新约史记》,写帖认字		富国策,万国公法,心学,定论学,地学,石学,圣道证据

除上表所列外,中斋学生每天均须写大小楷;另有定期的"辩论说辞、念论"。书院学生每礼拜一中午用一小时学习《圣经》;定期"辩论说辞、念论";每隔一周作文一篇呈正;每礼拜两次学音乐。②

---

① 《潞河书院名册》,前言,通州,1893年,第1页。
② 《潞河书院名册》,1893年,第9—12页。

从上表可见，谢卫楼主导的美国公理会华北地区的教会教育，在相当大的程度上包含了晚清时期所谓"西学"的内容，明显的例外是没有专门的英语课程。谢卫楼一直强调基督教教育为直接的传教目的服务，实际上却无法免"俗"——所谓"世俗知识"课程还是占了相当大的分量，尤其是在书院（大学）阶段。1893年之前潞河中斋的课程，也包括了"西国纲鉴、算法和格致"等内容。这些课程具有明显的实用性，神学方面的课程是为了使学生具备从事教会工作的知识；关于中国语言文字和儒家经典的教学则可以使学生能够适应其所处的生活环境；而关于数学和自然科学的课程，无疑可以使学生在中国社会新旧交替时代接触一般学校无法提供的"新学"，从而拥有知识优势。这个课程体系应该说主要是在谢卫楼的主持下制定的。这说明谢卫楼企图让教会学校避免提供谋生技能的想法，在实际上并未完全做到，他理想中的那种纯粹宗教性的教会教育目标难以真正贯彻。

刊刻于光绪八年（1882年）的《万国纲鉴》，是这一阶段谢卫楼所著唯一一部关于西学的著作。西方史地之学输入中国始于明清之际，在鸦片战争前后形成一个高潮。直到20世纪前期，传教士仍在继续进行世界史地著作的写作、编译与出版。明恩溥说当时"很少有这类著作行世，没有一部著作涉及如此广泛的范围"，乃言过其实。但他又说，谢卫楼这本书"成为被广泛使用的教科书，有一些经特别装帧在官员当中发行"。[①] 这也许可以说明这部四卷本（另地图、目录各一卷）的世界历史著作在当时还是有一定影响的。

这部书是谢卫楼在潞河中斋授课讲义的基础上整理成书的。故该校的"西国纲鉴"科目，很可能是谢卫楼亲授。《万国纲鉴》共四卷31章，第一卷卷目为"东方国度"，内容是中国、蒙古、日本、印度诸国简史；第二卷为"西方古世代"，内容包括古代犹太、中亚、西亚、希腊、罗马历史；第三卷为"西方中世代"，内容为蛮族入侵与古罗马的衰亡、伊斯兰世界、天主教及十字军东征、英国和欧陆中世纪历史；第四

---

① A. H. Smith, *op. cit*, p. 566.

卷为"西方近世代",分为上下卷,叙述宗教改革、历次战争、社会政治经济状况、欧洲近代各国的变革与革命、美国独立、西方近代学术文化,等等内容,是全书分量最大的部分。地图部分亦占有相当比重,而且绘刻较为精致。

全书最后一章为《论格物之学术兴起》,篇幅不长,约 1500 字,简略叙述欧美近代科学技术的发展。其中特别提到叩配尼(哥白尼)的日心说与开普勒在天文学上的贡献,牛炭(顿)因见苹果坠地而悟万有引力原理,"原形(元素)佩之"而成万物的"炼行法之学"(化学)原理,富兰克林在电学方面的成就,近代地质学的发展,西方近代机械工艺进步,等等。如前所述,谢卫楼对于近代西方学术深怀疑戒之心,但又希望通过对这种学术的介绍使中国读者对西方文化产生仰慕之情,故专立一章进行介绍。但为了强调这种学术发展与基督教之关系,他在介绍以万有引力原理为基础的天文学时说,"中国孔圣论格物之学,与人所关甚要。按西国天文生精求格物之学,大得效验,使人知造物极其高远广大,皆系相连为一,正见圣训所言,万物是一全能全知主所造也"。①

总体来看,谢卫楼在这一时期对于与传教事业没有直接关系的西学输入关注不多,并在理论上对传教士介入西学东渐之过程抱有怀疑态度。但尽管如此,谢卫楼在教育活动中仍然从制度和知识两个层面参与了西学输入的进程。而且,从 1890 年前后开始,他在这方面的观念开始逐渐发生变化,以致在 20 世纪初期,他在西学输入方面做出了极富特色的努力。

三

晚清中国的改革进程,在甲午之败后骤然加快。在庚子之变后,

---

① 谢卫楼:《万国纲鉴》卷 4,上海美华书馆,1882 年,第 61 页。

清政府开始进行具有长远历史影响的改革。这种改革的知识与观念基础,在相当大的程度上来自于、或者说依托于西学。在此背景下,原本在介绍西学方面颇为犹疑的谢卫楼,态度发生了明显的变化。

1896 年 10 月,在谢卫楼发表"基督教教育:它在传教活动中的地位"一文之前不久,他在《万国公报》上发表了"泰西之学有益于中华论"。这篇文章首先指出中国知识界不可泥古不化。他说,中国文明开化甚早,使历代儒者"自诩其学有渊源矣。然今之学者,不如古之学者",因为他们"懔于圣贤之规训,不复开拓其灵明,于宇宙间妙义妙用,未尝深其考核也",故"凡古圣所未论及者,概视为无稽之谈,鄙弃之而弗道",这无异于"高筑墙垣,囿己于其内,耳而目之者,不过垣中之景物",不觉其学之浅陋不实。他嘲笑儒家谓圣人为"生知",加以盲目崇拜,以致没有勇气"言圣人所未言,究圣人所未究";而且故步自封,"虽有以泰西实学相传述者,必多方阻遏之,疑忌之。传者虽舌敝唇焦,终觉如水之投石",对来自欧洲的各种"推陈出新、与年俱进"的学术、知识视若不见,"守旧不变,如在梦中,屡唤之而不寤"。① 谢卫楼进而论述中国应接受西学。他介绍说,西学源出古希腊,而古希腊之文化,"不出于中华之下",其影响极为久远。在近代,经过宗教改革、文艺复兴、地理大发现等重要历史时期,欧美社会发展迅速,学术文化亦"日增月益"。他强调,"泰西先年,人所奉为实学者,多在文人之讲论耳。今之论实学,不欲徒讬空言,必以物较物,以事验事,以理证理,极夫目之明,耳之聪,心考意推,必得确实之据,方奉之为实学"。② 这段文字,比较概括地介绍了西方近代学术文化的特征,涉及到近代科学方法论。

在大致介绍了西方近代科学的进展后,谢卫楼又介绍作为近代西方文化发达之基础的教育制度:

---

① 谢卫楼:"泰西之学有益于中华论",载《万国公报》第 93 册,1897 年 10 月,第 4—5 页。

② 同上书,第 5 页。

各国且创设书院,各院中之幼年肄业者,皆不下数千百人。必延博雅之师,教学相长,以鼓舞其好学之心。又于各处城村,分设蒙馆,无论男女、贫富,俱可至此读书,以备异日博学之基。文教既如此之盛,故国中之男女,皆以不读书识字为耻。惟人尽读书,凡士农工贾,皆能披阅新报,多知务农、制造、贸易之法,以收其分内之益。且多知古今各国之事,以拓其见闻,增其才识。①

谢卫楼还指出中国接受西学的裨益有八:广见闻、拓才识、普教化、得真乐、开利源、辅政治、崇正教、明真道。这几点中,除最后两点与基督教相关外,均为"世俗"利益。上述这段关于西方教育的文字,和他以前关于"世俗学问"可能有害于基督教的论点相较,区别至为明显。而在几个月之后,他又在《教务杂志》发表关于基督教教育在传教活动中的地位的文章,对教会学校实施世俗教育仍持异议。这种似乎自相矛盾的议论,有些令人费解。也许在他看来,在中国提倡西式教育和学术文化是一回事,而利用教会资源在教会学校中以世俗教育为主要内容,又是一回事。但无论如何,谢卫楼开始在报章上面宣扬西学,还是标志着他的思想处于变化之中。其原因主要在于中国社会文化的嬗变。谢卫楼在1902年发表于《万国公报》的另一篇文章,进一步袒露了他的思想。

这篇题为"论基督教于中国学术变更之关系"的文章,重点在于阐述,在中国学术新旧嬗变之际,只有将西方新学与基督教同传于中国,才能真正令中国"善其政俗","共享承平之福"。谢卫楼之所以在文章中将西学与基督教密切联系在一起,是因为他对当时中国朝野上下流行的"中体西用"的思想倾向感到担忧。他看到,中国官绅士人已逐渐认识到,"中国学术有不得不变更之势。然于儒教之学术,

---

① 谢卫楼:"泰西之学有益于中华论",载《万国公报》第93册,1897年10月第6页。

不足与西国并驾齐驱者,尚未知晓也。"在很多人看来,"儒教所讲之天道、人道,高乎诸教之上,可为大德之基,凡善政休风,莫不由此而出。谓历代圣贤,已将物理之精义,讲解无遗。西学所讲者,不过考究诸物之用,国家遂致富强。中国自古为礼仪之邦,堪为万国之师表。今以儒学为体,西学为用,国势自必振兴,仍为诸国首也"。① 谢卫楼认为,若仍存这种"儒学为本"的观念,则致富强的"西学",永远不可能真正学到手。他承认儒学在纲常伦纪方面,确有精到学说,以致"中国之人,自以为天理人情,言无不悉。但加以西学之用,足令中华之政治,驾乎诸国之上"。但他认为,儒学有着明显缺陷,总结起来就是:"误于敬拜,疏于考察,杂于虚妄,泥于古圣,昧于物理,于泰西新学,终难知其意,得其益,识其总归矣。"这样下去,难以得到真正的富强之术。中国朝廷以为儒教可"为新学之根","以新学接于旧根,得其浆汁,方能发荣滋长",乃是大谬不然。② 因为,新学的根本,在于基督教。只有基督教与新学"同传于中国,其活泼感人之能力,足令新学得其善美之成效"。因为只有基督教才真正合乎天理,并将真理启示于人,"其道能大感人心,令人研究真理,即新学之本源也"。基督教在虔敬精神,能使人收"骄矜之念,自是之心",以追求真知。总之,"近今圣教振兴,广传于诸国,新学亦与俱兴,偕圣教通行于天下,将以变易颓风,使各国之景象一新也"。③

很明显,谢卫楼担心,**中国文化加西方科技这种现代化格局确定**之后,清廷在庚子惨变之后进行全面改革所带来的机会,将不能为基督教在华传教事业所利用。他在清廷新政上谕颁布后不久就看到,"在北京的非基督教学生中有很多复活的对于西学兴趣的迹象",包括对学习西方比较成功的日本的兴趣。这种对西学的寻求使"我们站在一个伟大的民族觉醒的打开的门口,但这种觉醒的目标主要是

---

① 谢卫楼:"论基督教于中国学术变更之关系",载《万国公报》第 166 册,1902 年 11 月,第 1 页。
② 同上书,第 1—3 页。
③ 同上书,第 3—4 页。

知识的和物质的,与基督教无关"。要让中国人认识到"中国最根本的需求是道德和精神需求",基督教就必须介入这一潮流。① 根据谢卫楼的看法,1877年第一次全国新教传教士大会关于在华传教事业的基调是"布道,布道,布道",而1907年新教来华百年大会的基调就变成"布道,布道,布道"加上"教育,教育,教育",要让学生不仅"直接接触基督的圣灵,而且接触灌注了基督圣灵的其他人类精神",以培养出能在中国西潮澎湃的新环境中能够战胜那些"半真理"或"有缺陷的文明的哲学"。② 在此新旧嬗变之际,教会应该承担"辅助新学,令其发荣滋长"之重任,"不可谓传道有专功,讲学非吾事也"。教会"当多立学堂,令圣道与新学,互相辅助,多结善果。庶使后日才能辈出,或为官长,或为教习,或为牧师,或为报馆之主人,或为学塾之馆长,可于移风易俗之事,为之领袖焉"。③ 可见,谢卫楼一改往昔观点,转而宣扬西学,并认为教会和教会学校应以传播西学为己任,目的很清楚,就是要基督教在中国学术思想变迁之关键时刻,全方位输入西学,以消除中体西用的思想影响,占领文化上的制高点,为基督教的传播清除思想文化上的障碍。虽然谢卫楼的观点改变了,但他的出发点依然未变。

谢卫楼此后更积极地投身于基督教高等教育。他是华北协和大学的主要创办者。除教育之外,他认为"教中文人所著之书",也可"大有裨益"。④ 在"论基督教于中国学术变更之关系"这篇文章发表后的10年间,谢卫楼自己在介绍西学方面有较大建树,先后出版了四部关于西方学术文化的专门著作。与19世纪后期傅兰雅、林乐知、慕维廉等人不同,谢卫楼介绍西学的重点在于人文社会科学,而

---

① D. V. Sheffield, "Educational Reconstruction in Peking", *The Chinese Recorder*, 32:621—622, December, 1901.

② D. V. Sheffield, "The China Centenary Missionary Conference and Christian Education", *The Chinese Recorder*, 38:381—386, July, 1907.

③ 谢卫楼:"论基督教于中国学术变更之关系",载《万国公报》第166册,1902年11月,第4页。

④ 谢卫楼:《论基督教于中国学术变更之关系》,第4页。

非自然科学与技术。以下就他的几部著作作些评介。

1.《理财学》

《理财学》是一本经济学著作。基督教传教士介绍西方经济学说,在鸦片战争前已开始。英国传教士米怜(William Milne)于1818年在马六甲刊印了一本题为《生意公平聚益法》的小册子论述商业道德问题。① 普鲁士传教士郭士立(Charles Gutzlaff)在1840年刊印了《贸易通志》一书。这本小册子讨论商业机构、贸易规则、国际贸易状况以及其他相关问题。他还刊印了另一本小册子《制国用之大略》,论述"好政府的基本原理",谈论一些基本的政治经济学问题。② 1846年,香港的基督教学校飞鹅山书院刻印了一本经济学编译著作《致富新书》。《致富新书》署"合众国鲍留云易编"。③ 鲍留云(Samuel Brown)为1839年来华的马礼逊学校教师兼校长。他认为,"中华选家,多取文章诗赋抄刻。其余各体,概置弗录",在知识上有缺陷。而"吾合众国选刻《致富新书》一本,益人良深。故弗敢自秘,不辞劳苦,译为唐书"。④ 这本56页的小册子所涉及的内容涉及生产、工艺、贸易、分配、市场、土地、货币等问题,是一本简明的政治经济学著作。书中也谈到了一些中国社会的经济现象。19世纪中叶以后的基督教会的中文出版物,包括他们所办的刊物,同样也有经济学说方面的内容,专门的著作,则有傅兰雅所译《佐治刍言》、《保富述要》,艾约瑟所译《富国养民策》,均为当时有一定影响的经济学译著。传教

---

① 据伟列亚力(Alexander Wylie)介绍,这本小册子以《旧约·申命记》,第25章,第13节之关于公平交易的内容为基础撰写,内容涉及中国人当中各种"不义"、"欺诈行为",讨论这些现象及其后果。见 Alexander Wylie, *Memorial of Protestant Missionaries to the Chinese*, Shanghai, American Presbyterian Mission Press, 1867, p. 16.

② Alexander Wylie, *Memorial of Protestant Missionaries to the Chinese*, p. 61.

③ 香港李志刚牧师认为,该鲍留云即马礼逊学校的教师布朗(Samuel Brown)。笔者承李志刚牧师寄赠该书复印件,谨此致谢!

④ 鲍留云:《致富新书例言》卷首,香港飞鹅山书院,1846年刊。

士自己所写的经济学著作,则有李提摩太所著的《生利分利之别论》等。

但以上这些编、著之作,大多较为简略。1902年出版的谢卫楼《理财学》一书,才可称是传教士所著较为详细的经济学著作。"理财学"即政治经济学,他为该书所写的英文导言中,该书书名即为 *Political Economy*,可以为证。在此导言中,谢卫楼说明,该书是"课堂教学的结果",是他在"一个西学书院"教书时编写的讲义,但他认为它也适合于"类似学校的需要",即作为学校教科书。他声明本书并非译作,"毋宁说是改编本",主要参考马萨诸塞州"工艺局之院长、理财学之名师"洼克氏(Francis A. Walker)的《政治经济学》一书,也参考了其他著作。① 该书可看作谢卫楼的个人著作。桐城吴汝纶在为该书所写的序言中称谢卫楼著此书可谓"进所少有,以资济吾"。②

谢卫楼为该书所作中文《自序》中说:"《理财学》何为而作也? 为使民富而已。民富而国自富矣。然非使之趋于利,乃使之遂其生尔。"③谢卫楼采用"理财学"这一名称,而不再使用19世纪末流行的"富国策"之名,以"学"替"策",凸显其作为正规学科的学术性,这在中国近代经济学说史上应是较早的。同一年,梁启超写出了《生计学学说沿革小史》,在《例言》中说,"兹学译出之书,今只有《原富》一种。(其在前一二无可观)",说明他显然不了解以上所述的多部著、译之作。他又说:"兹学之名,今尚未定。本编向用'平准'二字,似未安。而严氏(复)定为'计学',又嫌其复用名词,颇有不便。或有谓当用'生计'两字者,今姑用之以俟后人。草创之初,正名最难。望大雅君

---

① D. Z. Sheffield, "Political Economy, English Introduction",《理财学》卷末;又中文"自序",《理财学》卷首,光绪二十八年(1902年)上海美华书馆铅板。洼克氏原书1883年初版。洼克氏即 Francis Amasa Walker(1840—1897年),19世纪后期美国著名经济学家,曾任美国人口普查局总监,麻省理工学院第三任校长(即谢所说的"马邦工艺局之院长"),美国统计学会会长,美国经济学会会长,耶鲁大学教授等职。南北战争时期曾任联邦陆军准将。

② 吴汝纶序,《理财学》卷首。

③ 谢卫楼:"自序",《理财学》卷首。

子,悉心商榷,勿哂其举棋不定也。"① 这从一个侧面证明,谢卫楼出版《理财学》一书,正值中国近代经济学的"草创"时期,其价值自不待言。"生计学"和"理财学"后来都未获沿用,不过梁、谢二氏的著作,分别标志着中国学者和来华外国传教士在建立此学科过程中探索的足迹。

谢卫楼在本书序言中概括经济学科的特点时说:"讲理财学者,非讲论农工商贾之事,而其中之损益,必讲明之;亦非讲论人心风俗之事,而于保护人民、引导人民、使得自由之乐、生利之门者,必指陈之。至于所讲生财之道,必准乎天理。或有背乎天理,妄求赀财者,必至损人益己,乃理财学之罪人也。盖此学以仁义为本,非为一人之益,乃万人之益;以仁义之心,行工商之事,必能相助为理,万人均得益也。"② 在正文之前,有数页述"理财学大旨",重复了序言中的论点,再次强调"理财之学,非导人好财者","非启人贪利之心"。③ 这显然是为了避免与儒家"重利轻义"的信条相冲突,不希望这门学科在儒学仍占统治地位的背景下遭到误解。谢卫楼试图给这门在中国知识界仍鲜为人知的学问下定义。他说:"夫理财之学,所关者即生财、易财、分财、用财也。此学乃专论其理",凡关于此四端者"咸宜考究";又说:"理财之学,所究论之大意,可分四端:一、究论生财之缘由,与生财之要术;二、究论诸物相互交易之理;三、究论生成之物,如何分布于人间;四、究论如何用生成之物,并揭明用之之术,与异日生财何涉。"④ 也许这种表述并非清晰的定义,但总算交代了这门学科的研究范围。他还就财富这一概念进行说明,认为"凡物于人交易有利者,皆为资财。夫人必有需用之物,方能身体饱暖,心志安舒。此诸物人能互易,以羡补不足,即谓之资财矣"。他介绍说,关于劳动力

---

① 梁启超:《生计学学说沿革小史》,《饮冰室合集·文集》之十二,第 1—2 页。
② 谢卫楼:"自序",《理财学》卷首。
③ 谢卫楼:《理财学》,第 1 页。
④ 同上书,第 1—2 页。

是否可以作为财富,学术界有不同认识,"若问人之身力、技巧、心才,宜谓为资财否,讲理财学者,所论不同",有人持肯定意见,"因其皆有其价,人出资觅人作工,以其所出之资,为身力之价",而持反对意见者认为,人之体力、心智等"因不能与人交易,究不得谓为资财,当谓为生资财之本"。① 他对这些经济学基本问题的阐述,在近代中国经济学的学科发展史上,亦应有其地位。

《理财学》正文四卷,各由数章组成,分别是"论生财"(内容有:"论地与地产"、"论人工"、"论赀本由何而生如何而用")、"论易财"(内容有:"论交易于生资财之关系"、"论诸国互相交易"、"论钱币与钱币之值"、"论金银钱票于贸易之损益"、"论所出之物与所散之物何涉")、"论分财"(内容有:"论地租"、"论利息"、"论总办"、"论工价"、"论赋税")和"论用财"(内容有:"论用财有关于民生"、"按理财学之理见之于事者推论数端"),分别涉及生产、交换、分配和消费这几个经济学的基本领域。谢卫楼还注意尽可能地结合中国经济的情形,展开对有些问题的论述。如在讨论商业道德、货币等问题时,就屡次以中国经济与社会现象为例证。②

也许值得一提的是,谢卫楼在书中花了相当篇幅介绍当时在英美学术界有一定影响的单一地税理论。他先介绍英国有"讲理财学者数家",提出地租因经济发展而上涨,所得利益"不当为地主独享之利,当为人众共得之益";应由国家实行一项政策,先"派员查勘各地,随其有益于人之多寡,以定其租价之多寡。堪定之后,无论何地增租,则以所增之价,归为公款,以成民众有益之举。地主有不欲以所增之价归公者,须按官定之地价,鬻于国家,则以其地之租价归入公款。按此等章程,先年所增之租价,仍归地主;自堪定以后,无论增价若干,皆归公以益众"。他接着介绍说:

---

① 谢卫楼:《理财学》,第1—2页。
② 同上书,第22、27、37等页。

前二十余年,有美国卓氏者,讲富国之学,与上相仿,而较上尤刻。谓大地之在天下,不当视为一人之业,当视为万人之业。近代以来,生资财之路既已增多,资本主与地主独擅厚利,而工作之人助之得利者,不能少有分润,实为不平之事。尝见工作增多,贸易兴盛,富者拥巨资,获大利,自奉俨若公侯,而工作之人,依然贫苦。一溯其致此之由,乃因地利不能均分;其不能均分之故,最大者即地值屡增,资本主与地主皆据为己有,不肯稍分于工人也。地主若以租价归公,国人之获益良多矣。一、能成各等善举……二、能使国民均富……三、各类机器之利,可多为工人所得,不为地主、资本主所独擅。①

这里所谓的美国"卓氏",即后来孙中山在关于民生主义的著作中所推崇的亨利·乔治(Henry George)。以上所引说明,在孙中山的有关思想形成之前,单一地税理论和亨利·乔治的学说,已由谢卫楼介绍到中国。不过,谢卫楼对这种理论并不赞同,而是采取批评态度。他认为这只是"理财学家"们"徒讬空谈,并未定为国律。倘依此而行,恐百弊丛生矣",最大的问题是不可能有切实可行的方法来实施这种政策。至于亨利·乔治的理论,谢卫楼评论说,此人"自诩为医国手。聆其论者,亦多鼓掌称善。然究未定成国律,亦未通行各国也。倘按其所论而行,实于民大有所损"。他认为其可能的弊端有五,主要是缺乏合理施行的可能性,并有碍民生发展。②

总体来看,《理财学》全书纲目相当清楚,论述也堪称简明扼要,其中的内容,在此不必详论。谢卫楼本人并非经济学专家,没有多少深入的研究,当然书中也难有独创性的见解。但它作为20世纪初中国学校中的经济学教科书,还是颇为难得的。这本书也可以看作自郭士立以来基督教传教士向中国人介绍西方经济学说的一个总结性

---

① 谢卫楼:《理财学》,第64—65页。
② 参阅上书。

的成果。

2.《政治源流》

基督教传教士对西方政治制度和政治学说的介绍,亦始于鸦片战争之前。郭士立所著小册子《大英国统志》对英国政治制度有简明但概括的介绍。① 美国传教士裨治文(E. C. Bridgman)在其所著《美理哥合省国志略》中,以五卷的篇幅介绍美国联邦及各州的政治制度。② 鸦片战争前后传教士的其他有关西方国家史地与概况的著作,大都或多或少地包含了有关于西方政治制度的内容。正因为如此,鸦片战争后相继刊刻的《瀛环志略》、《海国图志》、《海国四说》等书,才能够在有关欧美国家的部分,对其政治制度加以介绍。基督教传教士在鸦片战争后刊行的类似作品,均向中国读者传达有关西方政治制度的知识。19 世纪末 20 世纪初中国知识界、思想界获取西方政治学说,当然不止传教士作品这一条途径,但这些作品至少可以看作一个重要来源。

从目前所见到的文献来看,基督教传教士完整地论述西方政治制度和西方政治演化史的作品,当推谢卫楼在 1910 年刊印的《政治源流》一书。

《政治源流》一书亦为谢卫楼潞河书院及华北协和书院学生编写的教材。他在英文序言中声称他对书的内容和形式负责,意即本书是他个人的作品;但又说明,他所参考的资料主要是时仕普林斯顿大学校长、后为美国总统的伍德罗·威尔逊的《论国家》(The State)一书。③ 在中文序中,他将本书的写作与当时实行"新政"的清政府的

---

① 爱汉者(郭士立)纂:《大英国统志》,道光甲午(1834 年)新刊,未注出版地点,第 5—7 页。

② 高理文(裨治文):《美理哥合省国志略序》,《美理哥合省国志略》,新加坡坚夏书院藏版,道光十八年戊戌(1838 年)刊,第 13—17 卷。

③ D. Z. Sheffield, "Preface",《政治源流》卷首,北通州协和书院印字馆,宣统二年(1910 年)刊。

"预备立宪"的时代背景联系在一起。他说:"中华与诸国交际,必多所改良,政治法律,因之大有进步。其最要者,乃在长国之人,赋性聪明,程度高尚,多考究诸国之历史,政治之义理,及其源流,庶中华政治法律之开幕,不至如不学无术者,经营筹划,损益参半,优劣相混矣。"①这部著作主要通过叙述西方主要国家政治史的形式来讨论政治学的理论问题,择其"与政治相关者"而讨论之,在卷首简述"政治之大旨",在书的末尾部分以三章的篇幅"详解政治之义理,法律之裨益"。②

在卷首导言中,谢卫楼指出:"政治学所研究者,乃在立国之根由,与其义理,并创制之规模,行政之法则,与夫国家之律、执政之人也。"③这是比较清晰的政治学学科定义。他在导言中清楚地介绍了社会契约论的学说。他写道,"近泰西文人",认为"古之人性粗鄙,少得开发,私己之心,胜于爱人之心。故欺诈相将,战争不息。相沿既久,受损良多。遂困极思反,欲定善章,冀免凶杀之祸,而得和平之福。于是约定互相辅助,以防人众所受之损,而得其益。或举其中才能之人,立为数十家或数百家之长。若与他家他族兴起战争,其长必为之主领,以御外侮;在和平之时,若兴起纷争,则为之排解,以判断是非。渐磨既久,则尊卑之分,交际之礼,渐为启发。且男女老幼之礼节,农工商贾之交易,渐有规模。国律渐臻美善,设官分职,各有所司,国家遂由此而立。"应该说,他对社会契约论的这种概括还是简明扼要的。但他认为,"上古立国之原由,究不能言之凿凿,毫无疑义也。盖代远年湮,孰能考其确据哉!"上述论点,"乃文人揆度之言,究不能视为确据也"。④ 在本书刊行时,卢梭的《社会契约论》已在中国知识界普遍传播。谢卫楼当然深知这一点,在介绍这一最重要的政治学说之一后,提醒人们注意,应在学术上对这一学说保持怀疑态度。

《政治源流》的主要篇幅,用于系统地论述古代希腊、罗马政治、

---

① 谢卫楼:"序",《政治源流》卷首。
② 同上。
③ 谢卫楼:"政治学之大旨",《政治源流》,第1页。
④ 谢卫楼:《政治源流》,第2页。

罗马法律,欧洲中世纪的贵族政治,近代法国、日耳曼、普鲁士、英国、瑞士、奥匈、美国的政治史,同时介绍这些国家的基本政治制度。其中对希腊城邦制度、罗马法、近代英国、法国和美国的政治史与政治制度,论述较为详细。对希腊、罗马的政治制度在欧洲政治史上的影响,作者也进行了强调:"泰西诸国教化之原,乃由于希、罗二国。文学、理学、辩学,以及建筑、绘画、雕刻等术,多取法于希腊。定拟法律,主治国政,判断民事,则多取法于罗马。盖罗马并吞既多,行政亦久,其所定之律,揆时度势,随风土,察人情,故其所定拟者,较他国最为完美。"①近代欧美的政治和制度,是该书的重点,其中对英国、法国、普鲁士、瑞士和美国近代政治史和政治制度的介绍,尤其详细。对拿破仑的《民法》,书中也有专门篇幅介绍。书中还有两章论述中国传统政治和清朝政治体制,略述各代政治沿革与简况,对中国历代政治得失,清代政治的弊端,亦有所评论。

在最后结论性的三章中,谢卫楼以西方近代政治学说的一般原则为基础,讨论了政治学中的基本问题。第20章"论政治之义理形势",论述"立国之大旨"、"习俗与政治之关系"、"政治之形势"(即变迁规律)、"成文总律(即宪法)之益"、"分权之益"、"定律(即立法)之责"、"行政之责"、"审律(司法)之责"、"政党操权"(即党派政治)等政治学的基本问题。其中,对于习俗与政治之关系、宪法的作用与英美法律的情形、三权分立的意义以及立法、司法、行政各部门之职能,论述尤详。第21章"论政治义理之变迁"则阐述西方政治思想史的演变,评述古希腊与欧洲封建时代之政治。谢卫楼介绍说,有人认为,欧洲近百年的政治特点,就在于"为君上者,多知己之权位,为万民之益,非为一己之荣",其所以"为万民之益"有二,一则为"保民自由","曾有律师推其意曰:天生烝民,皆赋予自由之权利。国家之责任,重在保此权利,凡合于天理之事,令众民成其所欲成,乐其所当乐";二

---

① 谢卫楼:《政治源流》,第42页。

则为"承担民事","俾民离困苦而获丰盈"。① 他认为此类观点未必正确。在他看来,"政治非为保帝王之尊荣与贵族之权势,亦非为任民自由,及承担民事。乃在保卫国民,令其能安乐度生,凡由身力心才所当得者,皆能如愿而偿。此即万民之裨益,亦即政治之本旨。窃思成全此等利益所必须者,乃在国政美善,法律公平,臣宰忠良,能防外患而戢内忧。此国政旨之要义,而断不可或缺者也。"②第22章"论法律之义理与其变革",在"法律之原"、"法律之进步"和"法律与天理相关"的小标题下,简单介绍基本的法律理论。他给法律下了一个定义:"法律者何?即国家之命令,约束国中人民之行止者也。"他认为,"法律由习俗而生,亦必由习俗而变。盖法律若背乎习俗,必至人心不服,而法律难行矣。旷观天下各国,凡国祚绵延者,法律必屡经变易。其所变易者,乃习俗使然。昔之视为合宜者,今则多所扞格也。"就中国的情况而言,"中华之法律,历代少有改变。盖因孔孟之教化维持,习俗少有改变。今则风俗渐移,法律必随之而变。"③虽然这种"变法"之论,在本书问世的1910年,已非新鲜,但在清廷对政治法律变革尚在犹疑之际,这种从西学之"原理"推出来的结论,还是有一定意义的。

谢卫楼将社会契约论、自由为政治之本、国家应"承担民事"等较为激进的观念委婉地加以否认。他主张政治本旨为"国家保民安乐"、令人民各得其所,显然更能为正在设法维护自身统治、同时也在推行政治变革的清政府所接受。尽管如此,他的《政治源流》一书,毕竟是基督教传教士传播西方政治学说的代表作,值得加以重视。

3.《是非要义》

谢卫楼在《理财学》中曾说,他的那本书只讨论理财学即经济学的理论问题,"若欲究其有何损益,乃在讲是非学者,或考论国政者,

---

① 谢卫楼:《政治源流》,第165、166页。
② 同上书,第167页。
③ 同上书,第169页。

详加推测矣"。① 这或许是为他的《是非要义》一书的写作和刊行预埋伏笔。所谓"是非学",即伦理学。在 1907 年本书出版之时,中国学界亦尚未有"伦理学"之名。谢卫楼虽然希望将其作为一门新的学科介绍给中国,但未能想出更为精致的名称。

介绍西方伦理学,或谢卫楼自己所谓之"是非学",与他在传教事业上的追求关系最为密切。如前所述,谢卫楼将儒教当作基督教在华事业的主要障碍之一,而且在他看来,儒教最核心的内容即是天理、性善、伦纪等伦理观念。早在 1878 年,他就发表文章,批驳英国伦敦会传教士、汉学家理雅各(James Legge)关于孟子性善说与基督教的人性说相通的见解,认为二者有根本的不同。他之所以不能同意理雅各这种调和儒耶的观点,是因为他的信念是:"基督教来到中国,不是为了补充儒教,而是为了取代儒教";基督教不需要儒教作为它的"基础",也不需要儒教为它做"装饰"。② 也就是说,他不能允许将基督教思想与儒家伦理混为一谈。他对此问题异常关注,以后还多次进行论述。1886 年,他再次发表长篇文章,就基督教与儒教的伦理观念之异同进行详细的比较,重点考察二者在人的本性、人与律法之关系、人与最高主宰之关系、关于罪的观念、关于人伦的观念等方面的区别。他的结论是,儒教"吹嘘自己凭着圣人的教诲和以天理为基础的纲纪",可以像阿基米得宣称找到一个支点就可以轻松转动地球一样,轻易地改变世界。但结果,"儒教可以发挥其影响力的那个世界,却越来越深地陷入了罪恶","现在基督教来到这个无助地陷入罪恶的世界,以上帝的律法为基础,以基督的福音为慈爱者,将这个世界提升到一种爱人和爱上帝的新的生命当中去。"③ 1898 年,他又发表了一篇题为"中国新学中伦理学教育之重要"的文章,讨论在

---

① 谢卫楼:"理财学大旨",《理财学》,第 1 页。
② D. V. Sheffield, "A Discussion on the Confucian Doctrine Concerning Man's Nature at Birth", *The Chinese Recorder*, 9:23.
③ D. Z. Sheffield, "The Ethics of Christianity of Confucianism Compared", *The Chinese Recorder*, 17:379.

儒家思想仍占有统治地位,而中国官绅对"新学"的追求只关心能够带来无知利益的知识的情况下,基督教在中国所面临的严峻局面,以及所应采取的对策。在这篇文章中,中国人所追求的"西学"和儒教一样,被谢卫楼看作是基督教的竞争对手,而加强基督教伦理学说的教育与宣传,则成为应对这种竞争局面的途径。①

1907年,《是非要义》面世。但在1890年代,"是非学"就作为一门课程列入潞河书院的课程表。教授这门课程的就是谢卫楼。故与以上谢卫楼的著作一样,这本书也是他在通州潞河书院和华北协和书院教授课程的另一项副产品。其读者对象除基督教学校的学生外,还包括在华传教士。他为该书所写的英文序言中,将其书名写作 *Principles of Ethics*,故按当今译法,本书乃是《伦理学大纲》。按他在这篇序言中所说,"本项研究是通过数年来对学生就若干方面进行提问,并引出其答案的方式进行的,因为伦理学探究的终极诉求是达成个人对于正义、真理和责任的判断。但我愈益感觉到,比问和答的方法更为透彻的讨论是很有必要的,而这本小册子就是这一信念的结果"。谢卫楼还表示,他在书中明确讨论了基督教信仰与伦理学的关系,这是因为他相信基督教伦理在社会道德领域具有不容否定的价值,"是最为深刻的伦理思想的灵感源泉",儒家的"天理"在中国"并未证明它能抗拒淹没人性的邪恶的洪水,而作为全能的、神圣的和慈悲的神之意志的天理却正在抵抗这些邪恶之流,救赎人的本性,帮助人类实现其终极目标"。②

"是非学"未成为中国知识界认可的学科名称,不过谢卫楼为其所下的定义却较其关于"理财学"的解释更为明晰。"何为是非学?究考人关系善恶之思念言行,而推明其所以为善为恶之理,即谓之是非学"。他将"是非学"分为"理论之是非学"与"致用之是非学"。前

---

① D. Z. Sheffield, "The Importance of Ethical Teaching in the New Learning of China", *The Chinese Recorder*, 29:284—289, June, 1898.
② D. Z. Sheffield, "Preface",《是非要义》卷末,通州华北协和书院,光绪三十三年(1907年)刊。

者"乃考究善所以为善,恶何以为恶;人因何以善为是,以恶为非;如是考究,乃寻求善恶之原因,及其定理。是非学者,不但陈明是非之理,并究问此理之由来,与人持守遵行之本分也"。后者"乃将所考之理,推诸关系是非之事,如论对己、对家、对社会之本分,以及对国家、君臣、上下之本分是也"。① 他又认为,所有学科可以分为"物理学"(今言自然科学)和"模范学"(今言人文、社会科学)两类,而"是非学"显然属于后者,其宗旨是"造就人才,成全人德,俾为完人,此即是非学之模范也"。② 无论是在概念的清晰性方面,还是在表达的流畅性方面,《是非要义》均较《理财学》为优。

按照他对"是非学"的理解,本书分为两卷,上卷"论是非之理",属"理论之是非学";下卷"论是非之用",属"致用是非学"。上卷9章,分别讨论"善之原由"、"是非学与他学相关"、"人心关乎是非之运动"、"人是非不同之故"、"人之是非当有主领之权"、"关乎是非之天理"、"定志之才"、"道德"、"邪恶";下卷八章,分别讨论人"对上帝之本分"、"对己之本分"、"对人之本分"、"对家庭之本分"、"万国当以仁义为交涉之准"、"对国之本分"、"儒教论是非之大旨"、"基督教论是非之大旨"。上下两卷在分量上大致相当。

谢卫楼在本书中既以简明的语言讨论了善、恶、道德等中国传统的伦理学中同样具有的基本问题,但在近代伦理学学科的范畴体系下讨论,使道德学说带上了科学色彩。本书也论述了许多中国传统伦理学说所无法涵盖的问题。如他第二章解释,是非学是与其他学科密切联系在一起的,它"与心灵学关系最切","与物证神道学相表里",亦与"显示神道学相表里","与公法学同源异派",政治学、群众学(社会学)都是"是非学之一派",而理财学与是非学则是"联属"关系。③ 这就表达了西学中的人文社会科学各分支相互联系或相互统属的学科观念。该书上卷以近代心理学的理论讨论的"定志"(意志)

---

① 谢卫楼:《是非学之大旨》,《是非要义》卷上,第1页。
② 同上书,第1—2页。
③ 谢卫楼:《是非要义》卷上,第7—9页。

问题,亦是较难在中国传统文化中寻求相应概念的。下卷所论人对上帝的本分(关系),是本书的核心部分之一,他着重说明了"神道为人伦之基"、"致用之是非学起于人与上帝之联络"、"上帝在宇宙中的显示",以及人须对上帝保持虔敬之心,等等观点。书中所论人对自己的本分,从体育、智育、德育等方面强调人须具有的自我提升与完善的义务,又论人须自主、自重、自保,从而阐述了人应具备的自我观念。这些内容,在近代思想史上也是具有明显价值的。同样,该书对人与他人、人与家庭、人与国家关系的论述,也是对西方近代有关学说的概括。

《是非要义》最后的部分是对儒教和基督教二者"论是非之大旨"进行评述。谢卫楼对儒教的天理、性、气、圣等概念和学说,以及儒家以三纲五常为核心的伦理体系,在进行该书的同时都进行了抨击;相应地,对以上帝、基督为中心的基督教伦理学说,则进行大力渲染。这对于一个来华基督教传教士的伦理学作品来说,是题中应有之义。

在此应说明,像他的其他一些著作一样,谢卫楼的这部作品,也是在他的中国助手管国荃的帮助下问世的。管氏本人乃回教徒,但他长期在谢卫楼主持的基督教学校中承担中文教学工作,相处融洽。他在文字方面对谢卫楼的帮助,自不待言。在学术上,也许因受谢卫楼熏陶之故,也有一定造诣。他为谢卫楼几部著作写了序言,可以显示这一点。如他在《是非要义》的序言中这样论述伦理的起源:"今夫世界亦大矣,品类亦繁矣。藐然而适有我,则我之所以为我,岂能块然独处乎哉?于是我之外,又有对我之人。既有对我之人,又岂能寂然无为乎哉?于是人与人之间,又有我所应为之事。人与事纷然日接于吾身,或为舜为跖,或有从有违,则是非出矣"。①

作为一部伦理学的教科书,《是非要义》在当时来说还是比较全面、而且是相当有深度的;作为一部伦理学学术著作,在中国知识界尚未正式出现这门学科的年代,其刊行也具有标志性的意义。

---

① 管国荃:《是非要义序》,《是非要义》卷首。

4.《心灵学》

谢卫楼在说"是非学"的宗旨是"造就人才,成全人德"时,还提到了"心灵学"这门学科,认为使人成为"完人"是二者共同的目标。四年后,他就出版了《心灵学》这部著作。故也许他在刊行《是非要义》时,已在企划《心灵学》的撰写和出版。所谓"心灵学",即心理学。与上述谢氏的著作不同,《心灵学》出版时,中国已经有多种心理学的著作刊行。1889 年,颜永京翻译了美国海文(Joseph Haven)的《心灵学》,由益智书会印行。20 世纪最初几年,由日本人编写的几种心理学著作在中国印行。1906 年,江苏师范编印了作为教材的《心理学》一书。1907 年,王国维又翻译了丹麦人海甫定的《心理学概论》一书。① 故心理学在谢卫楼撰著本书之前已经得到较多的介绍,且学科名称在此时已经确定。

不过,谢卫楼在该书英文序言中说,"心灵学和伦理学在过去 20 年中,均在华北书院——现在的协和书院的课程表中占有一席之地",则他从 1890 年前后已开始讲授这门课程,大约与颜永京翻译《心灵学》同时。故可以说他是在中国最早从事心理学教育的人士之一。② 他认为,"心灵学为是非学之大本,有数种学当于读此学之先专注之,以植其基";"此学之义理,极为深细,人之难于揣测者甚多,学者当竭尽心思,详参默想,不可稍涉疏忽粗心之处"。③ 关于此学之"大旨",谢卫楼认为有三:"一、心灵诸才由何理启发习练;一、人与人之心如何相感相连;一、世人之心与上帝之心如何相感相连。"他还指出:"此学所括之要义,乃关乎人心之动,其如何受感、如何开发、如何果效,皆一一指陈之。"④ 这说明在他看来,"心灵学"是最为深奥的

---

① 见燕国材:《中国心理学史》,浙江教育出版社,1998 年,第 627—628 页。
② D. Z. Sheffield, "Preface",《心灵学》卷首,通州华北协和书院宣统三年(1911 年)印行。
③ 谢卫楼:"心灵学序",《心灵学》卷首。
④ 谢卫楼:同上书,第 1—2 页。

学问之一。

在该书总论部分,他解释灵(spirit)、性(nature)、心(mind)之分别,概括心灵学研究的基本概念、范畴和基本思想。他将心灵学研究的范围分为"思悟"(understanding)、情欲(affection)和定志(will)。该书分为三章,第一章"论思悟",讨论"良知良能"、"知"、"感觉"、"知觉"、"自觉"、"思索"等问题;第二章"论情欲",讨论"属身之欲"、"属心之情"、"感情"、"是非之情"及各种情感;第三章"论定志",论证"定志"即"意志为人身运动之主领"、"定志为人心运动之主领";最后是结论。全书页数不多,内容简略,但对心理学的一些基本问题都有所涉及。从这种结构,可以约略窥见谢卫楼对当时西方心理学的掌握程度。

他自己也说,本书只是"用中文教授一些心灵学的重要原理,在开始时只想写关于这一科目的一个大纲,对名词术语给予较多关注",而这是因为,教会中国学生"精确地、科学地使用中文"是很必要的,而且他相信,"对学生来说,使他们掌握心灵科学的纲要比令他们广泛涉猎但仅能一知半解更为重要"。① 谢卫楼强调,他之所以只是写作一个大纲式的教科书,对这门学科的"奇妙隐微之处,未敢云阐发尽致,纤细靡遗",是因为"此学之奥旨,本难以言语形容。中华历代之人,又未尝精心探讨。强以旧日之文词,发明此学之新意,是以每形枘凿,扞格难通。况中华生徒素习之科学,足为此学之基础者,又属寥寥也"。② 尽管如此,作为中国心理学开端时期的教科书,该书的出版还是有其意义的。

这里还要说明的是,《心灵学》和《是非要义》、《理财学》这三部著作,作为教材,都在卷末或卷中附有不同形式的思考题,以供学生学习、掌握之用。而以上四部著作,都有一个很值得注意的部分,即书后的中英名词对照表。谢卫楼将各书中一些重要的名词、概念,列表

---

① D. Z. Sheffield, "Preface",《心灵学》卷首。
② 谢卫楼:《心灵学·结论》,第 57 页。

对照。在西学东渐为背景下中国近代人文社会科学草创的阶段,这种工作的学术价值是很明显的。对今天的研究者来说,这些名词对照表可以帮助解决不少因语言变迁而产生的问题。

正如上文一再说过的,谢卫楼始终坚持的一个观点,就是基督教教育和学术必须服务于扩展基督教在华事业这一基本目标。这也许是一个传教士应守的本分。但应看到,谢卫楼的教育实践,使得从初等到高等的西方式教育体制被引进到华北地区,在近代教育史上产生了重要影响。在步入花甲之年后,谢卫楼的宗教情怀使他对输入西学的态度从淡漠到积极投入,这证明个人的理念和选择有时会向变迁的时势妥协。

当谢卫楼出版《理财学》等4部著作之时,基督教传教士主导西学输入的时代已经结束。故这些在20世纪初问世的学术著作,不像19世纪中后期基督教传教士的一些著、译之作那样广为人知。但它们在晚清西学输入的历史上仍具不可忽视的地位。在宗教作品之外,鸦片战争前后的西学输入以世界史地知识为主,洋务运动时期的西学输入以西方科技为主。20世纪开始后的西学输入呈现全面展开的态势,此时期的一个重要特征是西方近代人文社会科学的知识和方法开始输入中国。谢卫楼的这几部著作,正是这一时代潮流的产物。由于这些著作的出版,谢卫楼成为20世纪初基督教传教士在这方面的代表人物。在中国近代经济学、政治学、伦理学和心理学的草创时期,谢卫楼的上述著作也有奠定基础的意义,在近代中国知识发展的进程中上刻下了富有历史意义的印记。

"dialectic"译名讨论*
——以贺麟、张东荪为中心

中山大学哲学系　马永康

"dialectic",即现在所说的"辩证法"。它是中国知识界开眼看世界后从外国引入本土的一个概念。从历史看,这一译名无疑是成功的。它已经融入国人平时的思维活动和言说习惯中,成为最常用的概念之一。然而,在它刚被译介入本国时,并不是一片叫好声,其中亦不乏杂音:贺麟主张译为"矛盾法",张东荪则前期主张译为"辨演法",后来译为"对演法"。但由于特定的历史条件的限制,这些杂音被过滤,消弥于急迫的现实中。随着境况的转移,时势的不同,重新聆听这些音符,并进行认真地打量,或许是不无裨益的。

一　对"辩证法"译名的异议

"辩证"和很多现行通用的词一样,是直接从日语中转译过来的。从日本转译,无疑是近代中国译介西方著作的一个方便途径。当时的中国因闭关锁国而自我封闭,与西方国家差距甚大。要跟上西方发展的步伐,重振中国,必须了解西方,因而译介的任务极其迫切。而日本对西方的开放比中国先行一步,由于其地缘因素,以及文化上的同质,便于进行迻译。这种迻译,势必引进大量的日本名词。王国维曾分析遵从日本译名的优点:"且日人之定名,亦非苟焉而已,经专门数十家

---

* 本文曾发表于《世界哲学》2002年第1期。

之考究,数十年之改正,以有今日者也。窃谓节取日人之译语,有数便焉:因袭之易,不如创造之难,一也;两国学术有交通之便,无扞格之虞,二也。有此二便,而无此二难,又何嫌何疑而不用哉?"①

王国维对倡导用日译名词的作用有多大,可能一时还难以估计。但是,"辩证"译名是否贴切,却是有争议的。在日语中,"辩证"一词其意义为"弁别し考证すること"②,意即为辨别与考证,与中文的字面意思一致。对于这种译法,至少在瞿秋白那里,就遭到了质疑。瞿留学苏联,是在中国传播马克思主义辩证法的功臣。他在1924年就将"dialectic"译为互辩法③,明显不满于日译。其理据可以从同时代人的评述中得出:"辩证法这个名词是从'第亚力克谛'(dialectic)这个外国文译过来的。'第亚力克谛'是古希腊文,原是'辩论术',即互相辩论可用何术屈服对方之意(所以瞿秋白主张译为互辩法)。"④而更早对"辩证"译名提出异议的可能是张东荪。张在"输入西洋哲学,方面最广,影响最大"⑤,连其反对者都赞成。他在《新哲学论丛》中提到:"黑格尔的辩演法(dialectics 旧译辩证法很不贴切)就是以为甲必有待于非甲;于是由正而反,由反而合,乃演化出来。"⑥和瞿秋白不同,瞿后来并没有重提译名一事,而张将译名稍稍改造,在30年

---

① 王国维:《王国维学术经典集》,江西人民出版社,1997年,第103页。
② 《新版日汉词典》,中国商务印书馆·日本小学馆,1991年。
③ 在《社会科学概论》中,瞿写道:"唯心论的最高点已经探悉人类的观念之流变的公律(互辩律,旧译辩证法,Dialedtique——'正反相成,矛盾互变。')"(第939页)书中将"辩证的"称为"互辩的"。参见《瞿秋白论文集》,重庆出版社,1995年。在1924年发表的《列宁与社会主义》亦提到"相反相成的互辩律",载钟离蒙、杨凤麟主编《中国现代哲学史资料汇编》第一集第一册,辽宁大学哲学系,1981年。
④ 戈人:《大众新哲学》,天下书店,1939年,第100页。平生的《新哲学读本》(珠林书店,1939年版)第122、123页有同样的一段话。只是后者并没有明确地指出何人,而笼统地说"有人主张译为互辩法"。从两段引自不同作者同年出版的不同著作的相同解释中,我们有理由相信这一说明。
⑤ 郭湛波:《近五十年来中国思想史》,山东人民出版社,1997年,第140页。
⑥ 张东荪:《新哲学论丛》,商务印书馆,1934年,第102页。

代继续重提译名问题,其所据的理由一样,下文再及。

然而,这次译名的异议并没有引起注意,或者是由于当时知识界的大部分注意力都集中在唯物史观以及两大西方哲人的访华。1927年后,"唯物辩证法风靡了全国,其力量之大,为 22 年来的哲学思潮史中所未有。学者都公认这是一切任何学问的基础,……任何顽固的旧学者,只要不是甘心没落,都不能不拭目一观马克思主义的典籍……"①。这段评价虽有夸大的嫌疑,但辩证法成为时髦却是事实。但是,在辩证法的极盛时代,对"辩证"译名的讨论几乎没有,这显然与中国的致用思维有关。

到了 30 年代,随着马克思主义传播的深入,深入研究其中学理提上了日程;同时,在传播过程中,中国的唯物辩证法者内部出现了分歧。正确深入了解辩证法,刻不容缓。然而就文本而言,马克思恩格斯关于辩证法的说明不多,但马克思恩格斯曾自述是改造黑格尔的辩证法而来。黑格尔哲学在马克思恩格斯的捆绑下,在经历了十多年的冷清,终于出现了小小的热潮。如果说马克思当年曾得益于黑格尔不少,那么马克思已经十倍奉还于黑格尔。新视野的出现,消解了原有的惯性,给译界注入了新的生机,讨论"辩证"译名的文本多起来。首先是留欧的贺麟。他在 30 年代将其译为"矛盾思辨法"②,在稍后的《〈黑格尔学述〉译序》中,明确提出反对"辩证法"的译法,主张用"矛盾"译 dialektik。③ 另一提出异议的是张东荪,他一直批评"辩证"译法,主张译为"对演法"。④ 两人的讨论是从黑格尔哲学入

---

① 艾思奇:《廿二年来之中国哲学思潮》,载钟离蒙、杨凤麟主编:《中国现代哲学史资料汇编》(第二集第一册),辽宁大学哲学系,1982 年。
② 贺麟在《朱熹与黑格尔太极说之比较观》中说:"黑格尔全系统的中坚是矛盾思辨法(dialectical method)。"载于《黑格尔哲学讲演集》,上海人民出版社,1986 年。
③ 贺麟:《黑格尔哲学讲演集》,上海人民出版社,1986 年。
④ 张东荪在"辩证法的各种问题"、"动的逻辑是可能的么?"等文章中都集中论述到。在 1931 年世界书局出版的《西洋哲学史 ABC》中讲到黑格尔时,认为"他这种法则即是所谓'对演法'(dialectic 旧译辩证法系袭取日本人,实在完全不通)。"

手的,共有着同一个平台,而且有着不同的翻译根据。

二　各自的学理

贺麟和张东荪对"辩证"译名的批评,虽然共有着黑格尔的辩证法这样一个讨论平台,但其切入点非常不同。

贺麟在《〈黑格尔学述〉译序》中说:

"……就是黑格尔的 Dialektik 或 Dialektische Methode 既是指矛盾的实在观,矛盾的真理观及意识生活之矛盾分析等,则其含义与普通所谓'辩证'实显然隔得很远。若依日本人之译西文之 Dialektik 为'辩证法'实在文不对题,令人莫名其妙。即译普通逻辑哲学家用以驳倒对方之 dialectics——即译近于诡辩而实非诡辩的矛盾辩难法为'辩证法',虽勉强讲得通,但亦欠确当;因为'证'字含有积极地用实验以证明一个假设,或用几何推论以证明一个命题之意,而矛盾辩难法的妙用只是消极地寻疵抵隙,指出对方的破绽,以子之矛,攻子之盾,并不一定要证明一个命题或假设。所以我将 Dialektik 一字统译为'矛盾法',而可以通贯适合于各种不同的用法:如矛盾的实在观,矛盾的真理观,矛盾的辩难法,矛盾的分析,矛盾的进展或历程,先天的矛盾(或先验的矛盾,如理性偏要发宇宙起源的疑问,但又不能回答),矛盾的境况(凡两难的境况就算是矛盾境况,如狼之与狈,如既不乐生又复畏死的境况等)等等。……而且我们试探一下黑格尔的生活与性格,则知他自幼即喜欢注意矛盾的现象。如他在日记中常记载些'年青之时,想吃不得吃;年老之时,有吃不想吃'。和'晚间应各自回去睡觉,白天再来观看星宿'等矛盾趣谈,便是好例。所以他后来在哲学上所用的方法便叫做矛盾法,实极自然的趋势。"①

从这段话中,可以看出贺的理由:从"证"字着眼,破"辩证"的译法行不通,"证"是积极的,而"dialectic"是消极的;从译文的一贯性来强调"矛盾"译法的优势,希望在各家各种不同用法中取得全面合理的平衡;从黑格尔的生活与性格来论证"矛盾"译名的可行性,则又过分强调个体性,与其一贯性的主张存在着潜在的紧张。贺所拈出的"矛盾"一词是本土词汇,由韩非的寓言衍生而来。实际上,从词义来看,本土的矛盾与"dialectic"相去甚远:矛盾只有一矛一盾两个方面;而黑格尔的 dialectic 其重要创见则在于矛和盾外的第三个维度。要解构固有的看法而重建新的意义,一般而言其成功率与词语的使用、熟悉程度成反比,这反倒不如建构陌生的"辩证"一词来得容易。另外,"矛盾"一词将同时对应两个不同的外来词:dialectic 和 contradiction,这两个词在哲学上似乎有着不同的意思,且意思有相对之处,译为中文时如何区分? 可见,"矛盾"译法并不见得比"辩证"译法更高明。当时就有人指出"中文矛盾两字,只有两相敌对的意思,绳之以黑格尔之 dialectic,似最多能与'正''反'相比附,而毫无'合'的含义。'合'在黑格尔之 dialectic 中最重要,绝不该抛弃。并且译为矛盾法还很容易和另外逻辑上的'矛盾律'相混淆。"②贺的译法,似乎没有其想象中的好。但或许,醉翁之意不在酒。

与贺强调一贯性相反,张东荪更看重个体性和差异性。他不辞劳苦地从 dialectic 的演变着手,通过分析此概念在各个哲学家的具体意义,点出其通译的困难,得出"并且就各家所主张的内容而言,这个字译为'辩证法'便有许多地方不得其宜。严幼陵先生主张一字数

---

① 贺麟:《黑格尔哲学讲演集·〈黑格尔学述〉译序》,上海人民出版社,1986 年,第 652、653 页。

② 张佛泉:"黑格尔之对演法与马克思之对演法",载于中国科学院哲学研究所资料室编的《资产阶级学术思想批判参考资料(第九集)》,商务印书馆,1961 年。

译,即完全看他的意义而变。现在的人们实在太忽视这一点了。我亦主张译外国名词随其含义而不同。"①因而他按着黑格尔的用法,将其译为"对演"。无论是他"五四"时译的"辨演"还是以后的"对演",都对"演"字进行强调,这显然基于他对黑格尔哲学的理解,认为黑格尔的 dialectic 是一个历程、一种"动的逻辑"。这一译法集中于黑格尔的个性,而过滤掉了其他人的用法,诸如柏拉图偏重于辨的用法。就黑格尔的用法而言,确乎比上面几种译法都好,更贴切。"因为'对'足以概括 opposites 即'正'与'反'。'演'足以概括'变动'(becoming);既有'变动',于是有综合(synthesis)。比如拿'有'(being)来说吧,先有个'有',同时又得到'无'(nothing),由'有'到'无',由'无'到'有',于是立刻又演绎出'变动'。即'有'、'无'、'正'、'反'的综合。"②

概念的演变其实也是文化的积淀。同一概念符号,随着历史的变迁,负载着历史赋予的不同意义。对于异质的文化来说,如何将这种层积的历史意义尽可能地对译出来,这是翻译必然面对的难题。张在这里,提出了这一问题,主张译法具体到每一个人。这样,必然使得在原来文化中本来是同一的词,翻译后变成不同的词,造成阅读时出现理解的不连贯,有将原本有着关联的词从文化中硬剥出来之感。

贺、张依据的都是黑格尔哲学,都从黑格尔 dialectic 的内容出发,明显异于瞿"互辩"对"dialectic"形式的看重,并且各自提出了自己的理据。但是,一个主张译名的一贯性,一个主张译名的具体性;一个从共时性出发,寻找恰当的平衡点,以通用于所有的用法,一个从历时态出发,要求具体的切合。

不管优劣如何,两种努力在当时都有相同的命运:没有得到重视。贺在后来不再坚持"矛盾"译名,显出其机智;而张几次提到译名

---

① 张东荪:"辩证法的各种问题",在他的另一篇文章"动的逻辑是可能的么?"里有着同样的说明。均见钟离蒙、杨凤麟主编:《中国现代哲学史资料汇编》第二集第二册,辽宁大学哲学系,1982年。

② 张佛泉:"黑格尔之对演法与马克思之对演法"。

问题,被认为啰嗦。下面一段话很能代表当时一般人的心态:"本来咬文嚼字是非常空虚无聊的事,张东荪教授反对将 Dialectic 译作辩证法,就是一个很好的例子。我们应用名词,要紧的是内容的把握,而不是一个名词的形式。形而上学者张东荪不问内容而单看重形式,是他的方法论使然,这倒不能深责他这个人。"①当然,作出这样的判断是多因素的:一是中国当时的环境不允许过多地讨论这些似乎无关紧要的译名问题,二是传统的实用理性作怪,三是张对译名的紧咬不舍,似乎不纯是出于讨论学术问题的动机。

三 背后的原因

要人相信或接受某个概念、价值或理论等,需要以普遍性张目,这样才能推广出去,让人信服,这就要求必须具有学理的支撑;然而,每个有意识的行为,其背后都有一定的原因促使行为者做出不同的选择。就翻译而论,按照现代西方解释学的说法,翻译过程是翻译者和被翻译文本间的"视域融合"的过程。因而,翻译者的行为动机、文化传统,通过被翻译文本,集中地体现于翻译出来的文本中。探究背后的原因,或许更能理解译者当时的"所想"。

就贺而言,"矛盾"译法的产生并不是空穴来风。在《〈黑格尔学述〉译序》中,直接提出从事翻译的三条原则:

"(一)谈学应打破中西新旧的界限,而以真理所在实事求是为归;

"(二)作文应打破文言白话的界限,而以理明辞达情抒意宣为归;

---

① 艾思奇:"论黑格尔哲学的'颠倒'",载钟离蒙、杨凤麟主编:《中国现代哲学史资料汇编(第二集第二册)》。

"(三)翻译应打破直译、意译的界限,而以能信能达且有艺术工力为归。"①

因为要履行这三条原则,所以书中有"不少的不中不西亦新亦旧的材料和名词"。这是对诸如"矛盾"这种打破中西新旧译法的正面阐述。对西方学者生硬造词译"太极"这一中国概念时,则是对翻译原则的反面论述:"他们(指西方学者。——引者注)只知道生硬地去新造些名词来译"太极",而忘记了在西洋形而上学上去找现成的且含义相同的名词以译之,所以未采取 Absolute 一字。"②从一正一反的实例中,可以看出贺非常强调从本土哲学中寻找相应的译名对译外来的哲学,这并不是偶然的。紧接在一正一反的意见后,终于亮出了底牌:

> 此外我还有一点微意,就是我认为要想中国此后哲学思想的独立,要想把西洋哲学中国化,郑重订正译名实为首务之急。译名第一要有文字学基础。所谓有文字学基础,就是一方面须寻得在中国文字学上有来历之适当名词以翻译西字。第二要有哲学史的基础,就是须细察某一名词在哲学史上历来哲学家对于该名词之用法,或某一哲学家于其所有各书内,对于该名词之作法;同时又须在中国哲学史上如周秦诸子宋明儒或佛经中寻适当之名词以翻译西名。第三,不得已时方可自铸以译西名,但须极谨慎,且须详细说明其理由,诠释其意义。第四,对于日本名词,须取严格批评态度,不可随便采纳。这倒并不是在学术上来讲狭义的爱国反日,实因日本翻译家大都缺乏我上面所说的中国文字学与中国哲学史的功夫,其译名往往生硬笨拙,搬到中文里来,遂使中国旧哲学与西洋的哲学中无连续贯通性,令人感

---

① 贺麟:《黑格尔哲学讲演集·〈黑格尔学述〉译序》,上海人民出版社,1986年,第642页。
② 同上书,第658页。

到西洋哲学与中国哲学好像完全是两回事,无可融汇之点一样。①

贺和王国维对日本译名的评价正相反,颇可玩味。贺的批评点在于日本译名由于缺乏本国文字学基础和文化传统的认识,有将中西哲学分割成两段的弊病,使得中西哲学失去其互通的可能性,即失去了"中国化"的可能性,因而强调要慎取。

这种慎取反映了贺想将中西哲学融会贯通的企图。哲学概念是哲学的灵魂。在传统中寻找适当的译名,无非是寻找适当的契合点,以便合理有效地联结两者,融会贯通中西哲学。其根据在于"人同此心,心同此理";而其直接外在原因则在于当时中国的积弱。因而,"翻译的意义和价值,在于华化西学,使西方文化中国化。中国要想走向世界,首先就要让世界进入中国。为中华文化灌输新的精华,使外来学术思想成为中国文化一部分,移译、融化西学,这乃是中华民族扩充自我,发展个性的努力。"②贺后来走的学术救国之路,所创造出来的新心学体系无疑都是践行此策略的最好明证。而当新中国成立后,贺对译名的看法发生了转变③,从强调译名的本土化转为精确性。这更显出前期的用意和时代的要求的紧密相连,因为时代所面临的问题变了。

贺后来不再提起"矛盾"译法,毕竟知大潮不可逆,况且当时的要务不在此。而张东荪则是另一种姿态。在辩证法唯物主义的论战中,紧揪住"辩证"译名不放。他所著的书,对"辩证"译名从来就没有停止批评。在"辩证法的各种问题"、"动的逻辑是可能的么?"两文更

---

① 贺麟:《黑格尔哲学讲演集·〈黑格尔学述〉译序》,第 662 页。
② 贺麟:《译名论集·序》,载张岂之、周祖达主编:《译名论集》,西北大学出版社,1990 年。
③ 在《译名论集·序》里,贺对译名表现得更为宽容,不再强调译名的中国化问题,而转向准确性。这一转变在王思隽、李肃东著的《贺麟评传》的注释里提及,是颇有见地的。

不厌其烦地大谈辩证法的历史。然而,这并不能赚来半点的赞赏,反倒被认为是"对于问题的讨论,也完全没有必要",甚至于是"啰嗦"别有企图等。张可能真是另有所图。但是,说他"一方面他是企图从这不关紧要的方面,来避开对唯物辩证法正面的摸触,因而想抹煞唯物辩证法的真理性。一方面是把马克斯主义的唯物辩证法和一切唯心论的辩证法混合起来"①,这似乎误读了张:在这两篇文章中张并没有正面避开辩证法,只不过他曲解了辩证法的三大规律的意义;同时,他不是要混淆历史上所有的辩证法,相反,他把每个哲学家使用的辩证法含义试图进行区分,从而主张为各人订做不同的译法,"照其字的异义而异译"。

或许,从两次不同的译名中,我们可以发现些许端倪。张所强调的是"演"字,显然与他的理解有关。张佛泉曾经解释道:"黑格尔之 dialectic method,以有 becoming 为最要。黑格尔将 becoming 引入逻辑,是逻辑史上最大的改革,所以在译 dialectic 时,becoming 的意思绝不能忘掉。我说比较着张东荪先生译为对演法妥恰得多,也就是这个原故。"②张佛泉的理解无疑切合张东荪的想法。因为在张东荪那里,黑格尔的辩证法是辩证历程,而不是辩证方法。"所以黑格尔的'辩证历程'是表现'理性的自身发展'。就是说理性如何自己在那里动。而这个理性就是形而上学的'本体'。理性既在本体论上则非论理学上所谓的'思想'了。所以学者无不公认黑格尔的名学就是形而上学。换言之,他的名学绝对不可当作方法学来看。因为普通论理学大部分就是方法学。他的名学既不是方法学,则他的辩证法便不是思想上的方法。"③而马克思不是"一个哲学家","把黑格尔的

---

① 秀侠:"张东荪的哲学——对提出的'辩证法各种问题'的驳复",载钟离蒙、杨凤麟主编:《中国现代哲学史资料汇编(第二集第三册)》,辽宁大学哲学系,1982年。
② 张佛泉:"黑格尔之对演法与马克思之对演法",载中国科学院哲学研究所资料室编:《资产阶级学术思想批判参考资料(第九集)》。
③ 张东荪:"动的逻辑是可能的么?",载于钟离蒙、杨凤麟主编的《中国现代哲学史资料汇编(第二集第三册)》。

辩证法倒过来便是把思想上的辩证法变为事实上的辩证历程"①,歪曲了黑格尔,因而将辩证法作为一种方法运用于社会是行不通的。三番几次讨论"对演法"的译名,张寄希望于突显黑格尔辩证法的历程性质,使人注意两者的所谓差别,以便实现他攻击马克思的企图。在其"〈唯物辩证法论战〉弁言"中,他声称"本书专对唯物辩证法作反对的批评,乃只限于所谓赤色哲学,而绝非对于共产主义全体而言。因为本书著者数人可以说差不多都是赞成社会主义的。倘共产主义一词与社会主义有一部分相同,亦可以在某种意义上是不反对共产主义。"②他所指的"赤色哲学"无疑就是马克思哲学。可是,这一策略无疑是失败之作。当时众人关心的是如何自强,主要是实践问题,注重的是好不好用,根本没人关心译名的事,反倒授人以柄。

四 余 论

从上可见,辩证法的译名是与中国传统的致用思维紧密相连的。而求致用,则不可避免地卷入对现实的估计。当时的现实不容许花太多的时间对译名进行订正,关键的是内容,而不是细枝末节,毕竟在那个时代更需要注重用的效果。因而,在初传时几乎没人质疑"辩证"译名的适合与否。而当贺、张好不容易寻找到黑格尔作为讨论的平台,带着自身的目的切入这一问题时,却缺乏必要的响应。

然而,辩证的译法和很多从日本转译过来的名词一样,与传统的连续一贯相比,确乎显得有点生硬而突兀。事实上,中国很早以前就

---

① 张东荪:"动的逻辑是可能的么?",载钟离蒙、杨凤麟主编:《中国现代哲学史资料汇编(第二集第三册)》。

② 张东荪:"〈唯物辩证法论战〉弁言",载钟离蒙、杨凤麟主编:《中国现代哲学史资料汇编(第二集第三册)》。

有辩证连用,但其意义与字面意义一样。似乎当时的国人并没有留意①。另外,卫三畏(S. Wells williams)编著的英华辞典《英华韵府历阶》,英语名为 ENGLISH AND CHINESE VOCABULARY, 1844年在澳门出版,其中用辩证对译 DISPROVE。汉语的字面意思与现代相差无几。② 因而,就字面而言,辩证的译法不是最好的,至少不比张的"对演"好。显然,张的译法更符合中国的传统用法。但是,由于张的立场,这是不可能为当时人所接受的。国人惯于将言行一致作为评价的准绳,而不是进行恰当的分离。这种知行合一,又由于致用传统,便常常与政治挂在一起,故而中国缺少西方意义上的为学术而学术的精神。

当然,"物谓之而然"。但是,好的译名能使人透过符号猜知其意义,只需读者具有相应的传统文化知识。而不好的译名,由于符号与意义的脱节,无法从字面猜测内容,只能在传统外进行重构。更有甚者,会导致误解的出现。因而,译名似乎就不仅仅是咬文嚼字的小事。

但是,和很多从日本转译过来的名词一样,辩证法现在已经深入人心,成为传统中的一部分,参与并塑造着未来的中国文化,现在再对其更改确乎没有必要。但是,随着与西方接触的增多,翻译将越来越多,面对译名,至少应该谨慎,免去社会的干扰,进行独立的讨论。

或许,其意义就在此。

---

① 明郎瑛《七修类稿·辩证五·诗文托名》:"自赵松雪误为西山之作,世遂成论也。〔宋太史景濂〕辩证甚悉。"在此处,已经有连用,但其意义为辨析考证,用言字作形旁,表明是用言语。

② 转引自陈力卫:"从英华辞典看汉语中的日语借词",载陈少峰主编:《原学》第三辑,中国广播电视出版社,1995年。

许地山与《达衷集》*

中山大学哲学系 张贤勇

《金陵神学志》第6、7期合刊重新发表了许地山先生的《神佑中华歌》。这对于今天深入研究许地山的思想、创作和生活,无疑是很有意义的。稍微了解一些中国现代文学史的人,对许地山便不会陌生,知道他是"五四"以后的名作家,"文学研究会"发起人之一。世人熟悉他以"落华生"①笔名创作的《缀网劳蛛》、《空山灵雨》等文学作品,但对于他同基督教以及其他宗教的关系,对于他的学术著作(包括宗教研究方面的专著),重视、研究的人恐怕并不多。本文原为笔者的一篇读书札记,今稍作整理发表,希望对有兴趣的读者,提供一点史料。

一 《神佑中华歌》的创作 和最初发表日期

这首《神佑中华歌》的创作年份应为1934年,最初发表在1935年6月1日出版的《紫晶》第8卷第2期第278页上,重刊于同年9月1日出版的《紫晶》第9卷第1期第215页上。编者非但标出了创

---

* 此文原刊于《基督教文化评论》第三辑(贵州人民出版社,1992年),第148—166页。这次收入《西学东渐研究》第二辑,除了改正个别误植、增添两处注解,内容未作变更,虽然自觉可增可补之处甚多。——作者

① 落华生,又作"落花生",中国内地、香港、台湾的用法不一。

作日期为1934年,而且提供了英文译名(The Land Thou Hast Chosen)和这首诗歌的音乐说明[Tune:(1) Chinese original tune;(2) National Anthem]。

《金陵神学志》最近再次发表时注为1935年①,不准确。中国基督教"两会"出版的《赞美诗(新编)》线谱本第176首上注"许地山词1934 杨荫浏曲1935"是正确的。

附带说明一下:许先生1941年8月4日病逝于香港寓所,时在太平洋战争爆发前不久。《金陵神学志》提供的小注将许先生卒年定为1940年,亦误。

二　许地山生平与宗教因缘

先生名赞堃,乳名叔丑,号地山,行四。祖籍广东揭阳,1893年2月14日生于台湾。父亲许南英于甲午战争后率家回渡大陆,旅居闽粤等地,最后寄籍福建龙溪。

先生在广州读完中小学,课余从一英国牧师学英文。1912年任教于福建二师,不久赴缅甸仰光侨校教书。后来创作的小说《命命鸟》,即以这佛教之邦为背景。1915年底回国后执教于漳州华英中学,并与台湾的林月森结婚。据周俟松《许地山年表》,我们知道先生在华英期间(1916年)加入闽南伦敦会。② 后曾回福建二师任教一段时间,1917年考入燕京大学文学院,1920年6月毕业。同年10月妻子在上海病故,从先生《话别》等文字中,可看出两人感情的深厚。先生旋入燕大宗教学院,1922年毕业,得神学士学位,并留校工作。次年8月,先生同梁实秋、谢冰心等赴美,入哥伦比亚大学研究宗教史和比较宗教学,1924年得文学硕士后转赴英伦牛津大学,继续研究

---

① 见《金陵神学志》(复)第6、7期(海外版),第132页。
② 关于先生入会前与教会的接触及入会的详情,待考。

印度学和人类学等，得文学士学位。1926年归国途中，先生在印度稍事逗留，研习梵文和佛学。

1927年起，先生历任燕京、清华、北大的教席。1929年和周俟松女士结婚。① 1933年先生在燕大得休假，曾南下中山大学讲学。1934年2月，又赴印度大学研究印度宗教及梵文近半年。1935年经胡适推荐，受聘为香港大学中文系主任教授。陶亢德《知堂小记》称当年周作人"说到许地山的一病不起，他深深叹息中国人少了个有数的人才。据知堂言，许之去港，为的燕京大学不肯重用，因为燕京有个坏习惯，不重视本校毕业的人，无论这个人后来留英留美，学问超群……"②周作人这里说的坏习惯，尚可再商榷，但许先生对燕京当事人的不满，从他在印度写给夫人的信中，能得到充分的印证。

先生从小喜欢音乐，他后来创作赞美诗也与此有关。据他孩子周苓仲回忆："爸爸从小就会弹琵琶，弹得很动听。并没有正式学过弹钢琴，可是他很会弹赞美诗。后来也作过曲，歌作得更多了。在北平有几本歌集出版都是为中小学的教材用的。"③我们希望这方面的遗产今后也会有人专门研究。

作为一个基督徒，许先生的文学创作也很自然地流露出一些宗教倾向，有时他甚至直接套用《圣经》或其他宗教经典中的话语。例如，收入《空山灵雨》的《愿》中说："但我愿做调味的精盐，……""盐底功用，若只在调味，那就不配称为盐了。"周俟松指出："这个精神还是落华生主义。"④有些批评家对许地山创作中所受宗教的影响，也很重视。⑤ 成仿吾是最早反对这种影响的评论家之一，他在"《命命鸟》的批评"一文中说："我并不是在这里想说些反对宗教的话，不过这种浅薄的信仰心，我想只有那些自欺欺人的宗教徒可以肯定罢。"（载

---

① 周俟松女士解放后居住南京，著有《许地山传略》等。
② 载杨一鸣编：《文坛史料》，大连书店，1944年，第105—106页。
③ 语见许地山：《许地山选集》，海峡文艺出版社，1985年，第659页。
④ 周俟松："回忆许地山"，见《新文学史料》第2期，人民文学出版社，1980年。
⑤ 参见海峡文艺版《许地山选集》附录部分。

1923年5月1日《创造》季刊,第2卷,第1期)

  茅盾在《落华生论》(1934年)中也提到许地山作品中的宗教影响:"还有一点很可注意。他的作品中主人公的思想多少和宗教有点关系。……然而究极说来,这也何尝不是'爱的宗教'。"关于许地山的文体和写作特色,沈从文在《论落华生》(1930年11月《读书月刊》,第1卷,第1期)中的一段评语,在笔者看来,极为公允和恰当:

  落华生为最本质的使散文发展到一个和谐的境界的作者之一。(另外是周作人、徐志摩、冯文炳诸人,当另论。)这调和,所指的是把基督教的爱欲、佛教的明慧、近代文明与古旧情绪,糅合在一处,毫不牵强地融成一片。作者的风格是由此显示特异而存在的。

  这段话不仅很好地概括了落华生创作的一个重要特点——阿英在《落华生小品序》(1935年)中即称引过沈从文的这一精到见解——而且对今天在文艺领域辛勤耕耘者,也有借鉴的意义。①

三 许地山宗教与文化论著举隅

  许先生关于宗教的文章,引起广泛注意且较早的一篇,当推1923年4月14日发表在《晨报副刊》的"我们要甚么样的宗教"。②

---

  ① 夏志清:《印象的组合》(香港文学研究社,1980年)中《亲情与爱情——漫谈许地山、顾一樵的作品》(第22—48页),以及他哥哥夏济安主编的《小说与文化》中有更多材料,可参看。
  ② 薛绥之《论许地山》(载《徐州师范学报》1978年,第3期)提过这篇文章:"许地山是一个宗教家。……他是基督教徒,在1923年所作的一次题为《我们要甚么样的宗教》的演讲中,曾列举五大理由,证明宗教的需要是普遍的,并且认为基督教比较适合中国的国情。他在临死的时候,对家人说:'我要上天堂去了。'"

他在《燕京学报》发表的研究宗教的论文计有"道家思想与道教"、"陈那以前中观与瑜珈派之因明"、"大中磐刻文时代管见"等篇。其他较有影响的专著,包括《道教史》(上编,1934)、《扶箕迷信底心理》等。先生对佛、道教经典的整理很重视,出版了《佛藏子目引得》(三册,1933);为《道藏子目通检》作的三万张稿卡,在太平洋战争爆发后散失。据说先生逝世时,尚有多种著作未及完成,如《道教源流考》、《道藏目录提要》、《云笈七签标异》、《道教辞典》和《梵文辞典》,①诚是我国文化事业的一大损失。

许先生的宗教研究,尤其是佛道二教的研究成果,对我国文化学术史的发展贡献很大。当年我国最负盛名的学者之一陈寅恪说过:"寅恪昔年治佛、道二家之学,然于道教仅取以供史事之补证,于佛教亦止比较原文与诸译本字句之异同,至其微言大义之所在,则未能言之也。后读许地山先生所著佛、道二教史论文,关于教义本体,俱有精深之评述,心服之余,弥用自愧。遂捐弃故技,不复谈此事矣。"②

许先生在研究宗教和宗教史的同时,也著译了一些语言、文学和历史方面的书籍。例如他翻译过《孟加拉民间故事》、《二十夜问》、《太阳底下降》等,著过《印度文学》(1930年)、《语体文法大纲》(1927年);有些论文后来收集在《许地山先生语文论文集》(1941年)中③。关于他编校的《达衷集》,详见下节。

在谈《达衷集》之前,笔者觉得有必要提一下许先生晚年的一篇重要论著,这就是那篇发表在香港大公报、引起很大反响的长文"国粹与国学"。④ 许先生的这篇文章,主要是针对钱穆"新时代与新学术"一文提出商榷,其中对新旧文化等问题,都有极为坦诚、精辟的议论。例如先生在文章中认为:"一个民族的文化底高低,是看那民族

---

① 这几种手稿下落如何,不详。
② 引自容肇祖:《许地山先生传》。
③ 许地山的著译情况,可参见高巍选辑《许地山文集》(新华出版社,1998年)下册附录中的"许地山著作编目"和《译作编目》。
④ 1947年出有单行本。

产生多少有用的知识与人物,而不是历史的久远与经典的充斥。"这些话在今天有些人看来,恐怕仍然显得惊世骇俗。

四 《达衷集》的内容及出版缘起

《达衷集》由许先生编校,1931年4月商务印书馆出版。编者为该书加的副标题是"鸦片战争前中英交涉史料",这些史料原藏牛津大学波德利安(Bodleian)图书馆,是先生1926年从英国回国前抄录的。可惜的是,该书出版后并未引起史学界足够的重视,唯一的例外是当年该书出版后不久,北平社会调查所出版的《中国近代经济史研究集刊》第1卷第1期上发表了汤象龙的一篇书评和张德昌的一篇论文"胡夏米货船来华经过及其影响"。① 张德昌这篇文章不久前收入台湾出版的《中国近代现代史论集》第一编(第93—111页),标志着20世纪30年代以来没有更新的研究成果。台湾史学界对《达衷集》没作新研究的另一例证,见于沈云龙主编的《近代中国史料丛刊续编》改编第五辑收入《达衷集》出版的影印件,但对编辑校勘方面的工作,却一点没做,令人遗憾,尽管从积极方面来讲,影印件保证了资料的流传。

大陆史学界对《达衷集》的重视程度,甚至低于台湾。从顾长声《传教士与近代中国》(上海人民出版社,1981年)和来新夏《林则徐年谱》(上海人民出版社,1981年)这两本著作来看,作者似乎连《达衷集》这本书都没见过,②参考张德昌文章并进而深入研究的可能性

---

① 该期集刊由陶孟和、汤象龙主编,1932年11月出版。张文见第60—79页;汤氏书评见同期第89—91页。第113—122页"史料参考"栏刊"关于胡夏米案件者六篇",颇有参考价值。

② 顾、来二人参考过一些外来资料(或译文),《达衷集》专名的译法没引起他们注意。参见顾著第29—32页,来著第103页。本文后面将引述顾、来著作中的一些叙述,以对照《达衷集》。

则更小。笔者囿于见闻,不敢断定其他历史学者运用《达衷集》之事必无,但起码能肯定《达衷集》多年来受冷遇的情景,有违当年编者的初衷。看来达衷确实不易。

1928年7月,许先生在为《达衷集》所写的"弁言"中,交代了他编这书的由来:"民国十五年春,罗志希先生从巴黎写信到牛津去,教我用些闲余的工夫,把藏在图书馆里重要的中国文件,抄录下来。这本书是东印度公司在广州夷馆存放的旧函件及公文底稿,于中英关系的历史上,可以供给我们许多材料,所以我就用了四个星期的工夫,把他抄录下来。""这两册在目录上并没有名字,只作 Ms. Chin C. 23.,我在抄录的时间,发见了夹在《上海事情》中有'尺牍类函呈文书达衷集卷中'的标题和目录,才知道他的原名。书中页数残缺了不少,文字句义也有很多错漏,若不标点,便很难读。所以我把他校点过,把错漏的字句,依所了解的增补校正一遍。"

正是由于精通英文又通晓闽粤等地方言的许先生做了这些校补工作,书中一些疑难才得以解除,不再妨碍读者的研读。更可贵的是先生不仅作了文字上的校补,对原稿中存在的"错简"和次序颠倒,也作了初步的调整,①为研究者提供了很大的方便。这些整理情况,他在书中都有说明。

至于书的分卷和内容,许先生指出,全书虽分三卷,"其实只是两卷,第一卷是胡夏米(Hugh Hamilfon Lindsay)的货船安(? Anne 见《琉球事情》,胡夏米《上中山府书》)因为不愿意在广州贸易,把船驶到厦门、福州、宁波、上海、威海卫、朝鲜及琉球去,沿途与各该处的官吏及商人往来的文件;第二卷应从原本卷中的广州事情起,汇录乾隆、嘉庆二朝公班衙于广州督抚关部等交涉的案件。第二卷比较重要,因为我们从中可以寻出租界、领事裁判权,及外国金融在中国发展的历程。"(《达衷集·弁言》)

关于许先生的"弁言",这里有两点说明:

---

① 有些限于条件,先生当年未能"调正",详见本文第五节。

第一，罗志希即"五四"健将之一的罗家伦(1897—1970年)，当时他提出研究中国近代史的计划，以收辑史料为第一步，曾得到清华研究院陈寅恪以及赵元任的支持。罗本人在英法两国读过有关太平天国的文献19种，并抄录了其中的一大部分。请许地山先生做的这项工作，也是他计划之一。① 第二，有必要在这里说明的是笔者对分卷情况以及材料重要性的看法。《达衷集卷中》这个标题，表明原来文件确实分为三卷。但卷中包括哪些函件材料，今因"卷上"、"卷下"的标题都不存，仍不能遽然断定。许先生对目录的情况未作介绍，所以先生所说"其实只是两卷"的话，有多少依据，乃是笔者的疑问之一。或者我们不妨把许先生所说的两卷，看作编者对现存文件的新分类；而许先生根据年代和事件来划分，无疑也是正确的。② 至于哪部分文件较重要，具有很大的相对性。在笔者看来，与胡夏米有关的那部分文件似乎更有趣，更有研究的价值，理由有二：(1)胡夏米在福建一带开始活动的时间是道光十二年(1832年)，距清廷命令各海口严禁鸦片已有10年，离鸦片战争的爆发仅8年，从时间上看，胡夏米的活动远较乾隆、嘉庆朝的事件与鸦片战争更有紧密的关系。③ (2)这部分文件中不仅收有胡夏米与清朝地方官员之间文字交道的记录，更保存了一些"汉奸"、④"私贩"和匿名者"三山举人"的部分函件，而其中好几封都要求胡夏米看过即毁："可放火中焚之"，或者"劳大功(火攻)为要"。这些当时的密书，百年之后由许先生大发其覆，使我们得见不少国人暗地里的勾当，因而其价值自不待言。

---

① 参见陈春生：《新文化的旗手——罗家伦传》(台北近代中国出版社，1985年)，第65—67页。
② 在我们看到原藏真面目以前，有许多细节只能存疑。
③ 胡夏米船中藏有鸦片的事实，在函文中也有记载。胡夏米案是同洪任辉案齐名的、鸦片战争前中英通商史和外交史上的两大案子之一，其重要性不容低估，参见张德昌文。
④ 由于原稿目录中缺少很多标题，无题的文件就由编者拟补，"汉奸"等语见于许先生拟补标题，并非原有。关于"三山举人"，本文后面将略陈管见。

五　胡夏米交涉文件中的一些问题

本小节是笔者读《达衷集》中胡夏米部分所作札记的撮录，自身不周之处当不在少，但笔者希望借此抛砖引玉，以补当年编校之不逮，并启来日后学之"重修"。

许先生在《弁言》中称胡夏米不愿意在广州贸易，才窜到厦门等地。见解诚为独到，然不知何据。从书中胡夏米上福建水师提督禀来看，胡夏米一行原"要行到日本国，……因风不顺，……故进厦门口"（第1—2页）；又胡夏米上闽浙总督禀称："从榜葛剌国来，要行到日本国进口收泊。"（第5页）胡夏米一行的目的，并非全在贸易，这点已毋庸多说，但起初往日本之说非尽托辞，而进厦门口也未必仅想"以公价买粮"。若以商人唯利是图心理揣之，则近处能赚大钱，又何必舍近求远？此也为一说。奇怪的是安船（Lord Amherst）北上到了朝鲜之后，即经琉球南返澳门，并没有"行到日本国"。关于安船这次航行的意图，来新夏《林则徐年谱》中说得很清楚："船上除船长礼士（Capt Rees）外，主要负责人是东印度公司代表胡夏米（H. Hamilton Lindsey）和翻译兼医生的郭士立（Charles Gutzlaff）。……英船除了进行一些掩护性的贸易外，主要是在各口岸调查沿海驻军人数和装备，测量河道港湾，绘制航海图，并且散发一种名为"英吉利国人品国事略说"（A Brief Account of the English Character）的宣传品，为日后发动鸦片战争进行了舆论准备。"（第103页）这段话中有两点值得注意：一是提到郭士立，关于此人详见下文；二是称散发"英吉利国人品国事略说"，是为鸦片战争进行舆论准备，全然没有对该"宣传品"的具体剖析，却忙不迭下结论"诛心"，在一般读者看来，难免有言过其实之嫌。①

---

① 这第二点，或许对史学界坚持实事求是、改变整顿"文革"遗留的文风，会有启发作用。

胡夏米上闽浙总督禀的写作日期为"道光十二年三月"(第7页),为第一卷中最早的文件之一(前引"上福建水师提督禀"或许更早,但该件未署月份和日期。此外,较早的还有"闽安协及南台海府会衔告示",发布日期为"道光十二年三月二十日",见第15—16页),却排在"中国某官札"之后,与许先生按时序编排的体例不符。因为这件官札所署日期为"道光十三年三月",其中有"天朝国法綦严,定例不准抛泊,务于即日开行,毋得逗留,并不准其私行登岸"等语,应是英船非但已经停泊、而且准备登岸之后的照会,时间要稍晚。这是《达衷集》中编排次序失察的一个例子,已足以说明我们今后若想好好利用这份史料,必得有人出来在许先生编校本基础上重做一番细致、严密的校勘工作,若能根据外证(朝廷奏折与外人记事等)作点注释、考证,则更好。

虽说是官官相护,人与人终究不完全一样。道光年间的清朝地方官员并不都是糊涂虫,从《达衷集》的记录来看,那位闽浙总督似乎远胜于那位"苏松太道"。靠做八股出身的官吏,能写出闽浙总督札这样义正词严照会的恐怕并不太多:

> 查福省向无夷船销卖货物,内地所产茶叶亦系例禁出洋,该夷人自应凛遵天朝法度。况所载货物,应赴何处销卖,该国王自有给予印照,亦当按照前赴售卖。……(第10页)

言外之意很明显:他们不是口口声声"要行到日本国进口收泊"吗?如今海上风平浪静,何不立刻开行?只怕他们的印照是发去广州贸易的,偏要四处乱窜,以求一逞。果不其然,胡夏米自知理亏,却不愿善罢甘休,重上总督禀,强词夺理,申诉赖着不走的理由有三:1. 船进口是据福建盐法道文书,"要买卖贸易,断非因风漂泊"(第11页;按:所谓《福建盐法道文书》,不见于《达衷集》,甚可疑);2. "英吉利国的帝君,常令其众民往通大卞买卖贸易,船内亦有印,照此法度,所以我到福州一定要售卖。"(第11页)3. 既然我们英国的帝君"准大清国的船赴大英国的各海口买卖。又福建省的许多船只到我属国的埠头赚钱,不例禁。是以我们也照此样赴福建省要买卖"(第11页)。这是什么逻辑?! 又是何等嘴脸?! 胡夏米为了掩盖其出尔反尔的丑态,甚至后来把奉禀书未批回也当成强行进口的理由之一(见第15页),可见盗亦有"道"。

胡夏米等的呈禀文书,有时竟会引经据典,大掉其文。① 胡夏米和郭士立(郭实腊)都懂中文,后者的汉语程度尤其好,但能写出与苏松太道辩论夷国称谓的那类书函,就不能不使人刮目相看。这里来欣赏一下辩驳的过程。先是胡夏米不愿承认自己为夷,"夫大英国终不是夷国。乃系外国。并普天下其权之威,其地之阔,未有上之国"(第51页)。苏松太道回答说南蛮北狄东夷西戎,"自古至今,总是照此称呼。况中华舜与文王都是大圣人,孟子尚说:'舜,东夷之人也;文王,西夷之人也。'岂是坏话?是你多疑了"。平心而论,这位老爷的文章也不算坏,结尾两句,更是警策。然而对手的文章,似乎做得更好。胡夏米第二封来书提出坚持反对称夷的四条理由,其中不仅引述经典,还引了苏东坡"夷狄不可以中国之治治也,譬若禽兽然……"等语(第53页),叫我们的官老爷再也无话可说,因为对方不仅熟悉制艺,还颇读了不少杂书,老爷实在无法同他理论。话又说回来,胡夏米的函件,也并非无懈可击,比如信中无力反驳孟子的话,倒情有可原——因为谁敢? ——可对孟子所用"西夷"视而不见,却还偏要论证日不落帝国及其属地遍布中国的南北西东,以此不能用古来"蛮狄夷戎"之夷称之等等。由此可见,胡夏米函件表明其作者在截搭入题的小道上尚有可称,然于吾国道统之大端,究无心得;其病在心术不正。

可是不管怎么说,胡夏米函件的中文水平,并非我国当时一般读

---

① 如《劝黄大老爷书》用子曰来教训黄大老爷"不要害了本国的体面"(第13页),这种文章非在八股中翻过几个斤斗的人莫办,直让人疑心胡夏米是否搜罗了中国失意文人当捉刀人(有趣的是后来果然有人要"密访船内汉奸,指名查拿",见本文第六节第4点)。

书人所能比。《达衷集》为我们保存了三封署名为"三山举人"者的函件,其文字远不及"苏松太道"。函件中一封是通知书,两封求帮书。① 从这些函件来看,"三山举人"已中举6年,"上有老母,下有妻儿",但没钱上京求功名,所以写了两封求帮书,"特来求赠,或银或货",多寡不计,日后当为犬马报恩。此人非常有意思,颇堪注意。他行文尚算畅晓,然错别字也不少,其中有些如"慌张"作"奉章"、"准"作"总",可看出是受闽方言影响;至于量亮不分、遇偶相混,则令人怀疑"举人"资格是否也是求帮得来,要不就是当时考试质量普遍成问题。

《达衷集》中至少还有一篇文字,在笔者看来,出自这位"三山举人"的手笔,即许先生标为"汉奸警告英船主书"那篇。我们将这封"警告书"同"通知书"和两封"求帮书"稍作比较,便会发现下列证据:②

(1)"警告书"劈头"特字通知"一语(第27页),用得甚奇特;然无独有偶,此语复见于"通知书"(第17页)。

(2)"警告书"用"船中船主",词繁意复,也见于《求帮书》(二)。

(3)"警告书"叮咛胡夏米"不可入闽安口",同样的字句出现于"通知书"。

(4)警告的理由同样是罗星塔(警告书作"锣身塔",通知书作"锣心塔")地方有官兵严阵以待。

(5)"警告书"、"通知书"都告诉英船主不久前("警告书"称"我前日在抚台衙内闻知";"通知书"说"我前一日上省探听"),地方官有上本人京,来回需40天左右("警告书"称:"现在本章四十日来(回)未可知。""通知书"则记载较详:"本章四月初二日起行,十八天到京都,

---

① 许先生所编《求帮书》(二)的写作日期应早于《求帮书》(一),合理的次序当是两者对调位置,改署一二。见第27—31页。

② 笔者这里主要作的是文字考证,从文本的内部考察遣词造句的异同。福建地方文献保存完备的话,将来会有人很容易为三山举人提供一篇较详细的行状。

自(住)四五天,又十八天,到福州省。"］云云。

(6)"警告书"、"通知书"为加强语气,都写明不听吾言,则"悔之晚矣"。

(7)"警告书"中"有银无处买"一语,也见于《求帮书》(二)(第30页)。

以上七点,基本上可证明"警告书"和"通知书"等函件为同一个人所写。当年许先生抄录编排该书时,限于条件未能从容深入研究稿本的文字、书法等,这些任务历史地落到今日研究者的肩上,实在义不容辞,无论是对先生还是对历史。牛津收藏的那些文件若是原稿(autograph)而不是抄本(这点先生《弁言》中未说明),那么今天得到一份影印件,许多疑难当可迎刃而解。尚望有心人注意及之。

六 《达衷集》对近代教会史研究的意义

这种意义的探讨,应是一篇专门论文的内容。本文这最后一节只想指出下列几点:

1. 从马礼逊来华到胡夏米一行北上,基督教(新教)在中国经历着最初的25年。其间中国人民对基督教观感如何、清廷对此有何反应,以及西方差会有何动作,都值得探讨。所以近代教会史研究主要包括两方面研究,一是世界范围内教会传教史中的中国课题,二是基督教会在近代中国的发展过程。《达衷集》中有些材料很有价值。

2. 19世纪前半叶的英国,在殖民主义事业中势头还未衰,教会的影响也很大,胡夏米一行是很好的证明。安船上的人员大概都是信徒,《乡人密书》中称:"你船上悬有一牌,有济世医生,亦有劝赌文辞。亦有你国论文、诗书、人物、品倬(行)、友爱、仁心、可敬可敬矣。"(第8页)胡夏米在《与朝鲜官员书》中表白:"……且远客实在厚道,给(经)书书(?圣)典,都必谨勤读之,盖其味无穷,皆天堂实学也,为神天上帝耶稣所默示,善读者玩索而有得焉,则终身用之不能尽者。"

(第74页)从这两段引文中,我们大致可以了解当时旁人的观感和胡夏米等人的宗教热情。至于"神天上帝耶稣"的连用,正透露出神学转向东方的最初消息(有兴趣者可将它同16世纪天主教在中国的种种努力作对比)。

3.上面引文中的"济世医生",或指郭实腊其人。本文前面从来新夏《林则徐年谱》引的一段话,已清楚揭示了郭实腊(《达衷集》作甲利,或译郭士立等)在船上的身份:翻译兼医生。顾长声《传教士与近代中国》中对郭实腊有较多的描述,认为郭实腊在搜集情报方面是个典型,从1831到1838年间,在中国沿海至少侦察过10次(例如头三次是:1831年6月3日至12月13日;1832年2月27日至9月5日;同年10月12日至第二年4月29日)。① 第二次即指参与胡夏米一行乘安船(顾译阿美士德号)北上;第三次大概是回航后应威廉·查顿之邀,乘飞剪船"气仙号"出航上海和天津那次,郭实腊此次仍担任翻译。② 这次查顿一行,据齐思和说,卖鸦片赚了53000英镑(转引自来新夏:《林则徐年谱》130至131页,其中131页"1933年"当是"1833年"之误)。看来"济世医生"并不那么可敬。郭实腊当时将部分随记发表在《中国丛报》(后单独成书),有人如把郭实腊的记录对照《达衷集》中的材料,将会有不少新的发现。

4.《达衷集》是个很好的例子,证明教会史研究并不能闭关自守,往往是有关经济贸易、军事政治、文化教育等方面的史料能够帮助解决问题。同样,对治近代中国通史的人来说,忽视或鄙视近代教会史的研究成果,无异于佛经中那位只想造第三层楼的"聪明人"耽于空中楼阁的美梦。这里不妨举个例子。《达衷集》中的材料,对我们了解林则徐当年在江苏巡抚任上的作为很有帮助。魏应祺《林文忠公年谱》(商务印书馆,1935年)道光十二年下记载林"八月八日,抵江

---

① 参见《传教士与近代中国》,(上海人民出版社,1981年),第29—32页。
② 参见来新夏:《林则徐年谱》第103页,原见格林堡:《鸦片战争前中英通商史》。

苏巡抚任。时漕运流弊极深,公痛之,……"(第30—31页)云云,然于胡夏米船事,一字也没提! 来新夏《林则徐年谱》第109页引"道光朝外洋通商案"称:"一面密访船内汉奸,指名查拿,令其自行交出,以便讯明,从重奏办。"等,其实这种官样文章破绽百出,读者只需稍作思考,就能发现它自相矛盾。从"陶澍、林则徐查明夷船业已押送出境原折"、"林则徐奏夷船离苏原片"和"陶澍、林则徐遵查夷船复行北驶缘由原折"等材料来看,①陶、林等清朝官员一方面无力抵挡英船的强行驶入吴淞口,一方面又得在朝廷打肿脸充胖子;当陶、林命苏松镇总兵关天培"亲自督押",驱逐英船南行的时候,英船早已驶往山东海面了,如此"督押"、"驱逐",岂不笑话? 那位总督兼巡抚的魏元烺也奏闻朝廷说:"……于四月初七日押令开行。……该夷船于十八日由东北外洋远飏无踪。"(六月初一硃批魏奏折)也正是这位魏老爷在形势紧张时"会同陈恭折具奏将闽安协副沈镇邦、闽安左营都司陈显生,并摘去顶戴,勒令严行驱逐在案……",后又请将副将等开复顶戴(详见《中国近代经济史研究集刊》,第113—115页),反映出官场乱抓下人作替罪羊的恶习,同时也表明林则徐等人的做法实在是无可奈何的。英船闯入吴淞口及北上一事,给林则徐、关天培等人什么样的刺激,今天已很难完全了解,但几年后林、关的英勇表现,与他们在上海受辱于英船事件有必然的联系。由此再回头看洋务运动主张引进"船坚炮利"、"以夷制夷"口号,我们就不能不感到取得微小的历史进步又得付出多么沉重的代价。

5. 编者认真的研究态度,对我们这些后生来说,是极好的楷模。许先生的宗教信仰是很深的,据香港合一堂牧师张祝龄回忆:"基督徒的许地山先生,……在主日之暇,常到合一堂参加崇拜! 也多次登坛说教,发扬福音妙谛。……"因此,先生的逝世,"奚止学术界失导

---

① 这几件奏折俱见《中国近代经济史研究集刊》,创刊号。

师,宗教界尤失一健者"。① 许先生在神学教义方面作过思考,且"多所创列",但他在从事历史研究时,仍然是坚持让史料说话,避免用神学或教义代替史学。比如《达衷集》第 74 页"给(经)书书(？圣)典"的处理,即可见其治学严谨之一斑。另外一个类似的例子是他在《弁言》中对英船船名的推测,他把函件中提到的"安",回译成英文的 Anne,在一般人看来完全站得住,他却不敢确定,在括弧中 Anne 之前打了个问号。结果证明这个问号打得好,因为英船原名叫 Lord Amherst,译名仅取第二个英文词的第一个音节,正像胡夏米是 Lindsay 名字的头三个音节的译音,而不是像有人断言的是化名。

本文由数年前的读书札记整理而成,没有参考太多的材料,粗疏之处恐怕难免,希望读者不吝指教,在此先致谢忱。原以为 1989 年春交出的稿子,能在许地山先生逝世 50 周年时问世。不料好事多磨,也使我多有机会追摹前人——虽不能至,心向往之!——数年磨一文,一文磨数人。近年有些新资料,现在一概未采用;其中并无反对趋时维新的深意,却仿佛有些怀旧伤逝的情调。

——作者附识
1992 年元月

---

① 张祝龄与何明华、赵紫宸一同在先生追思礼拜上主礼。回忆文见《追悼许地山先生纪念特刊》,又见《许地山选集》"附录"。